U0858509

旭日·中国文化丛书

白沙学派论考

王光松 著

巴蜀书社

图书在版编目(CIP)数据

白沙学派论考/王光松著. —成都:巴蜀书社,2018.3
ISBN 978-7-5531-0948-0

Ⅰ.①白… Ⅱ.①王… Ⅲ.①陈献章(1428—1500)—心学—研究 Ⅳ.①B248.15

中国版本图书馆CIP数据核字(2018)第023499号

白沙学派论考 王光松 著

责任编辑 熊 欣
出 版 巴蜀书社
成都市槐树街2号 邮编610031
总编室电话:(028)86259397
网 址 www.bsbook.com
发 行 巴蜀书社
发行科电话:(028)86259422 86259423
经 销 新华书店
照 排 成都完美科技有限责任公司
印 刷 四川五洲彩印有限责任公司
版 次 2018年3月第1版
印 次 2018年3月第1次印刷
成品尺寸 250mm×175mm
印 张 21
字 数 300千
书 号 ISBN 978-7-5531-0948-0
定 价 65.00元

目　录

白沙学派论考
白沙学派论考

上篇　门人研究

白沙门人与白沙心学传播

陈献章（1428—1500），字公甫，号石斋（晚年又号石翁），广东新会白沙村人，后人尊称白沙先生。陈白沙是宋元程朱理学向明代心学转向中的关键人物，他开创的白沙学派（又称江门学派）是广东本土第一个产生了全国性影响的儒家学派。“人能弘道，非道弘人”，对白沙心学的传播来说，门人乃其最重要的传播载体和途径，这一群体的数量、地理分布、受教育程度、职业构成及其内部凝聚程度等因素，对白沙心学传播的广度、深度及传播方式都有着不同的影响。

一、白沙门人总数及地理分布

（一）白沙门人知多少

白沙门人的数量是白沙门人研究中的一个基本问题。清人卢挺云：“相传白沙弟子百余人，首先生（即林光——作者注）而次湛文简。”[①] 屈大均云：“新会志有白沙弟子传。弟子一百余六人。以伍云为首。”[②] 屈氏所言“新会志”即黄淳监修《［万历］新会县志》（以下简称“黄《志》”），其《白沙弟子传》收录106人，这是记录白沙门人群体的最早文献。黄《志》关于白沙弟子的记录为贾洛英监修《［康熙］新会县志》（以下简称“贾《志》”）因袭，但贾《志》将黄《志》中原附于戴球之下的三子戴恩、戴泽、戴参单列出来，因此，贾《志》收录109人。今人苟小泉认为白沙门人有109人[③]，所据实即贾《志》；刘兴邦以为有146人[④]，不知所据。后阮元监修《广东通志》收录白沙门人76人，较黄、贾二《志》人数减少近三分之一。上述官修志书之外，陈遇夫辑有《陈子门人录》（简称“《门人录》”），收录106人，与黄《志》数量相同，但贾《志》所载而《门人录》未录者计有27人，《门人录》收录而贾《志》未载者计有21人，其间出入较大。

在已有同类文献中，阮榕龄《白沙门人考》（以下简称“《门人考》”）收录人数最多，计有180人。该书“江西”条下的“杨敷”与“清远”条下的“杨宪臣”为同一人，“新会”条下的“林栋”疑即“增城”条下之“陈暕”，而“南海”条下的“吴向”与“顺德”条下的“李瑜”，又在无姓名、县名的“附录”中出现，去此重复，则实得176人，是黄《志》与《门人录》收录人数的近1.7倍。在此176人中，姓名、字号、籍贯、事迹四项信息俱备者105人，缺字号者20人，缺事迹者21人，既缺字

---

① ［清］卢挺：《林南川冰蘖全集后跋》，［明］林光著，罗邦柱点校：《南川冰蘖全集》，济南：齐鲁书社，1976年，第5页。

② ［清］屈大均：《广东新语》卷10《学语》，北京：中华书局，2010年，第312页。

③ 苟小泉：《陈白沙哲学研究》，北京：中华书局，2009年，第190页。

④ 刘兴邦：《白沙心学》，北京：社会科学文献出版社，2012年，第206页。

号又缺事迹者 21 人，余下 9 人，或仅有姓与号，或仅有姓，或仅有名。如仅缺字号而有事迹，对我们的研究来说影响并不大，前两项相加所得 125 人为白沙门人中事迹可考者。

据笔者考证，《门人考》“附录”中的“瑜”实即顺德李瑜，“向”实即潮州吴向[①]，“东莞”条下的祁顺为白沙之友而非门人。此外，笔者又考得《门人考》等文献缺载者 15 人[②]。减去祁顺，加上缺载的 15 人，则白沙门人总数为 190 人，其中，事迹可考者 140 人。朱子门人 467 人，阳明门人 307 人[③]，前者是白沙门人的 2.5 倍，后者是白沙门人的 1.6 倍。

（二）白沙门人的地理分布及其特点

在 190 位白沙门人中，籍贯可考者 184 人，其中，省外 20 人，占籍贯可考人数的一成多一点，其地理分布为：盛京 1 人，江苏 1 人，浙江 4 人，江西 7 人，湖北 2 人，湖南 1 人，福建 3 人，广西 1 人。广东籍门人 164 人，占籍贯可考人数的近九成，其地理分布为：广州府 135 人，潮州府 13 人，肇庆府 12 人，惠州府 2 人，韶州府 1 人，高州府 1 人。粤籍白沙门人主要集中在广州府，其人数在籍贯可考人数中占 73.4%，粤西、粤北的白沙门人非常少，粤西仅高州府有 1 人，廉州府、雷州府、罗定州为空白；粤北仅韶州府有 1 人，南雄府亦为空白。在广州府内，白沙门人的地理分布是：南海 13 人，番禺 11 人，顺德 19 人，东莞 7 人，香山 1 人，增城 5 人，三水 2 人，新宁 1 人，清远 2 人，新会 74 人。可见，广州府白沙门人主要集中在珠三角地区的新

---

① 《门人考》将其系于“南海”条下为误。

② 其中，浙江 1 人（吾廷介），江西 4 人（刘霖、俞溥、谭震、孙琼），潮州 7 人（杨潜斋、吴向、杨玮、李宗淳、饶鉴、周成、蔡亨嘉），南海 1 人（吴琏），新会 2 人（伍徇、李克常）。

③ 陈荣捷：《朱子门人》，上海：华东师范大学出版社，2007 年，第 8—9 页。

会、南海、番禺、顺德、东莞五县，该区域人数达到 124 人，占籍贯可考人数的 67.4%，其中，尤以新会数量最多，占广州府总门人数的 54.8%，即便在籍贯可考人数中也占 41.3%。

上述数据表明，白沙学派是一个地域性很强的学派，成员主要来自于广州府，其整体地理分布呈现出以新会为基点向北（以北方为主）、东、西扩散的放射状，从新会县到广州府到广东省到省外，密度依次递减。从大的范围来看，白沙门人的居住地大致在珠江流域与长江流域之间，此种地理分布格局对白沙心学的传播线路与传播空间具有重要的限定作用，事实上，白沙心学的影响也主要在此空间之中。

朱子门人中籍贯可知者 378 人，其地理分布为：福建 164 人，浙江 80 人，江西 79 人，湖南 15 人，安徽 15 人，江苏 7 人，四川 7 人，湖北 5 人，广东 4 人，河南 1 人，山西 1 人①。朱子一生大部分时间在福建居住，其门人数量以福建为最是情理中的事，但其外省籍门人数量仍能超过福建本省人数，达到总人数的 56.6%，而且涉及 11 省，其门人来源的全国化程度明显高于白沙学派。据余重耀《阳明弟子传纂》，阳明门人的地理分布为：浙中 48 人，江右 32 人，南中 13 人，楚中 5 人，北方 3 人，闽粤 10 人，泰州 35 人（含再传），贵州见诸书牍者 161 人②。钱明认为，阳明门人数量远不止 307 人，其分布范围也不限于上述地区，而是分布于 20 个省，几乎囊括了大半个中国③，全国化程度又高于朱子学派。

---

① 陈荣捷：《朱子门人》，第 9 页。

② 余重耀：《阳明弟子传纂》，转引自陈荣捷《朱子门人》，第 9 页。

③ 钱明：《王阳明及其学派论考》，北京：人民出版社，2009 年，第 276 页。

二、白沙门人的从学、举业及职业情况

（一）集体性从学

陈荣捷先生指出“集体来学是朱门一特殊现象”[①]。该现象在白沙学派中尤为突出，其中又有家族性、地缘性和官派三种集体来学情况。在家族性集体来学中，父子兄弟俱事白沙者2宗，计有7人；父子俱事白沙者1宗，2人；叔侄俱事白沙者2宗，4人；叔侄兄弟俱事白沙者1宗，3人；兄弟（含族兄弟、内兄弟）俱事白沙者9宗，22人；该部分合计38人。地缘性集体来学主要集中在南海、顺德、增城、新会四县，共有4宗，计10人。官派集体来学是白沙学派中的一个特有现象。张诩《白沙先生行状》云：“参政胡荣为提学佥事时，雅重先生，常选生员有异质者十余人往受业，今学士梁储、参政李祥辈与焉。”[②]《白沙门人考》亦云：“冯载……弱冠补邑庠，廉宪薛公器之，委币使于白沙。”[③] 地方官员从郡学或邑庠中到底选拔了多少生员送往白沙，今已不可考，张诩云“十余人”，我们且以11人计，加上前面两种集体来学的人数，则白沙门下属于集体来学者至少有59人，占事迹可考人数的42%，即便在总门人数中也占31.1%，这就意味着，平均每三个门人中即有一人为集体来学者。由于许多门人信息不全，笔者相信，集体来学者的比例比上述数据要更高

① 陈荣捷：《朱子门人》，第11页。

② ［明］陈献章著，孙通海点校：《陈献章集》附录二《白沙先生行状》，北京：中华书局，2008年，第876页。

③ ［清］阮榕龄：《白沙门人考》，《北京图书馆藏珍本年谱丛刊》第40册，北京：北京图书馆出版社，1999年，第557页。

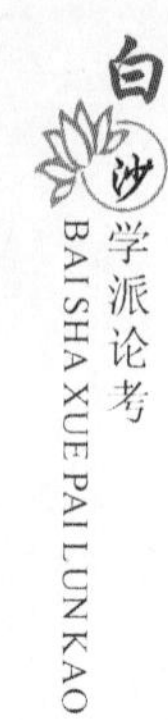

一些。

（二）举业情况

在140名事迹可考的门人中，举人41人（不含后来考取进士的那部分举人），进士17人，二者相加58人，占事迹可考人数的41.4％。此外，白沙门下另有生员38人，由于举人、进士皆由生员而来，我们可将举人、进士之数计入生员之内，如此，白沙门下的生员达96人，占事迹可考人数的68.8％。张诩曰："（白沙）先生教人，随其资禀高下，学力浅深，而造就之，循循善诱，其不悟者不强也。至于浮屠羽士、商农仆贱来谒者，先生悉倾意接之，有叩无不告，故天下被其化者甚众。"① 这段话本是要强调白沙设教有教无类，富有包容性和开放性，然依上述统计数据来看，白沙门人实以那些准备参加科举考试和已经通过了科举考试的士人为主要成员。

白沙认为"山人处士例以不出为高"②，有较强烈的隐逸倾向，在其熏陶下，门人多有无意仕进者。冯载至白沙受学后，"慨然有求道之志，遂弃举业，讲心性之学"③。像冯载这样弃举子业的还有陈冕、谢祐、何廷矩、梁潜、刘霖等生员；中举后决意不仕者有李承箕、梁卫、李升等；为官不久即挂冠而去者有朱伯骥、陈庸、李文，中进士而辞官者有贺钦、陈茂烈，前后共计14人，实际数据当高于此。在传统社会中，通过科举获得官职是士人理想的人生之路，这对思想传播来说也颇有益处，一方面，异地为官会有助于扩展思想传播的空间，另一方面，士人的官员

---

① ［明］陈献章著，孙通海点校：《陈献章集》附录二《白沙先生行状》，第881页。

② ［明］陈献章：《陈献章集》，第6页。

③ ［清］阮榕龄：《白沙门人考》，前揭书，第557—558页。

身份及其权力也是思想传播的一个重要助力。白沙门下这种绝意科举或中试后不仕、辞官的风气，对“科举——为官”途径上的白沙心学传播有一定的消极影响。

(三) 职业情况

尽管白沙门下有一种以不仕为高的风气，但传统农业社会中士人的职业选择余地很小，因此，出仕仍然是白沙门人的一种重要的职业选择方向。据笔者统计，白沙门下有官职者 62 人，占事迹可考人数的 44.3%，在门人总数中也占 32.6%，比朱子门下 28%的比例[①]明显要高。在此 62 人中，朝廷官员 15 人，地方行政官员 35 人，地方教育官员 22 人，其中，三种官员角色兼有其二者 11 人。除河南、山西、陕西三省外，白沙门人遍及两京及另外 10 省，而尤以浙江、江西、广西、福建、湖广、南直隶为多。如将白沙门人喻为蒲公英的种子，白沙心学就是借助“科举——为官”之风，通过门人这些种子而散播落到全国各地的。

“科举——为官”正途之外，白沙门下还有从事蒙馆（如罗冕）、讲学（如屈群力）、卖文（如黄寿）、卖画（如李孔修）、制作香柜（如袁晖）、铅椠（如陈魁）、栽茗（如谢祐）等职业者，当然，还有为数众多而未被记录下来的力田者，他们无疑是明代社会中的底层人士，这显示了白沙学派与基层民间社会之间的紧密关联。从事上述营生职业无须离开乡土，这部分门人在乡村基层以其笃实践履诠释、传播白沙的思想。从事上述职业的门人大多收入微薄甚至难以糊口，如谢祐“糟糠不厌腹，布袜不掩胫”，陈魁“瓶无赢粟以畜其妻子”，容贯“敝衣寒露肘”，李孔修“上漏下湿”。白沙在诗文中经常表彰“一箪食，一瓢饮”的颜回，

① 陈荣捷：《朱子门人》，第 12 页。

并像周敦颐一样让门人“寻仲尼、颜子乐处，所乐何事”，在此熏陶下，门人多安贫乐道，虽穷而无怨，故黄宗羲感慨说：“出其门者，多清苦自立，不以富贵为意，其高风之所激，远矣。”①

三、传播方式与影响

思想传播实即心灵对心灵发生影响的过程，既可以通过言传，也可以通过身教来实现。对白沙心学传播来说，门人的身份、职业、生存方式不同，其传播场所、对象、方式也相应不同。

（一）隐逸：“收敛乡里”的基层传播

白沙门下流行“以隐为高”的风气，官场或仕途往往被视为负面的东西，为求禄养而不得不出仕的林光就曾抱怨说：“近者师门故旧，颇觉寥寥。一涉宦途，即为弃物。门客弟子，倡和一辞，牢不可破。”② 这段话对师门中流行的隐逸之风及出仕门人承受的压力刻画得非常生动。白沙门下选择隐逸生活方式的，既有一开始就拒绝进入“科举——为官”路径者，也有中途从官场弃官、辞官或致仕者。易镛“少从白沙游，慕古学，以礼自守，不屑治家产……旷情逸致，山川自娱，年六十卒”③，欧阳回“无仕进志，嗜酒耽诗，识高今古而若愚，行敦孝友而不羁”④。一面是“旷情逸致，山川自娱”“嗜酒耽诗”的名士风流，一面是“以礼

① ［清］黄宗羲著，沈芝盈点校：《明儒学案（修订本）》，北京：中华书局，2013年，第79页。

② ［明］林光著，罗邦柱点校：《南川冰蘖全集》，前揭书，第144页。

③ ［清］阮榕龄：《白沙门人考》，前揭书，第622页。

④ ［清］阮榕龄：《白沙门人考》，前揭书，第671页。

自守”“行敦孝友”的名教笃行。自然与名教，这两个在魏晋名士看来是紧张甚或对立的东西，在白沙门下的隐逸者那里被圆融在了一起。风流归风流，“弃礼从俗，坏名教事”绝不能为，这是白沙对门人的底线要求[①]。周瑛《咏古送白沙归南海》诗以“西晋尚清虚”讽喻白沙[②]，白沙学派之隐逸与西晋名士之隐逸实有本质区别。

白沙门下的隐逸，在程度上有深浅之别，以礼自守、独善其身乃其深者，其稍浅者则关注家族、乡里秩序建设，刘拭“筑室马头山，吟啸自适，编辑族谱，乡里称贤”[③]；易龙“艰归，丧祭尽礼。率其族建祠堂，作家训，立宗子，以统祭祀”[④]；杨琠“病归。族有规，乡有约，化行于乡”[⑤]。在儒家“修齐治平”的思想格局中，白沙门人的“以礼自守”属于“修”，“编辑族谱”“建祠堂，作家训，立宗子”属于“齐”，对介乎“家”“国”间的“乡”之“化”，则难以归于“齐”或“治”，重视乡里伦理秩序建设是白沙学派的一大特色。

隐逸型门人的心学传播，其场所在家与乡，对象为家人、族人及乡人，传播方式为孝悌实践（“身教”），其功效为移风易俗。《明儒学案》“仇兆鳌序”云“白沙之学在于收敛近里”[⑥]，甚得其实。白沙心学不如阳明心学传播广远，但其对“家”“乡”的浸淫实为甚深。

---

① ［明］陈献章：《陈献章集》，第 236 页。
② ［清］阮榕龄：《白沙门人考》，前揭书，第 668 页。
③ ［清］阮榕龄：《白沙门人考》，前揭书，第 606 页。
④ ［清］阮榕龄：《白沙门人考》，前揭书，第 624 页。
⑤ ［清］阮榕龄：《白沙门人考》，前揭书，第 630 页。
⑥ ［清］黄宗羲：《明儒学案》，第 5 页。

（二）有位者："官于朝，则行乎朝"

白沙《与林蒙庵书》云："蒙庵官于朝也，则行乎朝；仆之居山林也，则行乎山林。"[①] 白沙门人如何"行乎山林"前已有述，其官于朝者如何"行乎朝"？这涉及白沙师徒对外王的理解与践履。在《与徐岭南书》中，白沙以"复三代"为目标，在"复三代"的手段上认可程子的"以正风俗、得贤才为本"论[②]，其外王理解不出程朱之框架。林光《代抚民张宪副祭郝亚卿文》云："身进矣，位尊矣，得其君，任其责，其泽可以及天下，君子乐之而不能以必遂其愿，于是乎随位之尊卑以尽其职，职之尽即道之行，愿之所适也。"[③] 在林光看来，对那些进入仕途的儒者来说，尽职即行道，但职位既有尊卑之别，亦有朝廷、地方之异。程朱以来，人们对儒者出任朝廷、地方官员之职分的期待渐趋定型：朝廷官员当以格君心之非为职、地方官员当以循吏为期。湛若水"虽非言路，志在格君"[④]，"大礼议"期间，连上《初入朝豫戒游逸疏》等三疏，言辞严厉，直指嘉靖心术之微，这是白沙门人在"格君心之非"方面的典型事例。白沙门下更多的是地方官员，他们对"正风俗"非常重视，甚至以之为第一等事，曾确"正德间知尤溪，俗佞鬼，确毁淫祠，黜浮屠，建义仓十七所"[⑤]；林廷瓛"补苏州同知，禁绝陋例，大苏民困"[⑥]；张璧

① ［明］陈献章：《陈献章集》，第 242 页。

② ［明］陈献章：《陈献章集》，第 148 页。

③ ［明］林光：《南川冰蘗全集》，第 205 页。

④ ［明］罗洪先：《墓表》，［明］湛若水：《湛甘泉先生文集》卷 32，《四库全书存目丛书》集部第 57 册，据山西大学图书馆藏清康熙二十年黄楷刻本影印，济南：齐鲁书社，1997 年，第 243 页下。

⑤ ［清］阮榕龄：《白沙门人考》，前揭书，第 629 页。

⑥ ［清］阮榕龄：《白沙门人考》，前揭书，第 633 页。

光“初知慈溪，俗多溺女，璧光立保甲严禁之，所活甚众”①。“官于朝”的白沙门人以上疏及正风俗的行动实践白沙的外王思想，此种实践也是一种思想传播，从传播的内容、方式来看，与理学家并无二致，这显示了心学与理学在外王向度上一致的一面。

（三）精英：书院讲学传播

白沙教学重随机指点而不重书院讲学，门下从事书院讲学者仅有屈群力、邓德昌、尹凤与湛若水等数人。湛若水在师门中与邓德昌、尹凤关系最为密切，他们的书院讲学往往相互支持，其中以湛子成就为最大。《广东新语》云：

> 甘泉翁官至上卿，服食约素，推所有以给家人、弟子。小宗、大宗有义田，有合食田，相从士三千九百余。于其乡有甘泉、独冈、莲洞馆谷，增城龙门有明诚、龙潭馆谷，于羊城有天关、小禺、白云、上塘、蒲涧馆谷，于西樵有大科、云谷、天阶馆谷，罗浮有朱明、青霞、天华馆谷，曲江则有帽峰，英德则有清溪、灵泉馆谷，南都有新泉、同人、惠化馆谷，溧阳有张公洞口、甘泉馆谷，扬州有城外行窝、甘泉山馆谷，池州有九华山、中华馆谷，徽州有福山、斗山馆谷，武夷有六曲仙掌、一曲王湛会讲馆谷，南岳则有紫云馆谷。先生以兴学养贤为己任，所至咸有精舍赡田，以馆谷

① ［清］阮榕龄：《白沙门人考》，前揭书，第650页。

来学，故所造士皆有得于先生之学，以淑其身，以惠诸人。[①]

依上文统计，湛若水创办或由其门人创办的书院多达33所，主要分布于广东、江苏、安徽、福建、湖南5省，其中，广东19所，江苏7所，安徽4所，福建2所，湖南1所。邓颖珊指出，嘉靖年间是广东书院发展的兴盛时期，广东一跃而居全国第三位[②]。嘉靖年间广州府新建书院24所，湛若水及其门人所建者即占一半（12所），甘泉在明代广东书院发展史上的贡献不可忽视。甘泉书院实行馆谷制度，有登记门人信息的惯例，“相从士三千九百余”之说当有实据而非浮夸，这一数量庞大的弟子群体是白沙心学传播的重要载体。甘泉每创办一所书院，辄于书院旁建白沙祠，恭塑师像于其中，并在此行释菜礼。伴随书院及白沙祠的创建，以及讲学活动的开展，白沙声誉及其思想亦随之散播开来。黄尊生谓：“白沙甘泉，一脉相承，延绵不绝。由明初以至满清中叶以后五六百年间，岭南文化，完全呼吸于理学氛围之中，而所谓理学，又十之八九为白沙之精神所支配。”[③] 白沙心学对岭南大地之所以会有此种长久的笼罩性影响，与甘泉创建书院及其书院讲学密不可分。

---

① ［清］屈大均：《广东新语》，前揭书，第295页。按，这段引文与罗洪先《墓表》（［明］湛若水：《湛甘泉先生文集》卷32，第244页）基本相同，仅有个别文字上的差异，如《墓表》“于南海之西樵”，《广东新语》省略“南海之”三字；“韶之曲江”，《墓表》省略“韶之”二字，前者当系袭自后者。据此，甘泉及其门人创办的书院有33所，云36所者为误。又按，此处标点为作者所加，原文只有句号、顿号两种标点符号。

② 邓颖珊：《探讨书院特色教育在广东的文化影响》，《教育理论与心理学》2012年第4期。

③ 黄尊生：《岭南民性与岭南文化》，北京：民族文化出版社，1941年，第32页。

四、白沙门人的传播动力与学派的凝聚程度

白沙声名不及阳明，江门学派亦不如姚江学派兴盛，至于其间原因，日本学者桑原忱《陈白沙文粹》“序”云：“白沙陈氏之于姚江王氏，盖同功一体之人，而为未明三百年经学之宗师。二氏之才学已同，所宗主略似同，俱配祀于孔子之庙，而王氏之称尤显得者何也？盖王氏生于浙江，驰驱于官路，当重任，立伟功，交游已广，从学亦多。陈氏生长于岭南之僻远，加之多病为厄，隐退伏息，所交不广，从学亦少。且王氏多著述，陈氏不以著述为意，是以世多称传王氏而不称陈氏焉耳。”[①] 桑原忱主要从地域、交游、从学、著述等方面立论，黄桂兰教授则归因于如下四方面：（一）从游诸贤问难者少；（二）白沙隐居不仕，功业无闻；（三）出其门者多清苦自立，不以富贵为意，未能如阳明所处之地位；（四）王学醒豁，较易循持。[②] 学派兴盛是否固然与上述因素有关，但也与学派内部的思想传播力度密切相关，而这又与学派成员的传播热情以及学派的凝聚程度、组织化程度息息相关。

（一）传播动力情况

《明史·王艮传》云：“（王艮）从守仁归里，叹曰：‘吾师倡

---

① ［明］陈献章撰，［日本］福田殖解题，［日本］桑原忱编，《陈白沙文粹》，收入［日本］冈田武彦、荒木见悟主编：《和刻影印近世汉籍丛刊思想续编》第9辑，据日本文久四年（1860）和刻本影印，京都：中文出版社出版，广文书局印行，第1—2页。

② 黄桂兰：《白沙学说及其诗之研究》，台北：文史哲出版社，1981年，第142页。

明绝学，何风之不广也！’还家，制小车北上，所过招要人士，告以守仁之道，人聚观者千百。抵京师，同门生骇异，匿其车，趣使返。”① 王艮推销其师思想的这一惊人之举，虽也让他的同门感到骇异，但“吾师倡明绝学”信仰上的要“风之广”的热情与使命感，却是为众多同门所共有的，此种热情与使命感在白沙学派中却颇为匮乏。湛若水曰：“闻谤师者，如闻君父之谤，击之斥之可也……吾在庶吉士时，闻梁厚斋公道乡人谤石翁之言云云，吾怒之，述陈远峰画士京师时，有乡人谤石翁亦云云，将其人打踢落楼，公默然。”② 陈远峰即白沙门人陈瑞，湛若水的“怒”及陈瑞的“打踢”，其实都只是外来攻击下的自卫性反应，与王艮推销式的主动传播不是一回事。

传播者的热情与传播内容密切相关，如果传播者相信其所传为“绝学”或真理，这自然会激起其担当感与传播热情。白沙门人康沛云：“先生之教也，文章性道，因人而传，未尝言易，亦不语难。沛游门下十有四年，教我静坐，静而匪禅，日用之间要见鸢鱼，寂然之中天机常动。”③ 白沙采取“因人而传”的教诲方式，对康沛这样的老门生，白沙传的是静坐工夫；对李承箕这种新入门者，则“日与谈论古今，独无一语及道”④。在白沙看来，“凡天地耳目所闻见，古今上下载籍所存”皆可语，但“此心通塞往来之机，生生化化之妙”则未可语，此种“道”须待人深思而自得之⑤，有庄子“道可传而不可受”之意。湛若水谓白沙一

---

① ［清］张廷玉等撰，《明史》，北京：中华书局，1974年，第7275页。

② 参见［明］湛若水撰，钟彩钧主持整理标点：《甘泉先生续编大全》卷8，明嘉靖三十四年刻本、万历二十三年修补本，第923页。据《白沙门人考》，“落楼”者为陈瑞而非谤白沙者（［清］阮榕龄：《白沙门人考》，前揭书，第641页），所述与此相异。

③ ［清］阮榕龄：《白沙门人考》，前揭书，第582页。

④ ［清］阮榕龄：《白沙门人考》，前揭书，第540页。

⑤ ［明］陈献章：《陈献章集》，第16页。

生只与林光、湛氏讲论过“此学”（“道”）[1]，如此看来，白沙没有像阳明那样就“道”开展公开的讲学。如果大部分门人没有领受“此学”及其“绝学”的性质，自然不会激起其要“风之广”的热情。白沙虽未向所有门人直接传授“此学”，但他对门人的平日教诲指点实以“此学”（即“道”）为背景，问题是，白沙之“道”具有较浓厚的道家色彩，对“静观”有耽着不舍之意[2]，逍遥自适的成分重，社会政治关切弱，白沙心学传播动力不足在白沙的“道观”中有其动力学根源。

（二）学派凝聚程度

成化初，陈白沙结束春阳台静坐生活后即设帐授徒，二十余年后，李承箕在《送罗冕服周序》中曾述及白沙门下的教学情况：“予今年游白沙，适南海罗服周在西馆。……于是先生使教诸孙，讲习弟子职，比邻小子亦得从服周游，而吾党随行者亦令从之，非徒明名义、解句读而已也。若夫洒扫应对、进退之节，则小子所宜敬畏，以从事于其间而不可辍焉者也。”[3]“西馆”即小庐山书屋，是白沙门下主要的教学场所。据上文所言，这里的教学活动由门人主持（如罗冕），成员由“诸孙”“比邻小子”“吾党随行者”三部分组成，内容包括“明名义解句读”和“讲习弟子职”，与普通蒙馆可谓相差无几。白沙不重书院式教学，

---

① ［明］湛若水撰，钟彩钧主持整理标点：《泉翁大全集》卷57《祭林南川文》、卷85《归去纪行录》，第530、860页。

② 湛甘泉与王阳明共同的弟子周道通对白沙之学偏于静、流于隐逸的原因有一洞察，“闲居中静观时物生息流行之意，以融会吾志趣，最有益于良知。昔日康节、白沙二先生皆留情于此，但二先生又似耽着不欲舍之意，故卒成隐逸，恐于吾孔子用行舍藏之道有未尽合。”（转引自杜维明：《王阳明讲学并尺牍》，《中国哲学》第5辑，第541页）

③ ［明］李承箕：《大厓李先生文集》，《四库全书存目丛书》集部第43册，据天津图书馆藏明嘉靖三十年张希举刻本影印，济南：齐鲁书社，1997年，第593页下。

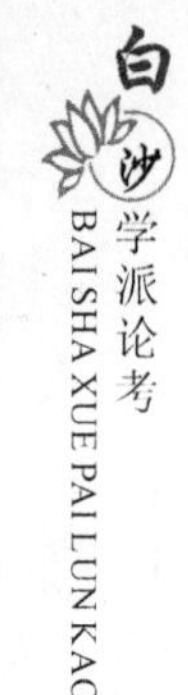

其教学不立课程，不定制度规范，主要依靠个别指点来实现教诲意图，此种精英化教育的组织化、制度化程度甚低[①]。

章懋云：“当时人物，以陈白沙为第一流。学者做诚未至，动不得人，惟白沙动得人。”[②] 白沙以其“动得人”的魅力吸引门人并维系其间关系，该角色独特而无可替代，因此，白沙去世后，其学派难免会出现“群龙无首”的权力真空现象。白沙虽以江门钓台为信传衣于湛若水，但湛氏入门晚、资历浅，“人格感化力不及白沙”[③]，在师门中难以被普遍认可，张诩甚至与之有衣钵之争。张诩名气大，但“气高好自是，不能下人”[④]、“天资峭直，人有不韪，辄摈斥之”[⑤]，此种缺乏宽容的性格也无法担当起学派领袖的角色。另一高弟林光在师门中见道最为清澈[⑥]，白沙对其本抱有厚望[⑦]，然因出仕一事，与同门师弟关系紧张，自然也失去了成为学派领袖的资格。湛若水在团结同门方面虽也做了许多工作（如组织同门游罗浮、建书院，资助贫困者，为同门写墓表，为无后者立祠等），然检其文集，与之有文字往来的同门不超过二十人，而实际有往来与合作者，亦不过尹凤、赵善鸣、邓德昌、汤九山数人而已。阳明去世后，王畿与钱德洪寻访联络各地同门，积极参与甚至组织各地同门聚会，在学派内部沟通、

① 关于白沙教学的特点，参卓进、王建军《“静坐中养出端倪”到“随处体认天理”》一文（载《五邑大学学报》2012 年第 2 期）。

② ［清］阮榕龄：《白沙丛考》“德容”条，咸丰元年秋八月阮氏梦菊堂雕刻本。

③ 陈郁夫：《江门学记——陈白沙及湛甘泉研究》“自序”，台北：学生书局，1984 年，第 4 页。

④ ［明］陈献章：《陈献章集》，第 162 页。

⑤ ［明］黄佐：《东所文集序》，［明］张诩撰，黄凤娇、黎业明编校：《张诩集》，上海：上海古籍出版社，2015 年，第 87 页。

⑥ ［清］屈大均：《广东新语》，第 312 页。

⑦ 参见《陈献章集》附录四《与林缉熙》第一书，第 968 页。

学说统一等方面付出了许多心血[1]，实实在在履行了学派领袖的职责，白沙门下则缺乏这样的领袖人物。

白沙在世时，门人交往以白沙为中心，通常以交游唱和为媒介，此种交往充满诗意，随机性强，没有固定的场所、时间和组织者。白沙去世后，门人散落各地独修，往来愈发减少。与之形成对比的是，阳明门人重友伦，热心参加本地及跨省的定期讲会[2]，内部交往频繁、畅通。从思想传播的角度看，若将湛若水的书院讲学称为单兵作战的话，那么，阳明门下为数众多、组织化程度甚高的书院讲学与讲会则是更有效率的集体作战，其间高低，历史已有定论。

（本文原载于《现代哲学》2015 年第 6 期，此处数据以及一些具体表述有改动）

① 参［瑞士］耿宁著，倪梁康译：《人生第一等事——王阳明及其后学论“致良知”》，北京：商务印书馆，2014 年，第 398、406、394 页。

② 参吕妙芬：《阳明学士人群体——历史、思想与实践》第 7 章，北京：新星出版社，2006 年，第 252—278 页。

江右白沙门人考

作为明代心学先驱，陈白沙（陈献章，1428—1500，字公甫，号石斋，晚年又号石翁，广东新会白沙村人，后人尊称白沙先生）是开一代学风的人物，在其心学建构与思想散播过程中，江右（今江西省）士人起了非常重要的作用。白沙一生交游，省外士人以江右为最[①]，关系也最密切，其中，有师友、门人与论敌三种类型。作为白沙门人群体的重要组成部分，江右白沙门人的群体面貌一直模糊不清。最早记载白沙门人信息的黄淳监修《［万历］新会县志》，以及此后贾洛英监修的《［康熙］新会县志》、阮元监修的《广东通志》等官修志书，皆未收录江右白沙门人。私人著述收录始自陈遇夫《陈子门人录》（以下简称《门人录》），考证较详者则有阮榕龄的《白沙门人考》（以下简称《门人考》），前者收录杨敷 1 人，后者收录杨敷、苏章、刘敌 3 人。笔者曾以俞溥、萧子鹏为《门人考》遗漏的江右门人[②]，考

① 据《陈献章集》中的诗文统计，白沙交往的江右士人不下 39 人，在广东之外的诸省中数量最多。

② 王光松：《〈白沙门人考〉考订、补遗》，《广东第二师范学院学报》2015 年第 2 期。

虑到张元祯及《江西通志》俱谓萧子鹏与白沙相友的论述[①]，看来以萧氏为白沙门人并不合适。近年笔者又考得刘霖、谭震、孙琼3位江右门人，如此，则江右白沙门人计有7人，占白沙外省门人总量（20人）的35%[②]，为诸省之冠，今对此7人依次考证如下。

一、杨敷

《门人考》云："杨敷，字荣夫，永丰人。操执不群。初事罗伦，充然有得，后过白沙，与陈子唱和，留数月而返。以贡为福建永安训导，寻归，日以二先生之道自乐。著《痴庵集》。"阮榕龄因张嗣衍《广府志·儒林》有"杨宪臣，初名敷，清远人，以兄没袭清远卫指挥，从学陈献章，白沙重之"的记载，遂与前说相折衷，认为"盖杨原永丰人，曾为永安训导，后因兄没袭兄职为指挥，清远疑后入籍也"[③]。《［顺治］永丰县志》曰："杨敷，字荣夫，温方人。性端洁，操执不群。早游一峰先生之门，笃志古学。以贡授福建永泰训导。一峰没，复求教于新会白沙先生之

---

① 张元祯云："（萧子鹏）蚤游聘君之门，友克贞、公甫、居仁诸子"（［明］黄宗羲著，沈芝盈点校：《明儒学案》（修订本）卷45《诸儒学案上三》，前揭书，第1082页），《江西通志》亦云："（萧子鹏）师事吴康斋，与陈白沙、张东白友善"（［清］谢旻等修：《江西通志》卷74《人物九》，《文津阁四库全书》第515史部273·地理类，北京：商务印书馆，2005年，第713页）。按，关于萧子鹏之字，众说不一，黄宗羲作"宜翀"，阮容龄作"宜冲"（［明］陈献章著，孙通海点校：《陈献章集》，前揭书，第816页），林光作"宜中"（［明］林光撰，罗邦柱点校：《南川冰蘖全集》卷7《留别罗一峰暨吉滏诸友》"序"，前揭书，第215页）。今本《南川冰蘖全集》文字多错讹，"中"或即"冲"字之误，"宜翀"、"宜冲"皆与"子鹏"之名相应，尤以前者义长。

② 参拙作《白沙门人与白沙心学传播》，载《现代哲学》2015年第6期。

③ ［清］阮榕龄：《白沙门人考》，前揭书，第536—538页。按，今本《陈献章集》未载《寄杨荣夫（七绝）》。

门。白沙知荣夫为一峰高弟，相与论古今风俗人才美恶贤否、世道所关、与学者之学，圣人孰是孰非、孰得孰失，几欲一峰言而未及者，悉于荣夫发之，且曰：'良时易失，机会难逢，一峰不幸早世，予亦景逼桑榆矣。'所望于荣夫者，有在念之念之，反复其言，乃知荣夫固可与谭道者也。所著有《痴庵集》。"①

上述文献俱言杨敷初事罗伦、后师白沙，后者讲得尤为具体，指出杨敷在"一峰没"后才求教于白沙之门。事实上，杨敷的同门马龙也于罗伦卒后（1478）转投到白沙门下。马龙，字文祥，广东南海人，郡诸生②，与增城陈东渊为友。弘治元年（1488）冬，陈东渊往白沙为其祖乞铭，"自冬徂春，恋恋不忍别去"③。白沙《元日有怀杨荣夫，示陈东渊》云："今年酒不对荣夫，来岁东渊对我无。"④ 又，《元旦，次荣敷韵》云："系马玉台重引望，白云闲与鹤同飞。"⑤ 前诗"今年"当为弘治二年（1489）。据后诗，则杨敷于前一年也即弘治元年（1488）元日曾至白沙⑥。是年四月，李承箕首来新会，今《大厓先生诗文集》中没有与杨敷有关的文字，可见，二人并未晤面、相识，由此可以推断，杨敷从学白沙当在弘治元年（1488）正月至四月之间，时罗伦去世已十年，白沙也已六十一岁，故有"景逼桑榆"之说。

---

① ［明］吴期炤原本，［清］邓秉恒增修，凃拔尤等增纂：《吉安府永丰县志［顺治］》卷 5，清康熙元年刻本，国家图书馆分馆编，《清代孤本方志选》第 2 辑第 21 册，北京：线装书局，2001 年，第 51—52 页。

② ［清］阮榕龄：《白沙门人考》，前揭书，第 556 页。

③ ［明］陈献章、孙通海点校：《陈献章集》卷 1《处士陈君墓志铭》，前揭书，第 87 页。

④ ［明］陈献章、孙通海点校：《陈献章集》卷 5，前揭书，第 464 页。

⑤ ［明］陈献章、孙通海点校：《陈献章集》卷 5，前揭书，第 458 页。

⑥ 《白沙先生诗近稿》将该诗系于弘治五年（1492），归于"壬子诗稿"，黎业明教授因之（黎业明：《陈献章年谱》，上海：上海古籍出版社，2015 年，第 262 页），俱失考。

杨敷在新会逗留数月，白沙为之所作之诗计有《喜杨敷至》《元旦，次荣敷韵》《玉台，次杨敷韵》《与杨敷投壶》等，分别后有《杨敷别后有怀二首》《梦杨敷道定山事》《元日有怀杨荣夫，示陈东渊》《赠刘进夫还永丰，兼寄罗养明、杨荣敷、罗清及湖西诸友》诸作，可印证《永丰县志》“有在念之念之”之论。相处数月对一个人到底能产生多大影响，此诚非难言，由其“以贡为福建永安训导①，寻归”的行事来看，确有白沙之风。阮榕龄关于杨敷“后因兄没袭兄职为指挥，清远疑后入籍”的猜测，《［顺治］永丰县志》未著一字，当非实情。

二、苏章

《门人考》云：“苏章，字文简，号云厓，余干人。成化乙未（1475）进士，官至延平知府。初，章官兵部主事时，因星变事劾妖僧继晓、方士李孜省，谪姚安通判，因裒其所作，故以《滇南稿》为名，《祭胡敬斋文》一首，附录一卷，则其行实及题跋与入祀乡贤文卷也。章也少问学于陈献章之门，尝出胡居仁于狱，与吴与弼为师友，盖亦刻意讲学者。”②

成化十八年（1482）九月，白沙应诏北上，在江西南安逗留期间，与知府张弼在出处问题上往来唱和，相互讽讥，“未几，适武选郎余干苏文简由广东使还，具道白沙之师康斋吴与弼之端

---

① 福建永安于明景泰三年（1452）置县；永泰于唐永泰二年（766）置县，北宋崇宁元年（1102）因避哲宗陵讳而改名永福，元、明、清一直沿用，民国三年（1914）始恢复永泰旧名；可见，《门人考》“永安”说为是，《永丰县志》“永泰”说为非。

② ［清］阮榕龄：《白沙门人考》，前揭书，第535—536页。

严刚峭、勇于进道，亦千载人物，东海方悟。”[①] 据此可知，苏章于成化十八年（1482）曾以武选郎的身份入广公干。又，白沙《问厚郭胡父子起居于其乡人苏》“诗序”云：“胡君全，先师康斋先生女夫也。其子曰宁寿。景泰甲戌，予游小陂，与君父子同处先生之门。时宁寿方七岁，工于笔砚，今二十又七年矣。”[②] 从景泰甲戌（1454）下延二十七年为成化十八年（1482），诗题中的“乡人苏”当即次年入广的苏章。综合上述材料，苏章于成化十八年入广公干时曾过访白沙，姜麟曾因到贵州公干而迂道白沙，前后逗留八日[③]，苏氏的情况当亦与此相仿。成化十八年九月二十八日白沙于南安所作《书玉枕山诗话后》云：“微吾与苏君今日之论，则东海之康斋，其为晏婴之孔子乎，了翁之伯淳也。”[④]可见，二人新会别后于南安曾再度晤面。从苏章对吴与弼的评论来看，他对吴与弼是了解和尊重的，可印证《门人考》“与吴与弼为师友”之说。苏章于成化十一年（1475）中进士，授兵部主事（正六品），武选郎为兵部武选司员外郎或郎中（前者从五品，后者正五品），相对于主事来说是升职，今虽不能确知苏章为武选郎时的年龄，但不能称为“年少”当是确切的，《门人考》“章也少问学于陈献章之门”说或另有所本。

关于“出胡居仁于狱”一事，《［同治］余干县志》云：“胡居仁……亲丧，既卜兆，里雕儿掘其墓。居仁曰：‘讼无实之词，居仁不敢干有司，顾君父仇雠不共戴天。’反为雕儿陷系狱。邑

---

① ［明］张弼：《张东海先生文集》卷 3《玉枕山诗话》，四库全书存目丛书编委会，《四库全书存目丛书》，集部第 39 册，别集类，济南：齐鲁书社，1997 年，第 465 页。

② ［明］陈献章、孙通海点校：《陈献章集》卷 6，前揭书，第 601 页。

③ ［明］陈献章、孙通海点校：《陈献章集》卷 6《次韵姜仁夫留别（九首）》“序”，前揭书，第 673 页。

④ 参见［明］陈献章、孙通海点校：《陈献章集》卷 1，前揭书，第 70—71 页。

人主事苏章廉其人，救之，得直。”[①]苏章任兵部主事在其进士及第之后，其救居仁亦必在成化十一年（1475）之后。事后居仁对苏章甚为感激，且云：“居仁得以少助其讲论切磋之益，阁下有自成之功。”[②] 可知二人之间确有讲学之实。苏章结识居仁在先，师事白沙在后。胡氏生前与白沙势同水火，苏章以前者为友、以后者为师，其间关系颇为特殊。

三、刘敔

《门人考》云：“刘敔，号凤巢，泰和人。刘公名魁，吉之泰和人。荐节判州牧，所到皆有惠政。尝受学阳明。厥考凤巢公亦从吾党白沙先生游，令永福，擢守宾州，祀名宦。盖其家学有自云。……《凤巢稿》六卷……《四库书目》缺载。”[③]《广西通志》以“泰”“太”可通，以刘敔为云南大理府太和人，《门人考》已辨其非，兹不赘述。据《［同治］泰和县志》卷15《选举》“成化二十二年”条，刘敔是年领乡荐，注云：“刘敔，字中和，城西人，宾州知州。”[④]又，《［同治］泰和县志》卷17《刘魁传》云：“刘魁，字焕吾，一字晴川，城西人。父敔，敦行古道，由教谕

① ［清］区作霖、冯兰森修，［清］曾福善等纂：《［同治］余干县志》卷12《理学》，中国科学院图书馆选编，《稀见中国地方志汇刊》第30册，据清同治十一年（1872）东山书院刻本影印，北京：中国书店，1992年，第701页。

② ［明］胡居仁撰，冯会明点校：《谢苏文简兵部主事》，《胡居仁文集》，前揭书，第153页。

③ ［清］阮榕龄：《白沙门人考》，前揭书，第538页。

④ ［清］宋瑛等修、彭启瑞等纂：《［同治］泰和县志》，中国地方志集成《江西府县志辑》64，南京：江苏古籍出版社，第258页。

转县令，有政声。"[①] 刘魁为江右王门重要成员，知名度高于其父，故刘敔事迹多附于刘魁。综合以上可知，刘敔字中和，号凤巢，吉安府泰和县城西人。

明代士人中举可授教谕，由教谕升为当地知县者亦颇有人在。刘敔既于成化二十二年（1486）秋领乡荐，其赴永福教谕任当在明年初。永福在广西东北部（今属桂林市），刘敔由江西赴任必定要道经广东。林光《题云津书院为刘敔县博》诗有"珍重斯文今日意，篇诗聊复写吾真"句[②]，成化二十三年（1487）正月林光曾过访白沙[③]，《题云津书院为刘敔县博》与白沙《题云津书院泰和刘氏》在用典、语义方面紧相呼应，由此我们可以推断，刘敔于成化二十三年（1487）正月曾一至白沙，并在此与林光相见。云津书院为刘敔先祖刘逢原建于宋嘉定年间[④]，为江右知名书院，故白沙《题云津书院泰和刘氏》云："家有鸳鸯谱，何须更问针。"[⑤]由"何须更问针"，可知刘敔确有从师之实。可见，刘敔此次赴任途中过访白沙的目的有二，一是为家族云津书院求写题记，一是从学白沙。

《[万历] 吉安府志》谓刘魁"自幼禀父训，躬操古行"[⑥]，刘敔《除夕示子》诗有"勋业岂能追二谢？文章直欲效三苏。区区

---

① [清] 宋瑛等修，彭启瑞等纂：《[同治] 泰和县志》卷17《列传》，前揭书，第350页。

② [明] 林光撰，罗邦柱点校：《南川冰蘖全集》卷10，前揭书，第354页。

③ 林光丁未（1487）十月《奉陈石斋先生》云："开岁在白沙，奉接教音，恍如梦寐。"（[明] 林光撰，罗邦柱点校：《南川冰蘖全集》卷4，前揭书，第133页）

④ [清] 谢旻等修：《江西通志》卷21《书院》，前揭书，第702页。

⑤ [明] 陈献章、孙通海点校：《陈献章集》卷5，前揭书，第387页。

⑥ [明] 余之桢修，[明] 王时槐纂：《[万历] 吉安府志》卷22，中国科学院图书馆选编，《稀见中国地方志汇刊》第30册，明万历刻本，北京：中国书店，1992年，第338页。

温饱何须讨，清白传家是远图”句[①]，从这样的家训中，我们不难发现白沙之教的影子。欧阳德《送北上序》云：“阳明先生倡学虔台之岁，某从晴川子日受业焉。”[②] 刘敔、刘魁父子分别师事白沙、阳明两位心学大师，与广东潮州府杨潜斋、杨毅斋（杨骥）父子的情形非常相似，这是思想史上有趣而又有意义的事件。

四、刘霖

以下刘霖等4人为《新会县志》《门人录》《门人考》等文献所未收录者。

《［顺治］永丰县志》云：“刘霖，字济之，号中山。肃庵先生季子也。年二十从父宦程乡，见白沙先生，欲师之，肃庵曰：‘汝方习举业，白沙岂课仿师耶？邑士杨荣夫即一峰，白沙高弟，可师也。’遂归而师焉。然厌薄举业，勉为时艺，补邑庠生。已而省侍程乡过羊城，友张解元绍龄，乃介礼白沙之门，留而受业者数月。别赠以诗曰：‘扶君直到源头去，七尺芙蓉赠一茎。’且曰：‘他日不到源头，还我芙蓉杖也。’公由此笃志圣学。尝为崇正会，与诸生讲求古人所学何事及身心理欲之微。晚信会稽良知之说。构离明书院，优游于中，暇则朗诵六经，或默坐澄心，会意处辄轩然起舞，人不知所为也。先生造诣精邃，志行大孚于乡，乡人好斗相暴者，先生片纸至即解散。有不善者，父老相戒

① ［清］宋瑛等修，彭启瑞等纂：《［同治］泰和县志》卷17《列传》，前揭书，第350页。

② ［清］宋瑛等修，彭启瑞等纂：《［同治］泰和县志》卷17《列传》，前揭书，第350页。

曰：‘得无为中山公所知。’讼不白于官者质诸先生，是非唯唯而退。宗党士友之贫者，先生知无不济，义之所在，发肤无所爱。聂双江曰：‘中山之学，以静虚为本体，以孝友忠信为实地，以施贫活族、正俗化乡为实用。’邹东廓先生亦曰：‘耄耋嗜学如刘先生，其今之卫武乎？’所著有《中山集》。”①

刘彬号肃庵，为罗伦同乡兼同窗好友，成化十四年（1478）进士及第，授潮州府程乡知县，在任九年②。刘彬有三子，长曰仁，次曰惠，季曰霖③，先后都曾到过白沙。白沙有《阅周溪图作，赠刘景林，归呈尊甫翁肃庵程乡令（四首）》诗，周溪图即周溪书院之图，刘景林即刘霖，他此次持周溪图往白沙求题诗，当是他的首次白沙之行，时在周溪书院建成之后。白沙弘治元年（1488）所作《程乡县社学记》云：“已上诸役及买田之费，侯悉以其在官所当得者，积岁成之。”又引或人曰：“侯来程乡居几年……今且去程乡矣。”④“诸役”即含周溪书院，今既云“积岁”“居几年”“且去程乡”，则周溪书院当建于刘彬任期后期，至迟不超过弘治元年。刘彬弘治十三年（1500）左右升任雷州府同知，刘霖“省侍程乡过羊城”、以张绍龄为介往白沙受业，当是他的第二次白沙之行，此必在刘彬离任程乡之前。刘霖的两次白沙之行相隔当仅几年。嘉靖五年（1526），刘霖曾携侄刘浚到南京访湛若水，甘泉《送刘中山还永丰小序》云“中山子平日得趋

---

① ［明］吴期炤原本，［清］邓秉恒增修，涂拔尤等增纂：《［顺治］永丰县志》卷5，前揭书，第49—51页。

② 参［明］湛若水撰，钟彩钧主持整理标点：《泉翁大全集》卷56《刘朝请肃庵先生传》，第521页。

③ 刘彬三子《陈献章集》作景仁、景惠、景林，湛若水《刘朝请肃庵先生传》作仁、惠、霖，皆无“景”字，且“林”作“霖”；《吉安府永丰县志［顺治］》“刘霖传”亦作“霖”，无“景”字，“景”或为衍文。

④ ［明］陈献章著，孙通海点校：《陈献章集》卷1，前揭书，第31—32页。

庭，游于白沙”[①]，明确承认与刘霖有同门之谊，并将他们叔侄推荐给聂豹，曰：“中山叔侄皆朴实，真可与相期于道者，执事可共讲究。”[②] 事后，刘霖也确曾向聂豹问学[③]，可印证邹守益有“耄耋嗜学”之说。

聂豹认为刘霖之学“以静虚为本体”，此确为白沙学术主张；“以孝友忠信为实地”与“正俗化乡”亦为白沙所极力提倡者；《［顺治］永丰县志》所言“默坐澄心”为白沙根本为学之法，其学与白沙若合符节。聂豹、邹守益皆为江右王门干将，刘霖“晚信会稽良知之说”，当是受了这些同乡的影响，该个案反映了白沙学与阳明学在江右遭遇后的此消彼长的态势，刘霖式学者在沟通、融会白沙学与阳明学过程中所起的作用，是一个值得进一步探讨的课题。

《［顺治］永丰县志》云白沙曾以“扶君直到源头去，七尺芙蓉赠一茎”诗赠刘霖，但在今本《陈献章集》中，这是《东白张先生借予藤蓑不还，戏之（二首）》中的诗句[④]，该诗前一首为《阅周溪图作，赠刘景林，归呈尊甫翁肃庵程乡令（四首）》，其中有“长官要结溪山好，去问南昌乞钓蓑”[⑤] 句，南昌即张元祯，据此来看，刘彬父子与张元祯亦关系密切。“扶君直到源头去，七尺芙蓉赠一茎”或即白沙同赠张元祯、刘霖之诗句。

---

① ［明］湛若水撰，钟彩钧主持整理标点：《泉翁大全集》卷 19《送刘中山还永丰小序》，第 207 页。

② ［明］湛若水撰，钟彩钧主持整理标点：《泉翁大全集》卷 9《与聂文蔚侍御》，第 99 页。

③ 参见［明］黄宗羲著，沈芝盈点校：《明儒学案》（修订本）卷 17《江右王门学案二》，前揭书，第 377—378 页。

④ 二者仅有一字之差，《［顺治］永丰县志》“扶君直到源头去”之“去”，《陈献章集》作“看”字。

⑤ ［明］陈献章著，孙通海点校：《陈献章集》卷 6，前揭书，第 603 页。

五、俞溥

《［康熙］信丰县志》曰："俞溥，字德洪。文章名振艺林，为陈白沙先生高弟子。弘治间，贡授泾府审理正。屡乞终养，不允。五年，以内艰归，服阕不起。辟馆谈道，以倡来学。疾革，犹整衣冠端坐，与学者讲'尊性'章而殁。"[①] 李承箕《楚云台小集，时信丰俞溥德洪在座（二首）》诗云："秋天极目杳无穷，秋月伤怀语不工；且就沧溟赊月色，送君还过小桥东。湖海相望路几千，楚云台上咏秋天；而今不做西昆梦，莫记西昆说往生。"诗末注云："俞德洪尝记予十年前诗。"此外，《送俞秀才德洪还信丰》有"皓皓清宵月，凌波漾孤员"句[②]。李承箕曾四至白沙，即弘治元年（1488）四月至十二月、弘治五年（1492）、弘治八年（1495）冬至弘治十年（1497）二月、弘治十二年（1499）底或十三年（1500）初[③]。楚云台建于弘治五年，上述能同时满足"秋天""楚云台"两个条件的只有第二、三时段了。虑及"十年前诗"这一因素，笔者认为李承箕与俞溥在楚云台相聚当在弘治九年（1496）秋。从弘治元年至此凡九年，所谓十年，系取其整数，此诗家常用之手法，如《与肇庆黎绅》亦言"酒底花枝颜色好，十年曾记我来时"[④]。综合上述信息，俞溥从游白沙当在弘治九年（1496）秋，时长为数月，身份为秀才。俞溥曾请大厓为祖

---

① ［清］张瀚修，黄彬等纂：《［康熙］吉安府信丰县志》卷9，国家图书馆分馆编，《清代孤本方志选》第1辑第19册，前揭书，第419页。

② ［明］李承箕：《大厓先生诗文集》卷5，前揭书，第526—527页。

③ 参见黎业明：《陈献章年谱》，前揭书，第230页、第264页、第317页、第357页。

④ ［明］李承箕：《大厓先生诗文集》卷7，前揭书，第534页。

父作墓志铭，大厓《信丰养气翁俞用中墓志铭》云：“溥从游石翁先生之门，以箕有同门之义，求铭其墓，乃为序而铭之。”① 据此，俞溥的门人身份确凿无疑，其“服阙不起”“辟馆谈道，以倡来学”也确实体现了白沙门下的行事风格。

六、谭震、孙琼

《［乾隆］大庾县志》云：“谭震，字亨夫。孙琼，字惟璐。相友善。俱为郡守张弼所器，命往从桑公明怿，悦受学。后白沙陈公献章寓瘐，复同往从之。生平皆慎名检，有行谊，为士人所推重。诗文字并知名一时。震由弘治贡任武缘教谕。琼举弘治戊午乡试，任浙江山阴知县。”② 张弼于成化十四年至十九年（1478—1483）期间任南安郡守。成化十八年（1482），白沙应诏北上时，曾在南安逗留半个月。次年南归，白沙行程匆匆，在南安停留时间甚短。可见，谭震与孙琼之受学当在白沙北上“寓瘐”时，前后旬日而已。

以上 7 位江右士人大多为白沙晚年门人，他们受教时间普遍较短，多则数月，少则旬日，所受影响当亦有限。在白沙门下，他们声名不显，地位边缘，同林光、张诩、李承箕、湛若水等知名门人无法相提并论，但这并不意味着这些“小人物”在思想史

① ［明］李承箕：《大厓先生诗文集》卷 18《信丰养气翁俞用中墓志铭》，前揭书，第 602 页。

② ［清］余光璧纂修：《［乾隆］南安府大庾县志》卷 13，中国科学院图书馆选编，《稀见中国地方志汇刊》第 31 册，清乾隆十三年（1748）刻本，前揭书，第 135 页。按，“桑公明怿”在《南安府志》中作“桑公民怿”（［清］陈奕禧修，刘文叒纂：《［康熙］南安府志》卷 18，国家图书馆分馆编，《清代孤本方志选》第 1 辑第 20 册，前揭书，第 790 页），张弼《桑民怿宿别》《舟泊泰和与桑民怿司训夜话》等诗亦作“民怿”，“明”当为“民”字之误。

上就没有其位置与意义。以上 7 位江右士人的地域分布是，吉安府 3 人，南安府 2 人，饶州府与赣州府各 1 人。白沙的江右友人以吉安府为最多（14 人），今门人也以吉安府为最多，此当与白沙名声在当地的散播有关。南安府为白沙北上必经之地，有地缘方面的优势，故门人数量次之。这些江右门人同江右友人一道，在传播白沙心学思想、重塑江右学风方面发挥了相当大的作用，为江右士人接纳阳明心学做了铺垫。江右王门以吉安府人数最多（22 人），且主力也主要集中在吉安，此当非偶然现象。王畿谓："愚谓我朝理学开端，还是白沙，至先师而大明。"① 黄宗羲也说："有明之学，至白沙始入精微。……至阳明而后大。"②从白沙的"开端"到阳明的"大明"是如何过渡、衔接的？这是明代心学史上的一件大事。刘敔父子分别师事白沙、阳明，刘霖早年从学白沙、"晚信会稽"，白沙交往的江右士人的地域分布与江右王门的地域分布高度重合，凡此种种，都向我们透露了关于这件大事的些许信息。

（本文原载于《广东第二师范学院学报》2016 年第 4 期）

① 参见［明］王畿著，吴震编校整理：《王畿集》卷 5《复颜冲宇》，南京：凤凰出版传媒集团、凤凰出版社，2007 年，第 260 页。

② ［明］黄宗羲著，沈芝盈点校：《明儒学案》（修订本）卷 5《白沙学案上》，前揭书，第 78 页。

潮州白沙门人考

作为明代心学先驱，陈白沙（陈献章，1428—1500，字公甫，号石斋，晚年又号石翁，广东新会白沙村人，尊称白沙先生）开创的江门学派是广东历史上第一个产生了广泛影响的儒家学派，该学派成员以广东本省士人为主（占籍贯可考总人数的近九成），省内又以广州府为主（占籍贯可考总人数的73.4%），而潮州府人数仅次广州府，位居全省第二。潮州深受朱子学影响，且距新会有千里之遥，潮州士子负笈学于白沙者仅次广州，颇为令人讶异。潮州又为阳明学在粤之重镇，白沙学说在潮州的传播，是潮州王门学派兴起的前导[①]。由此来看，潮州白沙门人不仅是白沙门人中具有自身地域特色的群体，而且在区域文化交流与学风转变中还担当了相当重要的角色，但这一群体的构成、面貌等问题则尚处于模糊之地。

黄淳监修《［万历］新会县志》是最早集中记载白沙门人的文献，黄志收录龚日高、吴向、余善等3位潮州门人，但仅标明龚日高为潮州人，后二人失其里籍、字号、事迹，该情况为贾洛英监修《［康熙］新会县志》所沿袭。阮元监修《广东通志》收

① 黄挺：《潮州王门学派简述》，《汕头大学学报》（人文科学版）1998年第6期。

录余善、林岩2人，陈遇夫《陈子门人录》（以下简称《门人录》）收录龚日高、杨璵2人，阮榕龄《白沙门人考》（以下简称《门人考》）收录龚日高、杨璵、余善、林岩、赵日新等5人，在传统文献中收录人数最多。黄挺教授认为“潮州人从学白沙者，有赵相赵日新父子、杨璵杨玮兄弟、饶鉴、蔡亨嘉、林岩、余善、杨潜斋、吴向等”[①]，计有10人。孙杜平先生指出：“检潮郡县志，得九人焉，曰吴响曰余善曰赵相曰赵日新曰李宗淳曰饶鉴曰杨典曰杨玮曰林岩。他见《中离全书》者一人，曰杨潜斋，名阙，饶平人，举人骥鸾之父。见《泉翁大全集》者一人，曰龚南村，近检陈遇夫《白沙弟子传》有龚日高者，亦潮人，《白沙集》有《晓枕示湛雨龚日高》诗，疑即南村也。见《万姓统谱》一人，曰周成。”[②] 据此则潮州白沙门人计有13人，孙先生志对此13人未及详考，这一群体成员的生平事迹、从学白沙以及交往等情况依然不清，本文对此尝试考证如下。

一、杨潜斋

杨潜斋之为白沙门人，诸史志皆缺载，惟薛侃《杨毅斋传》云：“毅斋姓杨氏，讳骥，字仕德，号毅斋，饶平人也。世居凤城，父潜斋尝游江门，蚤闻庭训，知向方。”[③] 薛侃（字尚谦）与杨骥共同讲学于金山，其次子宗釜（字子荐，号笔山）又娶杨骥

① 黄挺：《明代潮州儒学概说》，《汕头大学学报》（人文科学版）1994年第2期。

② 孙杜平：《吉帛村人笔记》，http://sunduping1978. blog. 163. com/blog/static/1125686892009929l4227292/.

③ ［明］薛侃著，陈椰编校：《薛侃集》卷7《杨毅斋传》，上海：上海古籍出版社，2014年，第251页。

之女，二氏有通家之好，其“潜斋尝游江门”说当有据可信。据薛氏《三贤墓志铭》，潜斋育有三子，“伯曰北山，讳凤，字仕敬。其仲曰毅斋，讳骥，字仕德。其叔曰复斋，讳鸾，字仕鸣，一字少默”[①]。杨骥、杨鸾分别师事阳明、甘泉，在推动潮州心学传播、改变潮州学风方面贡献甚大。《［光绪］潮州府志》云：“杨骥……正德丙子（1516）乡试，未撤棘，即听讲于甘泉。既而与弟鸾同登乡荐，闻阳明设教赣州，往从之游数年，与薛中离归里。时潮人溺俗学，骥力涴旧习，培本根，以圣人为可师、万物皆一体，一时士习翕然向风。己卯（1519）复游赣，值宁藩之变，道梗不得达，还与中离同处，互相砥砺。庚辰（1520）春疾革，犹讲学弗倦，正襟端坐而逝。阳明哀辞有‘潮有二凤，今失其一’之语。”[②] 杨骥去世时，杨鸾适会试下第，“闻毅斋讣南归。率徒百余师事陈明德于玉林”[③]。玉林即杨骥正德八年（1513）所创东津精舍，其号源自白沙诗句“海上花开万玉林”[④]。陈明德（字思准，号海涯，海阳碧望人）也是潮州心学传播中的重要人物，“闻白沙倡道东南，弃举子业”[⑤]，“王阳明讲学虔州，明德往从之，得其旨，归而与杨骥、薛侃讲学金山，一时学者翕然宗之”[⑥]。

① ［明］薛侃著，陈椰编校：《薛侃集》卷 8，前揭书，第 268 页。

② ［清］周硕勋纂修：《［光绪］潮州府志》卷 28《儒林》，据清光绪十九年重刊本影印，台北：成文出版社，1967 年，第 587 页。

③ ［清］卢蔚猷修，吴道镕纂：《［光绪］海阳县志》卷 36《列传五》，据清光绪二十六年刊本影印，台北：成文出版社，1967 年，第 377 页。

④ ［清］周硕勋纂修：《［光绪］潮州府志》卷 28《儒林》，前揭书，第 587 页。

⑤ ［清］周硕勋纂修：《［光绪］潮州府志》卷 28《儒林》，前揭书，第 587 页。

⑥ ［清］李书吉等修、林继绅等纂：《［嘉庆］澄海县志》卷 19《高洁》，据清嘉庆二十年刊本影印，台北：成文出版社，1967 年，第 221 页。

杨凤卒于正德四年（1509），年三十四[①]，杨鸾将其生前图画诗翰集而帙之，编为《北山流韵集》，请乃师甘泉作序，甘泉序云：

> 杨子拜告于甘泉子曰："鸣也，弗肖弗灵，承于先，惟我伯氏北山。其承先志，私淑于石翁之学，与某先生，某先生励志于草庵，静坐以求，讲习以游，乐以休休。甲子（1504），使骥也拜子于归云。丁丑（1517），骥也以鸣也拜子于墓所。戊寅（1518），鸣也获从子于西樵以有闻，伯氏之遗也。鸣何敢忘？"又曰："潮之学。惟我伯氏是倡。伯氏卒，而南村游，南村游而海涯孤，道之厄也。"甘泉子曰："噫！贤哉北山！惜哉北山！使北山子而无死，学其有成乎，惟予有覿，覿则有订。舍翁之初，求翁之暮，去子之［静，定］我之定，定则一，一则动静无二，而于道几矣。呜呼！使北山子而无死，斯道其可兴乎！惟予有勖，勖则有众，众则力。一人行之，十人掖之，掖［故］力，力则成习，其于斯道之兴，可几矣。"[②]

据上文，杨骥弘治十七年（1504）之拜甘泉系出于杨凤之命；杨骥、杨鸾正德十二年（1517）拜甘泉于墓所，以及杨鸾正德十三年（1518）从学甘泉于西樵，亦出于杨凤遗愿。可见，杨氏兄弟对心学的亲近是因为受了伯兄杨凤的影响，而杨凤对心学的兴致则承自"某先生"（即潜斋）。杨鸾云"潮之学。惟我伯氏是倡"，强调杨凤在潮州心学兴起中的倡导之功，由"其承先志，

---

① ［明］薛侃著，陈椰编校：《薛侃集》卷8《三贤墓志铭》，前揭书，第268页。

② ［明］湛若水撰，钟彩钧主持整理标点：《泉翁大全集》卷16《北山流韵集序》，第179页。

私淑于石翁之学"，以及吴向、周孚先师事潜斋的事实来看①，潜斋实乃白沙心学在潮州传播之渊薮。潜斋、杨凤于草庵"静坐以求"，这是白沙标志性的为学方法，可知潜斋为恪守师说者。甘泉以为杨凤学有未至，认为"去子之［静，定］我之定，定则一，一则动静无二，而于道几矣"，西樵隐居时期的甘泉倡导合一之学，对师门静坐教法不满且有批评，故有此论。薛侃云杨骥"蚤闻庭训，知向方"，杨凤生于成化十一年（1475），假设杨骥少杨凤 3 岁且 8 岁时闻庭训，则成化二十二年（1486）时潜斋尚在世，其游江门必定在此之前，因此，潜斋当为白沙早期门人。潜斋父子四人分别师事白沙、甘泉、阳明，一门而集三位心学大儒之学，此诚儒学史上绝无仅有之事，他们既是潮州心学传播史上极为重要的一环，也是明代心学传播史上的一段佳话。

二、龚日高

《门人考》云："龚日高，字志明，潮州人。陈子有《晓枕，示湛雨、龚日高》诗。"② 除《晓枕，示湛雨、龚日高》诗外，今本《陈献章集》尚有《偶书遗湛民泽、龚日高游罗浮者》。湛雨即湛若水，白沙在上述二诗中皆将其与龚日高相提并论，可知二人当时曾共学于江门。甘泉《紫坡子传》云"余与龚南村旧游江门，为余道朝朔之为人"③，《门人考》中龚姓门人仅龚日高一人，

---

① 甘泉谓周孚先"自月庭之师潜斋土斋之外，足迹不及三径"（［明］湛若水撰，钟彩钧主持整理标点：《甘泉先生续编大全》卷 11《明故西山居士太学生周君墓志铭》，第 968—969 页），可知，潜斋曾为吴向、周孚先一日之师。

② ［清］阮榕龄：《白沙门人考》，前揭书，第 629 页。

③ ［明］湛若水撰，钟彩钧主持整理标点：《泉翁大全集》卷 56《紫坡子传》，第 525 页。

龚南村当即龚日高。今惠来县溪西镇尊炉村、隆江镇溪南村（二村相隔甚近）有龚姓，笔者疑龚日高为惠来人，南村或即以地为号。惠来于嘉靖四年（1525）由潮阳析出，如此，则龚日高本为潮阳人。

甘泉弘治七年（1494）二月从学江门，“弘治丙辛曾两登罗浮”[①]，丙即丙辰（1496），辛即辛酉（1501）。白沙既卒于庚申（1500），《偶书遗湛民泽、龚日高游罗浮者》所言当为丙辰之事。《杜江黎氏祠堂记》又云：“丙辰（1496），则游江门，同李世卿七子者登罗浮，过杜江焉。”[②] 关于此次游罗浮的经历，据李承箕记载，他与甘泉、梁宗烈、梁宗正从白沙出发，李瑜中途加入，至博罗后曾确又加入[③]，共计6人，甘泉云“七子”，则李承箕未言及者当即龚日高。弘治十年（1497）二月晦日，白沙在给林光的信中谈到：“李世卿乙卯（1495）冬留楚云台，数日前经还武昌矣。湛民泽奉母还增城。”[④] 《与张廷实主事》第三十四书云：“民泽还增江，非久龚志明亦还潮。地方多虞，朋友各散，万一不免避寇之行，奈何？”[⑤] 由此可见，游罗浮之后，湛若水、李世卿、龚日高相继离开江门，时白沙七十岁，龚氏为白沙晚年门人。

甘泉与龚日高相友善，其文集多处提及，除《紫坡子传》

---

① ［明］湛若水撰，钟彩钧主持整理标点：《泉翁大全集》卷44《罗浮四诗有序》，第421页。

② ［明］湛若水撰，钟彩钧主持整理标点：《甘泉先生续编大全》卷5《杜江黎氏祠堂记》，第898页。

③ ［明］李承箕：《大厓先生诗文集》卷15《游罗浮记》，前揭书，第579页。

④ ［明］陈献章著，孙通海点校：《陈献章集》附录四《与林缉熙》第三十一书，前揭书，第982页。

⑤ ［明］陈献章著，孙通海点校：《陈献章集》卷2，前揭书，第175页。

外，《答陈海崖》书末云“南村兄处未及专简，统此致意”[①]，可知龚日高与郑一初（字朝朔，号紫坡）、陈明德等潮州阳明门人关系颇密，是潮州心学传播中的重要成员。据前文杨鸾所言，龚日高在杨凤去世（1509）后即外出远游，致使“海崖孤”。甘泉《古邕州忽见故人龚谦之赠之归潮阳》诗云：“闲云不出山，奇鱼不离溪。行矣归毋迟，春山多紫芝。”[②] 甘泉称龚谦之为故人，龚谦之或即龚日高，谦之当为别字。古邕州即今南宁，甘泉正德七、八年（1512、1513）出使安南期间曾过广西，据此则龚氏曾游至南宁。又，甘泉《同龚南村宿莲华洞馆遣兵》云：“穹碑高百尺，天设识吾庐。夫谁与共登？入圣超凡徒。”[③] 甘泉嘉靖十五年（1536）冬回乡期间卜筑莲花洞书馆，十八年（1539）竣工，次年（1540）致仕，时75岁，甘泉与龚日高宿莲华洞馆当在此之后，二人当年相若，龚氏之高寿由此可知。龚日高不见载于《潮州府志·选举表》，当为白沙门下隐逸型门人。

三、余善

《门人考》云：“余善，潮阳人。师事白沙。由岁贡为广州训导，母老乞归。家居倡明四礼，邑中号道学先生。”[④]据《［光绪］潮州府志》卷26《选举》、卷28《儒林》“余真传”以及《［光绪］潮阳县志》卷17《儒林》“余善传”，余善以岁贡为横州（今

① ［明］湛若水撰，钟彩钧主持整理标点：《泉翁大全集》卷8《答陈海崖》，前揭书，第93页。

② ［明］湛若水撰，钟彩钧主持整理标点：《泉翁大全集》卷40，第376页。

③ ［明］湛若水撰，钟彩钧主持整理标点：《甘泉先生续编大全》卷16，第1055页。

④ ［清］阮榕龄：《白沙门人考》，前揭书，第630页。

广西横县）训导而非广州训导，繁体“廣”字与“横”字形相近，阮榕龄之误或即在此。在有关余善的诸记载中，以《［光绪］潮阳县志》及薛侃《余土斋传》为详，且能相互补充。《［光绪］潮阳县志》谓余善为潮阳县廓人，御史余真之元孙，“少得真遗训，既乃从陈白沙游”①。薛侃《余土斋传》云：

“土斋姓余氏，讳善，字崇一，潮阳人也。喜诚实，谓五常于信，犹五行之于土，因号土斋。从白沙游，操履端确，一言不苟。有旁亲疾笃，周旋其侧，至为浣濯无厌斁，人以为难，故咸信之。岁授徒，常举外，执守圆方之意。亦时启迪，至于运规为圆，用矩成方，则未及焉，故学者用力之方，得力之地，未有以也。正德戊寅（1518）应贡北上，遇中离于南监，中离曰：‘吾人之学必有印证，方能统会宗元。昔者邵康节徧齐鲁宋卫之墟而归，非游也，学也。孔、孟周流历聘，非独为仕也，传授也。有阳明先生在，如欲进见，请为先容。’乃入见，先生闻其笃行，待以殊礼，坐有顷而别。抵京师授某县训导，恬退以归，后卒于家。”②

薛侃谓余善授徒能“执守圆方之意”，但又说他“至于运规为圆，用矩成方，则未及焉”，实即谓其学有未至。余善为正德十年（1515）岁贡③，关于他正德十三年（1518）应贡北上时谒阳明之事，潮州郡县志记载俱略，据薛侃所言，余善之谒阳明系因薛氏之劝，从“坐有顷而别”来看，余善与阳明并未相契。诸记载大都提及余善“操履端确，一言不苟”的性格与行事，以及

① ［清］周恒重修，张琪□纂：《［光绪］潮阳县志》卷17《儒林》，据清光绪十年刊本影印，台北：成文出版社，1966年，第292页。

② ［明］薛侃著，陈椰编校：《薛侃集》卷7，前揭书，第254—255页。

③ ［清］周恒重修，张琪□纂：《［光绪］潮阳县志》卷26《选举表》，前揭书，第490页。

“家居倡明四礼”之事，这与白沙门下寄情山水诗酒、重风流洒脱的主流风格有所不同，可谓之白沙门下的笃行派。

据前文，吴向、周孚先曾以余善为师。此外，刘瑞葵（字世贞，一字原向，潮阳县廓人，学者称为碧山先生）亦曾师事余善，后师张诩，“尽得江门之旨”[①]。余善在潮州白沙心学传播方面影响不小。

四、吴向

《门人录》未收吴向，《门人考》将其系于“南海”条下，但无字号、里籍、事迹等信息。《［光绪］潮阳县志》吴向本传云：

> 吴向，字宗卿，号鲁庵，峡山人。读书不仕。受业陈白沙之门。偕甘泉、东所往来辨复，阐明性道，纚纚皆体认至到语。归隐黄冈，种梅栽莲。暑《黄冈杂咏》。白沙寄题有“至虚元受道，真隐或逃名”之句。督学魏庄渠下檄郡邑，聘主文会，向力辞之，独与周孚先、郑经正昆季唱和于月庭间。所著有《鲁庵逸稿》，周光镐为之补序。[②]

《［光绪］潮州府志》《［雍正］惠来县志》亦载吴向，俱云“吴向，字鲁庵，惠来大坭都人”[③]。明人喜以庵为号，今云吴向字鲁庵，应是误以号为字，当以《［光绪］潮阳县志》之说为是。

---

① ［清］周恒重修，张琪□纂：《［光绪］潮阳县志》卷17《儒林》，前揭书，第292页。

② ［清］周恒重修，张琪□纂：《［光绪］潮阳县志》卷17《隐逸》，前揭书，第325页。

③ ［清］周硕勋纂修：《［光绪］潮州府志》卷30《隐逸》，前揭书，第640页。

大坭都本属潮阳，嘉靖四年（1525）归新置之惠来县[①]，因此，以吴向为潮阳人或惠来人皆有据。“至虚元受道，真隐或逃名”为今本《陈献章集》中《寄题小圆冈书屋，和民泽韵》中的诗句，《［雍正］惠来县志》谓吴向“游陈白沙之门，曾寄题黄岗书屋，有‘至虚元受道，真隐或逃名’之句”[②]，据此，圆冈书屋当作黄岗书屋。《潮州志补编》第四册《人物志》卷5云吴向“成化间，隐黄岗山……白沙与湛甘泉、张东所皆有寄题《处士吴鲁庵黄岗书屋诗》”[③]，据此，吴向从游白沙当在成化年间。甘泉、东所题诗未收入其文集，今不可得而见。甘泉弘治七年（1494）始至白沙，与吴向不大可能同窗共学，但经由周孚先、郑经正父子兄弟等中介，二人之间颇有交往。

《［光绪］潮阳县志》周孚先本传云：“周孚先，字克道，峡山人也。初举正德己卯（1519）乡试，赴春官不第，还自京师，叹曰：‘道固在是耶？’遂潜心于性命之学，以里人吴向为师。从增城湛甘泉于白下，得勿忘勿助之旨。”[④] 作为吴、湛共同弟子，周孚先是连接二人的重要中介。周孚先卒于嘉靖二十一年（1542），甘泉为其所作墓志铭云：“潮有桃溪真隐者西山子周子孚先……自月庭之师潜斋士斋之外，足迹不及三径，誓不春闱。隐居求志，将以终焉……为之状者，潮高士吴月庭先生向之。”[⑤]

---

① ［清］周恒重修，张琪□纂：《［光绪］潮阳县志》卷2《沿革表》，前揭书，第29页。

② ［清］张玿美纂修：《［雍正］惠来县志》卷14《硕隐》，潮州：潮州市地方志办公室编印，2007年，第196页。

③ 温丹铭分纂：《人物志》卷5《吴向传》，饶宗颐总纂：《潮州志补编》第四册，潮州：潮州海外联谊会《潮州志补编》整理小组编印，2011年，第1353—1354页。

④ ［清］周恒重修，张琪□纂：《［光绪］潮阳县志》卷17《儒林》，前揭书，第292页。

⑤ ［明］湛若水撰，钟彩钧主持整理标点：《甘泉先生续编大全》卷11《明故西山居士太学生周君墓志铭》，第968—969页。

又，《奠周克道文》曰："戊子（1528）之年，月庭为先子来新泉，□不道言，征见尔贤。"[①] 由此可见者有如下数端：（1）吴向又字向之，号月庭，《［光绪］潮阳县志》于"月庭"下注曰地名[②]，可见，此系以地为号；（2）吴向曾以另外两位潮州白沙门人杨潜斋与余善（土斋）为师；（3）嘉靖七年（1528），吴向曾为周孚先至南京新泉精舍与甘泉相见；（4）嘉靖二十一年（1542）周孚先去世时，吴向尚在世，甘泉时77岁，吴向之高年亦可知。吴向与郑经正昆季相唱和，郑氏兄弟亦甘泉门人，其父郑朝制与吴向过从颇密。甘泉《东溪辞四章有序》云：

> "潮阳之墟，有曰东溪善人者，邑宋大夫元翰之所品题也。东溪善人者何？东溪翁郑君朝制嘉仪也。东溪翁聪明识道理，不求闻达，不屈势利，亦不就乡饮。神受于白沙先生，得其书焉，玩不释手，吟咏性情，充若有得。于是崇先祠，肃祭斋，馆以文会，堂以志仁，以课□□诸子。有舟曰五湖烟艇，邀隐君子月庭子、吴子□□□东溪之涯。得鱼则对酉赋诗，不知有人间事。月庭尝学于白沙先生之门，吾友也，善士也。故吾未识东溪，因月庭而知东溪之贤矣。有子二人，曰经正、曰经哲，皆以贤荐于乡，遣从吾游。"[③]

郑朝制既心仪白沙，又友白沙门人，且遣子受学于甘泉，这是一个像潜斋一样心浸白沙心学精神的家庭。潮州郡县志皆将吴向归于隐逸，由其师事潜斋、余善，与甘泉及其门人的交往来

---

① ［明］湛若水撰，钟彩钧主持整理标点：《甘泉先生续编大全》卷13《奠周克道文》，第989页。

② ［清］周恒重修，张琪□纂：《［光绪］潮阳县志》卷17《隐逸》，前揭书，第325页。

③ ［明］湛若水撰，钟彩钧主持整理标点：《泉翁大全集》卷55，第519—520页。

看，吴氏并非隐于山林独修，他虽淡薄仕途名利，但在白沙学说的研习、传播方面颇为用心投入。

《[雍正]惠来县志》卷18《艺文下》载有吴向《读白沙先生春日醉中言怀》与《寒雨》二诗，按白沙《春日醉中言怀》二首之二云："古人不可见，空见古人心。春风开我戋，流水到谁琴？无说可传后，何才敢议今！玉台花信少，扶杖更西林。"[①] 吴向和诗云："鄙心未廓落，那识古人心？登山开醉目，临水听寒琴。春风还似旧，花信肯输今？分付乾坤在，披襟向竹林。"[②] 该诗不仅对仗工整，呼应亦佳，颇得白沙旨趣，由此可见其才情。

五、李宗淳

《［光绪］潮州府志》李宗淳本传云："李宗淳，号拙庵。成化间诸生。游陈白沙之门，得闻理学。淡于仕进，遁迹岱嘉山。有《赞活石》诗，镌诸石山中，人因识为拙庵读书处，今隶普宁。"[③] 嘉靖四十三年（1564），析潮阳西乡之黄坑、戎水、洋乌三都置普宁县[④]，因此，李宗淳亦可谓潮阳人。李氏既为成化间诸生，其游学江门很可能即在成化年间。《［光绪］普宁县志稿》

---

① ［明］陈献章著，孙通海点校：《陈献章集》卷4，第264—265页。

② ［清］张玿美纂修：《［雍正］惠来县志》卷18《读白沙先生春日醉中言怀》，前揭书，第294页。

③ ［清］周硕勋纂修：《［光绪］潮州府志》卷28《儒林》，前揭书，第586页。

④ ［清］周硕勋纂修：《［光绪］潮州府志》卷3《沿革表》，前揭书，第55—56页。

谓其子李明拙及后裔皆能诗书传家[1]。按，当时有李素者亦号拙庵，然考二人行实，一淡于仕进，一历任滨州训导、上饶、贵溪、当涂教谕[2]；再者，李宗淳之子名李明拙，李素之子名李尚贤、尚理。可知，李宗淳与李素并非同一人。

六、周成

周成不见于《门人考》等书，惟《万姓统谱》卷 61 云："周成，字朝美，海阳人。由举人除歙县学训导。白沙陈献章之高弟。有志于性理之学。立教以孝悌为先，图冠、祭二仪节于讲堂之壁间，朔望躬率诸生讲习之。诸生中年少者，督集学舍肄业，每夜分微行察诸生勤惰，诘明行赏罚，使知所劝戒。终日具衣冠端坐，虽盛暑不暂释，诸生见之凛然，真严师也。在任八年，迁国子监助教，上《治安通义》《保泰安边》二策，不报，九年任满，授翰林院检讨，致仕。"[3] 又，《［嘉靖］潮州府志》卷 7《隐逸》云："周成，字朝美，号复斋，海阳人。举成化乙酉（1465）乡试，任昆山学教谕。累擢至翰林博士。敦厚谨确，读书明理。潮士从游者众。问亲寝膳，寒暑不易。亲终哀毁尽礼，庐墓朝夕，哭奠如初丧，足不履房闺者三年。事闻监司，为立孝德百岁

① ［清］卢师识修，赖焕辰纂：《［光绪］普宁县志稿》第五册《人物·文学》，据广东省立中山图书馆藏清光绪十五年（1889）修传抄本影印，广州：岭南美术出版社，2009 年，第 494 页。

② 参见［清］王之正纂修：《［乾隆］嘉应州志》卷 6《懿行》，据广东省立中山图书馆藏清乾隆十五年（1750）刻本影印，广州：岭南美术出版社，2009 年，第 308 页。

③ ［明］凌迪知撰：《万姓统谱》卷 61，中华族谱集成第 1 册，成都：巴蜀书社，1995 年，第 928 页。

坊。梓传《古今通义》《家礼节要》《三阳活人》等书。"[①] 据此则知周成号复斋，成化元年（1465）中举。今检《歙县志》卷2《官司志》及《［万历］重修昆山县志》卷3《学官题名》皆无周成之名，周成为歙县训导或昆山教谕之说不知从何而起。《万姓统谱》谓周成以翰林院检讨致仕，《［嘉靖］潮州府志》谓其以翰林博士致仕，未知孰是，待考。若以前说，周成任训导8年，国子监助教9年，如从其中举次年（1466）任职算起，其致仕当在成化十九年（1483），时白沙应召在京，周成从学或即在此时。"潮士从游者众"当指周成致仕后之事。

七、林岩

《门人考》云："［补］林岩，揭阳人（今隶澄海）。尝从白沙讲道江门。居家有礼，恤孤周贫，积善行义，不替父风。附父《林希荫传》。"[②] 岩父希荫（字宜民，自号贫乐翁）为潮州名士，《［光绪］潮州府志》卷30《孝友》、《［雍正］揭阳县志》卷6《人物·贤品》、《隐逸》与《［嘉庆］澄海县志》卷19《人物·高洁》俱有传，林岩事迹见《［光绪］潮州府志》卷28《儒林》、《［雍正］揭阳县志》卷6《人物·贤品》、《隐逸》及《［嘉庆］澄海县志》卷19《人物·隐德》。林氏本为揭阳鳄浦都人，嘉靖四十二年（1563），划归新置之澄海县[③]，故《［雍正］揭阳县志》、

① ［明］郭春震校辑：《［嘉靖］潮州府志》卷7《人物·隐逸》，前揭书，第276页。

② ［清］阮榕龄：《白沙门人考》，前揭书，第631页。

③ ［清］李书吉等修，林继绅等纂：《［嘉庆］澄海县志》卷2《沿革》，据清嘉庆二十年刊本影印，台北：成文出版社，1967年，第216页。

《［嘉庆］澄海县志》对林氏父子皆有收录。《［雍正］揭阳县志》林岩本传云：

“林岩，字廷俊，希荫季子也。补邑弟子员。性刚介，有父风。尝从白沙先生讲道江门。居家恤孤寡，周贫乏，助婚丧，收流亡。立其家规，以联属族人，善者劝，不善者惩，大不善者论以家法，不烦官府，终其世而家众无滛博奸盗，无只字讼官。俗祷神、信佛、尚戏及火化、停丧、嫁娶皆禁，自宗族始，乡人化之。治《春秋》，尤邃于性理之学。所著有《家礼集说》行世。”①

林希荫“自幼能属文，博通五经，尤精《春秋》。……与潮士林厚友，俱以孝行称。永乐间，朝廷举孝廉，郡邑以二人荐”②，林岩治《春秋》有其家学渊源，其《家礼集说》已佚③。按，林厚被荐举在永乐十五年间（1417）④，林希荫被荐举当在同年。白沙生于宣德三年（1428），与林希荫被荐举相隔12年，由此可推知林岩与白沙年龄当相差无多，其从师白沙应该较早。江门学风由两个看似矛盾的方面所构成，一是“旷情逸致，山川自娱”“嗜酒耽诗”的名士风流，一是“以礼自守”“行敦孝友”的名教笃行，后者重视修身、齐家、化乡，林岩、余善等更为注重后一方面，此当与其家风及经学背景有关。

---

① ［清］陈树芝纂修：《［雍正］揭阳县志》，卷6《贤品》，据清雍正九年刻本影印，北京：书目文献出版社，1991年，第426页。

② ［清］陈树芝纂修：《［雍正］揭阳县志》卷6《贤品》，前揭书，第426页。

③ 参见［清］阮元修，陈昌济等总纂：《［道光］广东通志》，据广东省立中山图书馆藏清道光二年刻本影印，广州：岭南美术出版社，2000年，第3153页。

④ ［清］周硕勋纂修：《［光绪］潮州府志》卷26《选举表上》，前揭书，第480页。

八、赵相、赵日新

《［光绪］潮阳县志》、《［光绪］潮州府志》俱有赵相传，且以前者为详。

赵相，字文卿，号西庵，县廓人。成化戊子（1468）举人。事继母克孝。陈白沙讲学江门，往师事焉。既归，得其宗旨。乃寄兴于名山胜迹间，多所题咏。以征辟不就，筑所居曰西圃书室，日课诸子。白沙题其堂有“草树云霞分大块，古今经史属诸儿”之句。子日新，字新民，亦白沙门人也。辨问根极旨要，白沙称其忠信可与共学。与同门湛甘泉最友善。弘治壬子（1492）乡荐，仕罗城教谕。①

成化五年（1469），白沙会试下第，“南归，杜门却扫，潜心大业。道价向天下，四方学者日益众，往来东西两藩部使以及藩王岛夷宣慰，无不致礼于先生之庐”②，赵相从学当在成化五年（1469）前后，要之，不会迟至弘治年间。“草树云霞分大块，古今经史属诸儿”题句不见于今本《陈献章集》。从赵相“寄兴于名山胜迹间，多所题咏。以征辟不就”的行事来看，亦有江门隐逸之风。关于赵日新，《门人考》云：

赵日新，潮阳人。弘治五年（1492）举人，罗城教谕。成化五年举人赵相子。本集《与赵日新》：“久不见生，一日得生手书，如语予馆中，不知其在罗城也。去白沙几年，味

---

① ［清］周恒重修，张琪□纂：《［光绪］潮阳县志》卷17《儒林》，第292页。

② ［明］陈献章著，孙通海点校：《陈献章集》附录二《白沙先生行状》，前揭书，第870页。

生之言，欲再见白沙而不可得，甚矣！生不忘白沙也，忧病之余，泯泯默默，无可为他人言者。念生忠信之人，可与共学。然问之者甚切，告之者无序，生虽有求于我，其何补于日用乎？宾阳陈掌教可人也，可一通之。余不具。”《赠赵日新还潮州》：“考德每劳依讲席，临流亲为泻椒浆。”[①]

按，《［光绪］潮阳县志》赵相本传谓赵日新字新民。又按，周鹏（字万里，道州人）成化二十三年（1487）任潮州知府，尝浚三利溪以便民[②]，事成，遣人至白沙请文，所遣之人即生员赵日新[③]，这应该是赵氏首次到白沙，时间在成化二十三年或弘治元年（1488），《赠赵日新还潮州》即赵氏此次临别时白沙所赠之诗。赵氏弘治五年（1492）中举，次年赴广西罗城教谕任，《与赵日新》云“去白沙几年”，可知赵日新从学白沙当在其中举（1492）之前、首至白沙之后，也即弘治元年至五年之间（1488—1492）。白沙在回信中让他向“宾阳陈掌教”请益，陈掌教即同门陈镬（字宗汤，番禺人），时为广西宾州学正。白沙曾说：“与平湖语连日，不如与宾州一尺简。”[④] 平湖即陈门高弟林光，由此可见白沙对陈镬评价之高。《［光绪］潮阳县志》与《［光绪］潮州府志》俱言“日新与湛甘泉同学友善”，此说颇为可疑。首先，赵日新从学在前，甘泉拜师在后，二人没有同学共处的机会；其次，检阅甘泉文集，其中并无有关赵日新的文字信息。

---

① ［清］阮榕龄：《白沙门人考》，前揭书，第631—632页。

② ［明］郭春震校辑：《［嘉靖］潮州府志》卷5《官师》，前揭书，第223页。

③ 参见［明］陈献章著，孙通海点校：《陈献章集》卷1《潮州三利溪记》，前揭书，第46页。

④ ［明］陈献章著，孙通海点校：《陈献章集》卷2《与湛民泽》第七书，前揭书，第192页。

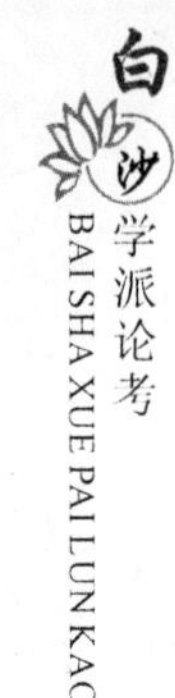

九、杨琠、杨玮

杨琠、杨玮为同胞兄弟，杨琠为《门人录》《门人考》所录，杨玮则为诸书缺载。《门人考》云：

> 杨琠，字景瑞，海阳人。师事陈子，与王守仁善。正德三年（1508）进士，授监察御史，弹劾不避权贵。按江南，全活冤狱百余人。病归，族有规，乡有约，化行于乡。潮久苦堤溃，具奏建筑，潮人赖之。入祀乡贤，海、揭二邑皆有专祠。按，阮《志》缺传。《选举表》云“潮阳人，揭阳学。”①

《［光绪］潮州府志》卷17《茔墓》云海阳县地美都华美洲山有杨玮墓②，或许这是阮榕龄以杨琠为海阳人的原因。《［雍正］揭阳县志》杨玮本传云：

> 杨玮，号约斋，龙溪西陇人。正德戊辰进士（1508）进士，侍御。杨琠，同胞弟也。玮天性颖异，幼禀父兄义方之训，励志力学，慨然以天下民物为己任。壬子（1492）领乡荐，从学日益众，多所成就。中弘治壬戌（1502）科二甲进士试。南京户部主事，奉命按江南粮储事，廉能公正，吏民畏服。有赣县令以黄金一百两置瓮中，托言蜜饯以献，行数百里发之，乃金也，立还其物，仍正赣令之罪。历本部郎

① ［清］阮榕龄：《白沙门人考》，前揭书，第631页。

② 据《［光绪］潮州府志》卷17《茔墓》记载（［清］周硕勋纂修：《［光绪］潮州府志》，前揭书，第232页），杨玮墓在海阳县地美都华美洲山，这可能是阮榕龄误以杨玮兄弟为海阳人的重要原因。

中，在部八年，多裨国计。升湖广辰州府知府，寻擢贵州按察司副使。念母老，欲乞终养。会西鄙多故，□□□殷，不果，日广布恩信，抚循残黎，由是境内大治。未几，丁内艰，讣至恸绝，抵家过于哀毁，十余日卒，士论惜之。[①]

据《[雍正]揭阳县志》，杨氏兄弟为揭阳人而非海阳人。饶宗颐先生谓“琠，龙溪人，与弟玮俱师事陈白沙”[②]。按，杨玮弘治五年（1492）乡试中举，与黄泽、赵日新、湛若水、陈昊元、陈镬、施用、黄元、李翰等一干白沙门人同榜，弘治十五年（1502）中进士；杨琠弘治八年（1495）中举，同榜者有林高、陈绍裘等白沙门人，正德三年（1508）进士[③]。杨琠举进士、授侍御史后曾在京与甘泉相见，甘泉《叙别篇》云“惟予与子，旧学于江门”[④]，甘泉于弘治七年（1494）至弘治十三年（1500）学于江门，杨琠从师当亦在此期间，很可能是以他或杨玮的同榜白沙门人为介而兄弟同往江门的。杨琠之子杨思元正德十年（1515）师事阳明，父子分别师事两位心学大儒，亦堪称佳话。

十、蔡亨嘉

蔡亨嘉不见载于《[万历]新会县志》《门人录》及《门人

---

① [清]陈树芝纂修：《[雍正]揭阳县志》卷6《人物》，前揭书，第428—429页。

② 饶宗颐：《薛中离年谱》，《饶宗颐二十世纪学术文集》卷9《潮学下》，北京：中国人民大学出版社，第943页。

③ [清]周硕勋纂修：《[光绪]潮州府志》卷26《选举表上》，前揭书，第491—493页。

④ [明]湛若水撰，钟彩钧主持整理标点：《泉翁大全集》卷14，第161—162页。

考》诸书，今本《陈献章集》所录《次韵世卿，赠蔡亨嘉还饶平》诗云："大厓居士此弹琴，谁系孤舟僻渚寻？沧海我真忘僻远，云山公肯到高深。鼠肝虫臂都归幻，雪月风花未了吟。满眼欲知留客意，庐冈孤月正天心。"[①] 据该诗诗题，蔡亨嘉为饶平人。"大厓居士此弹琴，谁系孤舟僻渚寻"句表明，蔡氏还饶平时，李承箕正在白沙，其《送蔡秀才还饶平》当即此时所作，该诗云："影净江门月，云开昨夜天。秋光聊此对，吾道竟谁传？穷达天注定，乾坤眼独悬。绿袍三百辈，岁岁有常员。半世生涯但一琴，坐深水竹几幽寻。离鸾一去不复返，沧海千寻空自深。白日催年聊短梦，青灯暗雨几长吟。而今忽得江门路，忘却人间不了心。"[②] 据大厓诗题，蔡亨嘉至白沙受学时为秀才，其还饶平在秋天。大厓曾四至白沙，分别是弘治元年（1488）四月至十二月、弘治五年（1492）、弘治八年（1495）冬至弘治十年（1497）二月、弘治十二年（1499）底或十三年（1500）初[③]，在上述四个时段中符合秋天这一条件的为第一次（即弘治元年秋）与第三次（即弘治九年秋）。在今本《陈献章集》中，《世卿赴顺德吴明府之召，五日不还，诗以促之（二首）》与《次韵世卿，赠蔡亨嘉还饶平》一诗相隔，前诗为白沙弘治元年（1488）所作，蔡氏之归饶平当在弘治元年（1488）秋，其从学必在此之前。大厓"而今忽得江门路"谓其得白沙之学。

潮阳亦有名蔡亨嘉者，《［光绪］潮阳县志》卷15《选举》"嘉靖二十六年丁未李春芳榜"条云："蔡亨嘉，举练人，龙溪县

---

① ［明］陈献章著，孙通海点校：《陈献章集》卷5《次韵世卿，赠蔡亨嘉还饶平》，第466页。

② ［明］李承箕：《大厓先生诗文集》卷5，前揭书，第525页。

③ 黎业明：《陈献章年谱》，前揭书，第230、264、317、357页。

知县，升建昌府通判。”[①] 若以蔡亨嘉弘治元年（1488）辞别白沙时15岁计，至嘉靖二十六年（1547）则已75岁矣，以75岁而中进士，此非常情。此外，饶平由海阳而非潮阳析出，二人里籍亦不同，可知潮阳之蔡亨嘉非饶平之蔡亨嘉。

十一、饶鉴

饶鉴，《［光绪］潮州府志》《［嘉庆］大浦县志》作饶鉴，《门人录》、《门人考》等诸书缺载。《潮州志补编》第四册《人物志》卷5《饶鉴传》云：

> 饶鉴，字沧溟，大埔人。金弟。郡诸生，熟于春秋二传，居家敦朴秉礼，言动悉法先人。千里负笈受学于陈白沙。白沙建图新书舍，中植蕉数本，壁间有李世卿题句。鉴至，读之有所兴起，白沙勉以诗云：“一寸芳心卷却春，竹枝遗响落图新。潮州客子来何暮，还对芭蕉索楚人。”复为鉴《神泉八景》之四赠之，及鉴归后，复作诗以送之，云：“君又去东津，东津月送人。周游千里道，细问百年身。野色淡将暝，江桃疑是春。丹青如可赠？画我小昆仑。”或谓白沙尝至大埔主鉴家，《神泉四景诗》为其时所作，《府志》则谓：“白沙至潮，鉴就谒，则送鉴诗。”所谓东津或即潮之所谓东津，然考之《白沙集》，皆无确证。[②]

① ［清］周恒重修，张琪□纂：《［光绪］潮阳县志》卷15《选举》，前揭书，第224页。

② 温丹铭分纂：《人物志》卷5《饶鉴传》，饶宗颐总纂：《潮州志补编》第四册，前揭书，第1354—1355页。

《茶阳饶氏族谱》谓饶鉴“字公明，号沧溟。……正德丙子（1516）卒”，《［光绪］潮州府志》亦谓其字公明[①]，“饶鉴字沧溟”说当是误以号为字。《［光绪］潮州府志》卷26《选举表上》中饶姓生员计有10人，除饶用、饶广被标为“旧程乡人”外，其余皆为大埔人，饶姓当为大埔大族著姓。饶鉴为饶金弟，饶金“字廷赐，大埔人，成化丁酉（1477）举人。创议建大埔县”[②]，饶金乡试与白沙门人周京同榜。

上文所言建图新书舍应为楚云台，楚云台建于弘治五年（1492），所谓“壁间有李世卿题句”必是弘治五年（1492）或之后之事。白沙云“潮州客子来何暮”当为双关语。要之，饶鉴为白沙晚年门人。《［光绪］潮州府志》谓其“雅为江门所器重。茶阳士类，翕然宗之”[③]，茶阳为大埔县治所在地，据此，饶鉴对大埔一地的学风产生了一定的影响。

余　论

由前文分析可知，龚日高之外的12位潮州白沙门人皆里籍可考，其中，潮阳4人，揭阳3人，饶平2人，海阳、普宁、大埔各1人。饶平于成化十四年（1478）由海阳析出，大埔于嘉靖五年（1526）由饶平析出，普宁于嘉靖四十三年（1564）由潮阳析出，在明初潮州四县（潮阳、海阳、揭阳、程乡）中，白沙门人主要集中于潮阳与揭阳，程乡则无。在从游白沙的时间上，除余善外，6人为成化年间，6人为弘治年间。新会士子“近水楼

① ［清］周硕勋纂修：《［光绪］潮州府志》卷28《儒林》，前揭书，第589页。
② ［清］周硕勋纂修：《［光绪］潮州府志》卷28《循吏》，前揭书，第572页。
③ ［清］周硕勋纂修：《［光绪］潮州府志》卷28《儒林》，前揭书，第589页。

台先得月”，故从学白沙者既早且多，潮州士子从学当在白沙成化五年（1469）声名日隆之后。与省内其他州府的白沙门人相比，潮州白沙门人重礼学，有明显的朱子学背景，如余善“家居倡明四礼”，林岩“居家有礼”，赵相“事继母克孝”，周成“立教以孝悌为先”，杨琠病归后“族有规，乡有约，化行于乡”，其中虽也有像吴向、李宗淳这样的隐逸者，但整体上比例不高。潮州白沙门人多重家族、乡里秩序建设，与新会门人相比，潮州门人在气质上多了几分刚健进取，少了几分隐逸逍遥。

潮州白沙门人后学不但相互之间有往来（如吴向、周孚先之与杨潜斋、余土斋），与阳明门人亦交往颇密（如龚日高、杨鸾之于陈明德、薛侃等），余善、杨琠与阳明还有直接交往，对阳明来说，这应该是他了解白沙思想的重要途径。同时我们也注意到，潮州阳明门人大多程度不同地有着白沙学背景，他们或成长于白沙门人的家庭（如杨骥），或因受白沙激励而从学阳明（如陈明德），或与白沙后学相友讲学（如薛侃），由此而言，白沙学在潮传播确为潮州王门兴起作了前导，同时也为潮州士子接受甘泉之学作了前导（如杨鸾、周孚先、郑经正、郑经哲等）。白沙、甘泉、阳明思想在潮州的会聚、汇流，是明代知识思想图景中的一个奇观，追根溯源，这一奇观的生成以白沙学的传播为基础，同时也与潮州士子对此三位大儒思想兼容并蓄的态度密切相关，在此态度下，人们往往重其同而忽其异，薛侃的态度即颇有代表性，其《奉甘泉先生书》云：“先生与阳明尊师，其学同，其心一，其为教虽各就所见为发，不害其为同也。”①

在思想史的长河中，上述13位潮州白沙门人皆名不见经传之小人物，其身影常为白沙、甘泉、阳明等大人物的光芒所遮

① ［明］薛侃著，陈椰编校：《薛侃集》卷9，前揭书，第272页。

盖，从而成为思想史上的失踪者。大人物在思想史上发挥的影响固然大，但若没有小人物的追随及在地实践，学风及思想传统便无由形成。简言之，小人物也参与了思想史传统的塑造，并直接参与了当地的学风文化建设，若没有小人物这一中介，伟大的思想或观念便无从落地生根。因此，对思想史研究来说，大人物固然需要加以特别关注，但不能因此而漠视小人物，缺失了小人物的思想史将是残缺不全的思想史。

（本文原载于《汕头大学学报》2017 年第 10 期）

《白沙门人考》考订、补遗

阳明心学在今日俨然已成为显学，相形之下，作为明代心学开端的白沙心学却颇受冷落，其中，白沙门人研究尤为落后，甚至连“白沙有多少门人”这样的基本问题都尚未解决①。白沙门人是明代心学的重要建构者、实践者和传播者，对我们全面理解明代心学有重要意义。在历史上的同类文献中，清人阮榕龄所编《白沙门人考》（以下简称《门人考》）收录白沙门人最全、考证最详，是白沙门人群体研究中不可或缺的重要文献，但受编纂者主客观条件的限制，《门人考》仍有不少错讹、遗漏，今对其试加考订补遗，并据此确定白沙门人群体的数量与范围。

一、《门人考》在白沙门人研究中的地位

最早记载白沙门人群体者为黄淳监修《［万历］新会县志》（以下简称黄《志》），收录白沙门人 106 人，后为贾洛英监修的

① 如苟小泉教授以为白沙弟子有 109 人（苟小泉：《陈白沙哲学研究》，北京：中华书局，2009 年，第 190 页），刘兴邦教授则以为有 146 人之多（刘兴邦：《白沙心学》，北京：社会科学文献出版社，2012 年，第 206 页）。

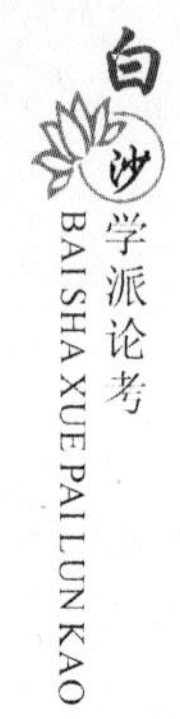

《［康熙］新会县志》（以下简称贾《志》）所因袭，但贾《志》有两个变动，一是将《白沙弟子》附于陈献章传之后，改变了黄《志》分置陈献章传与弟子传于不同卷册的状况，一是将黄《志》中附于戴球之下的三子戴恩、戴泽、戴参单列出来，是以贾《志》人数为109人。后阮元监修《广东通志》收录白沙门人76人，较黄、贾二《志》人数减少近三分之一。

上述官修志书之外，陈遇夫辑有《陈子门人录》（简称《门人录》），收录白沙门人106人，与黄《志》数量相同，而较贾《志》少3人。事实上，《门人录》与黄、贾二《志》差异颇大，据笔者统计，贾《志》所载而《门人录》未收录者计有27人，《门人录》所收而贾《志》未载者计有21人。

明清两代，收录白沙门人最全者为阮榕龄之《门人考》。阮氏事迹不见于正史，《广东历代著者要录（广州府部）》云："阮榕龄，号竹潭，新会人。博闻强记，家贫力学，自经、史、子、集及方舆、象纬、农医、历律、释典、道书，无不究委穷原。所为文章盘深奥远，时人称之为'布衣奇士'。清道光间（1821—1850）参与编纂《新会县志》。著有《白沙丛考》六卷（艺文志作一卷）、《竹潭文集》四卷、《竹潭诗集》（光绪《广州府志》作《竹潭诗钞》）四卷。"① 今验以中国国家图书馆、广东省立中山图书馆藏本，《白沙丛考》确为一卷，与《编次陈白沙先生年谱》《白沙门人考》俱为咸丰元年（1851）秋八月新会阮氏梦菊堂雕本，这三个姊妹篇是阮氏毕生研究白沙学的重要成果，三者偏重不同，《年谱》重在考证白沙生平事迹及其交游、为文等情况，《丛考》主要考证白沙字画、诸友以及传说等相关情况，《门人

① 广州图书馆编，《广东历代著者要录（广州府部）》，广州：广州出版社，2012年，第106页。

考》则专门辑录门人。

阮榕龄的白沙学成果具有如下两个特点或优势：一是考证的眼光与手段，阮氏肄业于广州学海堂，受过考证学的训练，故对《门人录》等文献抄录他书而又没原书之名的“贩稗痼习”非常不满，其白沙学研究参考的正史、文集、笔记多达150种，此外，还爰及家乘、墓志、行状、金石文；经其不遗余力的搜罗考证，《门人考》收录176人，比黄《志》《门人录》多出70人，是原来人数的近1.7倍；二是家学与地缘方面的优势。阮氏家藏有《白沙陈子门人》《石田诗集》以及未被收录到《白沙集》的白沙真迹草书诗文等文献资料，其《潭溪家谱》亦有“李世卿三至白沙”的记载。作为新会人，阮氏熟悉当地语言、人物与环境，这些都为阮氏的考证工作带来了便利。既有考证的眼光，又有地缘等方面的有利条件，阮氏《门人考》是白沙门人研究中不可忽视的重要文献依据，但由于疏忽、参考文献不够充分以及刻写等方面的原因，该文本还存在一些讹误、缺漏，因此，我们使用这一文本时尚需谨慎。下面我们将就《门人考》中一些较显著的讹误、失考、缺漏等现象略作呈现。

二、《门人考》订误

（一）姜麟

《门人考》云：“姜麟，字仁夫，兰溪人。成化二十三年（1487）进士，以使事使贵州，迂道如白沙，时宏治十年（1497）十月，师事陈子，八日而别。”阮氏在文中夹注中自述“时宏治十年十月”七字系他据白沙《祭先妣文》所补[①]。按，白沙《次韵姜仁夫留别（九首）》“序”曰：“弘治己酉（1489）春，姜仁夫进士以史事贵州。还，取道广东，过予白沙。自己卯至丙戌，凡八日。”[②] 据此，姜麟“迂道如白沙”系弘治二年（1489）而非弘治十年（1497）之事，他当时身份为进士。林光《与姜仁夫秋官书》云姜麟“刑曹之拜”在弘治三年（1490）[③]。此外，白沙《与顺德吴明府》第二书云：“顷者从事至，辱书贶为感。适姜仁夫在坐，不即裁答。仁夫说足下缕缕。去岁首夏，李世卿过白沙，至腊初始别。”[④] 李世卿于弘治元年（1488）四月至白沙，今云“去岁首夏”，亦可佐证姜麟过白沙为弘治二年（1489）。

按，《祭先妣文》即《祭先妣林夫人文》，其文曰：“维弘治十年，岁次丁巳，冬十月己巳朔，越廿又一日己丑，孝子陈某敢昭告先妣林氏夫人：友人刑部主事兰溪姜麟肃具香一束、帛一端，俾告夫人之墓，焚之以表哀慕之诚。”[⑤] 此处文字只言“姜麟肃具香一束、帛一端”，并未言及姜麟亲临致祭。又，白沙《寄淮上秋官姜仁夫》诗云：“问客淮南道，停舟过此无。庐冈一端帛，为我谢仁夫。”[⑥] 至此我们始明白，姜麟致祭的香帛系由淮南客人捎至，他本人于弘治十年（1497）并未至白沙。可见，阮氏所补“时宏治十年十月”七字实为失考。

（二）陈茂烈

《门人考》云：“陈茂烈，字时周。……宏治八年进士。”[⑦] 弘

---

① ［清］阮榕龄：《白沙门人考》，前揭书，第533页。
② ［明］陈献章著，孙通海点校：《陈献章集》附录二，前揭书，第673页。
③ ［明］林光撰，罗邦柱点校：《南川冰蘖全集》，前揭书，第141页。
④ ［明］陈献章著，孙通海点校：《陈献章集》，前揭书，第209页。
⑤ ［明］陈献章著，孙通海点校：《陈献章集》，前揭书，第106—107页。
⑥ ［明］陈献章著，孙通海点校：《陈献章集》，前揭书，第673页。
⑦ ［清］阮榕龄：《白沙门人考》，前揭书，第545页。

治八年为乙卯（1495），是年无会试，会试实在明年即丙辰科。张诩《如宾记》云："予同门陈君时周为御史……丙辰（1496）举进士，以公差入广。"[①] 张说为是，《门人考》失考。

（三）吴向

吴向在《门人考》"目次"中系于"南海"条下，而后又出现于缺姓名、县名的"附录"中。在正文"南海"条下，吴向仅有姓名而无字号、事迹等信息。

湛若水《明故西山居士太学生周君墓志铭》云周克道之状乃"潮高士吴月庭先生向之"所为[②]。湛氏《东溪诗》诗中小注又云："月庭者，处士。向，白沙门人也，与东溪友。"[③]《东溪辞（四章）》"序"又曰："潮阳之墟，有曰东溪善人者。……有舟曰五湖烟艇，邀隐君子月庭子、吴子□东溪之涯。得鱼则对酌赋诗，不知有人间事。月庭尝学于白沙先生之门，吾友也，善士也。"[④]由以上可知，吴月庭即吴向，字向之，号月庭，潮州人，为白沙门下隐君子类型的人物。钱明教授亦言吴向为潮州人[⑤]。吴向当系于"潮州"条下，《门人考》将其系于"南海"条下为误。

（四）谢祐

谢祐之"祐"字，黄、贾二《志》及《门人录》俱作"祐"，《门人考》正文亦作"祐"，"目次"作"佑"，当为刻写之误。

---

① ［明］张诩撰，黄凤娇、黎业明编校：《张诩集》，前揭书，第168—169页。

② ［明］湛若水撰，钟彩钧主持整理标点：《甘泉先生续编大全》卷11，第968页。

③ ［明］湛若水撰，钟彩钧主持整理标点：《泉翁大全集》卷41，第401页。

④ ［明］湛若水撰，钟彩钧主持整理标点：《泉翁大全集》卷53，第509页。

⑤ 钱明：《王阳明及其学派考论》，北京：人民出版社，2009年，第293页。

（五）李瑜、李璠

贾《志·白沙弟子》有李瑜、李璠，《门人考》“目次”有李瑜，系于“顺德”条下，而“目次”后之缺姓名、县名者的“附录”中又有璠、瑜，这很可能是因为阮氏移录贾《志》时出现笔误，或是因为阮氏当时看到的贾《志》中的李瑜、李璠的“李”字已模糊不清。

（六）马龙

《门人考》“目次”有马龙，而正文又未收录其事迹，盖遗漏也。

（七）林时矩

《门人考》：“林时矩，东莞人。本集《与时矩书》：‘禅家语初看亦甚可喜，然实是笼侗，与吾儒似同而异，毫厘间便分霄壤，此古人所以贵择之精也。’《与张廷实主事》：‘时矩语道而遗事，秉常论事而不及道。时矩如师也过，秉常如商也不及，胥失之矣。’”① 朱鸿林先生指出，白沙之称何廷矩及何氏同门之相称，皆称“时矩”。上述两条中的“时矩”皆为番禺何时矩（即何廷矩），而非东莞林时矩②。其实，不止白沙门下称何廷矩为“时矩”，外人亦多有如此相称者，如胡居仁《与罗一峰书》云：“获睹公甫与何时矩书，欣然喜其见道大意。”③此外，林光子侄中有时嘉、时远、时表、时褒，而未有名时矩者，《陈献章集》及白

① ［清］阮榕龄：《白沙门人考》，前揭书，第601—602页。

② 朱鸿林：《明人著作与生平发微》，桂林：广西师范大学出版社，2005年，第138—139页。

③ ［明］胡居仁撰，冯会明点校：《胡居仁文集》，南昌：江西人民出版社，2013年，第160页。

沙门人文集中亦未见林时矩事迹，笔者疑“林时矩”实即“何时矩”。

三、疑似白沙门人考

《门人考》对邹智、祁顺、陈猷、林栋、伍云五人皆标以“存疑”二字，以示其不能定夺之意，今对其可考者考辨如下。

（一）邹智

邹智（1466—1491），字汝愚，号立斋，四川合州（今重庆合川）人。成化二十二年（1486）乡试第一，后因刘概狱而下狱，弘治元年（1488）谪石城吏目，四年（1491）十月卒于顺德，年二十六。

《门人考》之所以将邹智存疑，是因为，一方面，邹智《明史》本传及《明儒学案·白沙学案》都说他“闻陈献章讲道新会，往受业”；另一方面，郝、贾二《志》又俱云邹智与白沙为忘年交，而白沙本集亦不云邹智为门人①。邹智去世后，白沙作《吊邹汝愚谪石城（四首）》诗，其四首之二有“孤儿岁月初离乳，夫子风流尽盖棺”语，之四有“若将祸福论天道，颠沛如公岂理哉”语，以“夫子”“公”称邹智，这分明不是为师者对门人的称谓。尤为值得注意的是四首之三中的“欲陈薄奠无由致，园橘山蔬领一盘”一句②，门人去世，白沙通常会遣子持鸡、酒、果蔬等物去致奠，如容彦礼卒，白沙“命其子陈景云持庶羞粢盛

① ［清］阮榕龄：《白沙门人考》，前揭书，第548页。
② ［明］陈献章著，孙通海点校：《陈献章集》，前揭书，第497页。

酒果，致奠于彦礼柩前”[①]；容彦潜卒，“遣其子陈景旸具只鸡、酒、果致奠于容生柩前”[②]；伍光宇卒后，白沙过寻乐斋睹物思情，“遂命子景云持炙鸡、絮酒，奠于南山之庐而哭焉”[③]。对邹智之卒，白沙却说“欲陈薄奠无由致”。

邹智在广东生活前后不到四年，与白沙同门往来唱和也极少，笔者只在《大厓先生诗集》中发现李承箕的和韵诗一首。邹智去世后，李承箕为其作过一首诗（即《长沙闻邹汝愚讣》）及一篇序文（即《立斋遗文序》），邹智与顺德知县吴献臣为同年，而吴献臣又与李承箕相友善，李承箕与邹智相识且为之作文，实因吴献臣之故。邹智在广东时间虽短，但累见白沙，唱和之作亦不少见，且对白沙毕恭毕敬；二人当为师徒关系，详情以待后考。

（二）祁顺

祁顺（1434—1497），字致和，号巽川，东莞人，著有《巽川集》十六卷。《门人考》对祁顺存疑，是因为“巽川为先生弟子，仅见《石阡志》，各书未载”[④]，也就是说，“祁顺为白沙门人说”只有《石阡府志》一个孤证。今检《陈献章集》，白沙写给祁顺的诗只有一首《答石阡太守祁致和》。检《巽川集》，得白沙《寄诗》一首，祁顺写给白沙的诗两首，即《次陈公甫先生见寄韵（二首）》与《书剑南归，先寄陈白沙》。从二人各自的人生轨迹来看，他们相识当在成化四、五年之间，时白沙、林光入京参加会试，祁顺时寓居京师。成化十四年（1478），祁顺升任江西

① ［明］陈献章著，孙通海点校：《陈献章集》，前揭书，第 113 页。
② ［明］陈献章著，孙通海点校：《陈献章集》，前揭书，第 118 页。
③ ［明］陈献章著，孙通海点校：《陈献章集》，前揭书，第 118 页。
④ ［清］阮榕龄：《白沙门人考》，前揭书，第 606 页。

右参政，其《次陈公甫先生见寄韵》诗有“乡国诗来当远书，十年离思几时处”语[①]，若从白沙成化五年（1469）三月与林光结伴离京算起，至此刚好是十年。白沙门人通常尊称白沙为石翁、石斋先生或白沙先生，上述诗题或称白沙为“陈公甫先生”，或径称“陈白沙”，不似门人对导师的称谓。成化十五年（1479）秋，祁顺作《游白鹿洞记》寄白沙，白沙《寄诗》“序”云“辱示游白鹿洞佳作，阁下文日进矣，乡里有人矣”，诗中亦有“文章后出众称工，乡里斯人岂易逢”句[②]，直以“乡人”称祁顺。弘治九年（1496），祁顺时为江西左布政使，白沙《答祁方伯书》云“恭惟执事望重位尊，姑以一乡言之，如是者几人，抑非但闾里一日之光而已”[③]，以为祁顺为广东争光，味其言，亦不似与门人讲话之语气。东莞距新会不远，《书剑南归，先寄陈白沙》有“白沙烟水罗浮月，便合相从早结邻”句[④]，但从弘治二年到五年的乡居生活中，祁顺从未到过新会。弘治二年正月，祁顺、白沙的共同好友周镤至东莞，祁顺与之悠游唱和，而白沙不与焉。

林光与祁顺相识，且有诗文来往，然其诗文中并无同门方面的信息。此外，湛若水在《明琴窗陈先生墓表》中追忆他于弘治六年入京参加会试时，“于崇文之馆，见方伯祁致和先生者，容恭而礼下，裒然博雅君子也”[⑤]，对祁顺充满了崇敬之情，湛氏于同门通常会有交代说明，该文于此却未着一字。胡居仁《奉祁大参钟宪副书》云：“重兴洞记不知尊意属笔于谁？海内之士，若

① ［明］祁顺：《巽川祁先生文集》，四库全书存目丛书编纂委员会编，《四库全书存目丛书》集部第37册，据东北师范大学图书馆藏清康熙二年在兹堂刻本影印，济南：齐鲁书社，1997，第479页。

② ［明］祁顺：《巽川祁先生文集》，前揭书，第585页。

③ ［明］陈献章著，孙通海点校：《陈献章集》，前揭书，第253页。

④ ［明］祁顺：《巽川祁先生文集》，前揭书，第452页。

⑤ ［明］湛若水撰，钟彩钧主持整理标点：《泉翁大全集》卷63，第588页。

陈公甫文虽高，然过于高大，多是禅学文章。”[①] 祁顺若果为白沙门人，胡氏行文当不至如此直接而无顾忌。祁顺自述师承关系时指出，其学系承自舅父卢祥[②]，而不及白沙。综合以上信息，我们可以判断祁顺是白沙之乡友而非门人。

（三）伍云

黄、贾二《志》、阮元《广东通志》及《门人录》皆以伍云为白沙门人，《门人考》之存疑，理由有二，一是伍云年长白沙三岁，一是白沙《怀亡友光宇》以“先生”称之。第一个理由算不上是真正的理由，因为，历史上不乏此类先例。至于第二个理由，不过是白沙自谦而已，其《绿围伍氏族谱序》云：“（光宇）于白沙筑小室三间，命曰‘寻乐”，以为问业之所，至则商论，弥月而后返。”[③] 伍云于白沙有受业之实与名，此亦为林光所佐证，林光《与伍光宇书》云：“闻近时筑屋白沙，日在讲磨，所造必不浅矣。……高明自在师席，望为我避席一叩也。”[④] 伍云去世前与白沙诀别曰“云薄命，云负先生”[⑤]，自承为白沙门人。

（四）许璋

对许璋这一疑似门人，阮榕龄不是将其放在《门人考》的“存疑”中，而是置于《丛考》“诸友考”条下加以否定。许璋是阳明学与白沙学之间的一个连接点，考虑到其在学术思想史上的特殊地位，我们在此对其一并加以考辨。许璋是否到过岭南师从白沙？《丛考》一方面引述张履祥《杨园集》“尝走南海访陈白沙

① ［明］胡居仁撰，冯会明点校：《胡居仁文集》，前揭书，第171页。
② ［明］祁顺：《巽川祁先生文集》，前揭书，第547—548页。
③ ［明］陈献章著，孙通海点校：《陈献章集》，前揭书，第10页。
④ ［明］林光撰，罗邦柱点校：《南川冰蘖全集》，前揭书，第106—107页。
⑤ ［明］陈献章著，孙通海点校：《陈献章集》，前揭书，第104页。

先生”说；一方面又引述《明儒学案·许半杰先生传》“至楚见白沙门人李承箕……不至岭南而返”说。阮榕龄认可后者，并认为前者系由对后者删改而来[①]。据钱明、苏畅考证，“许璋至岭南问学白沙”说的源头为耿定向《先进遗风》[②]，如此，则《杨园集》之说法系承自《先进遗风》而非《明儒学案》。

李承箕《送许生还上虞序》云：“戊午之岁（1498）正月初吉，有生白袍草屐通予门，谓浙之上虞许璋。……生欲往白沙谒吾陈先生。夫自生之乡去彼五千有余里，囊无粟，衾秉裂，钱挂杖头者有几？生又有老亲双，垂白于堂，只子可再远？吾于此未尝不嘉其志，而又未尝不恨其穷也。”[③] 据这篇作于弘治十二年（1499）正月的序所言，许璋于弘治十一年（1498）正月到达湖北嘉鱼，一年后离开时，提出了欲往岭南谒白沙的想法，李氏用路程遥远、路费不足以及双亲在堂等理由对其进行了劝阻。此外，由《赠别许夏卿还上虞》“三年两度欵柴扉”的诗句[④]，我们可以知道，从弘治十一年到十三年之间，许璋曾两次到嘉鱼受教，这表明李氏的劝阻是有效的，许璋只是白沙门人的一个受教者，而非白沙门人。

四、《门人考》补遗

《门人考》在同类文献中虽收录最全，然犹有遗漏、缺载，

① ［清］阮榕龄：《白沙丛考》，咸丰元年秋八月新会阮氏梦菊堂本。

② 钱明、苏畅：《许璋其人其事》，《中共宁波市委党校学报》2011年第6期。

③ ［明］李承箕：《大厓李先生诗文集》，前揭书，第590—591页。

④ ［明］李承箕：《大厓李先生诗文集》，前揭书，第557页。

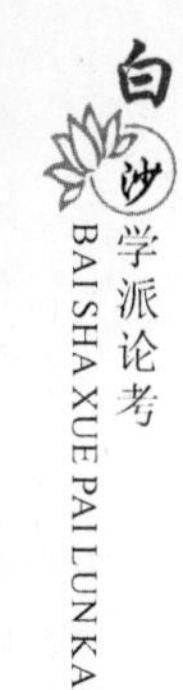

今补遗如下①。

（一）吾廷介

湛若水《赠吾廷介致仕归开化诗（四首）》“序”云：“中书吾廷介游兰溪，亦游白沙，质直而静，有作圣之基。浊世自清，浩然长游，欲求致仕，时有不敢，即乞养病，遂得致仕。”② 据此可知，吾廷介为浙江开化（今衢州）人，曾游白沙，以中书致仕。又，林光《跋石斋赠吾廷介诗》云：“吾君廷介，岭南选士时，拜石斋先生于白沙，得寿母诗一绝。时值重九，廷介出和赠诗一律，又《别后和舟中见寄》一律。余官在太学，廷介新中进士榜，相聚京师，出此卷观之。”③ 弘治十一年（1498）广东乡试，吾廷介即于是年秋师事白沙，所谓“得寿母诗一绝”，即白沙《戊子秋，开化吴④廷介县博校文于我省，念太夫人初度之辰在十月八日，撤棘之后，幸公程之便，趋归为寿，诗以送之》。湛若水、林光俱言吾廷介师事白沙，则其为门人无疑。

（二）俞溥

李承箕《信丰养气翁俞用中墓志铭》：“江西信丰养气翁俞用中者……孙男二人：溥、渊，俱庠生，有时名。曾孙男某。用中今年寿八十有五，五月二十八日卒。溥从游石翁先生之门，以箕

---

① 对《门人考》缺载门人的补遗需要一个过程，本文写作时考证还不够全面，关于江西、潮州二地的缺载门人，参见本书《江右白沙门人考》与《潮州白沙门人考》二文。

② ［明］湛若水撰，钟彩钧主持整理标点：《泉翁大全集》卷40，第370页。

③ ［明］林光撰，罗邦柱点校：《南川冰蘖全集》，前揭书，第67—68页。

④ “戊子”，林本、高本、萧本、何本皆作“戊午”。弘治有“戊午”而无“戊子”，戊午岁（弘治十一年）广东乡试，吾廷介来校文当于是年，《陈献章集》作“戊子”非。此外，白沙门人文集俱作“吾”，《陈献章集》作“吴”亦非。

有同门之义，求铭其墓，乃为序而铭之。”[①] 俞溥，江西信丰人，今李承箕云“溥从游石翁先生之门，以箕有同门之义”，则其为白沙门人明矣。

（三）萧子鹏[②]

阮榕龄《编次陈白沙先生年谱》引《万姓通谱》云：“萧子鹏闻康斋讲道，往师之。康斋没，以陈白沙得康斋之传，卒业于门。”阮氏注曰：“萧子鹏，字宜冲，江西新淦人。”[③] 吴与弼卒于成化五年（1469），阮氏将萧子鹏从游白沙一事系于成化十一年（1475），次年冬，林光往江西访罗伦，成化十三年（1477）二月告别，《留别罗一峰暨吉淦诸友》“序”言及当时送行者中有“新淦萧宜中”[④]，“冲”“中”字形相近，今本《南川冰蘗全集》常有错讹，“宜中”当为“宜冲”之误。

（四）杨玮

饶宗颐《薛中离年谱》云：“琠，龙溪人，与弟玮俱师事陈白沙。”[⑤] 杨琠不见于黄、贾二《志》而见于《门人录》，今《门人考》录杨琠而遗杨玮，据此，杨玮当系于“潮州”条下。

（五）杨潜斋

薛侃《杨毅斋传》云：“毅斋姓杨氏，讳骥，字仕德，号毅

---

① ［明］李承箕：《大厓李先生诗文集》，前揭书，第 602 页。

② 笔者在《江右白沙门人考》中对“萧子鹏为白沙门人”的观点已作修正。

③ ［明］陈献章著，孙通海点校：《陈献章集》，前揭书，第 816 页。

④ ［明］林光撰，罗邦柱点校：《南川冰蘗全集》，前揭书，第 215 页。

⑤ 转引自［明］薛侃撰，陈椰编校：《薛侃集》，上海：上海古籍出版社，2014 年，第 251 页。

斋，饶平人也。世居凤城，父潜斋尝游江门，早闻庭训，知向方。"[①] 可知，杨潜斋乃杨骥之父，这是为《门人考》缺载的另一潮州籍白沙门人。湛若水《明故西山居士太学生周君墓志铭》云："（周克道）自月庭之师潜斋、土斋之外，足迹不及三径。"[②] 土斋为白沙门人余善之号，吴向不仅往游江门师事白沙，居乡亦以白沙门人杨潜斋、余善为师。杨骥与弟杨鸾（字仕鸣，号复斋）于正德十一年乡试中举后，拜湛甘泉为师，后杨骥会试入京，转拜阳明门下。父子三人，一为白沙门人，一为甘泉门人，一为阳明门人，在明代心学史上，这堪称奇特。

（六）吴琏

吴琏之为白沙门人不见于诸史志、《门人录》及《门人考》等文献，湛若水《明封某大夫南京户部署员外郎主事加四品服竹庐吴公墓表》云：

> 公讳琏，字美中，别号竹庐，广之南海人。……公生于正统壬戌（1442），卒于嘉靖之癸未（1523），寿八十有二。初以府庠生领成化甲午（1474）乡荐，甲辰（1484）进士，授和州含山知县，改进贤，以母老解印去。凡官不过七品，任不满六载，而退居者二十有八载。……状曰："公初业举子，既乡荐，则曰：'科举业乌足以尽所学也！'闻白沙先生鸣道于江门，遂从之游，讲闻圣贤之学，斯之谓志矣。"[③]

吴琏长湛若水二十五岁，他们显然是两代人，彼此相知有限，故湛氏为其撰《墓表》仍需"考之状"。成化十年（1474）

① ［明］薛侃撰，陈椰编校：《薛侃集》，前揭书，第504页。
② ［明］湛若水撰，钟彩钧主持整理标点：《甘泉先生续编大全》卷11，第968页。
③ ［明］湛若水撰，钟彩钧主持整理标点：《甘泉先生大全集》卷62，第583页。

广东乡试中举者中，乡试前即为白沙门人的有梁储，其后成为门人的则有陈庸、吴琏、邓球、张诩。白沙《与陈秉常书》第一书云："秉常不春试。永丰之使，不在吴琏，秉常幸图之。"[①] 陈庸往使永丰在成化十年乡试之后，今云"永丰之使，不在吴琏"，则吴琏师事白沙实在成化十年乡试结束之后。吴琏与陈庸同为南海人，他们一起往游白沙的可能性也很大。吴琏与张诩进士亦同年（1484），而其"任不满六载，而退居者二十有八载"的经历与张诩也很相似，也是无意仕进而乐意恬退之徒。此外，吴琏与梁储同为郡庠生，又"同膺乡荐，同赴春闱"，梁储为之作《明故南雄府同知致仕进阶奉议大夫介庵郑公墓志铭》及《祭吴美中主事文》[②]。

（七）伍徇

黎业明教授发现，何福海修、林赓国纂《新宁县志》第十七卷"金石略"载有一篇署名"翰林院国史检讨陈献章撰书"的《永恃堂记》，文中有"自处士殁六十有余年矣，孙曰敷、曰敬、曰政、曰璃、曰绚者。……谒予记者，门人绚也"句，落款为"弘治十二年己未夏五月望日"[③]。所谓"绚"即伍云季父伍徇。又按，白沙《与容珪贴》云："绚等虽在门墙，其与拙者之意实未相接，徒以名分相系为美谈耳。虽然，贤于吠雪者多矣。"[④] 据此，伍绚与白沙之间确有师徒的名分，虽然他"实未相接"白沙之意。

---

① ［明］陈献章著，孙通海点校：《陈献章集》，前揭书，第 234 页。

② ［明］梁储撰：《郁洲遗稿》卷 7，《景印文渊阁四库全书》第 1256 册，集部 6 别集 5，台北：台湾商务印书馆，1986 年，第 597、604 页。

③ 黎业明：《新发现的〈陈献章集〉外诗文》，《深圳大学学报》（人文社会科学版）2012 年第 1 期。

④ ［明］陈献章著，孙通海点校：《陈献章集》，前揭书，第 79 页。

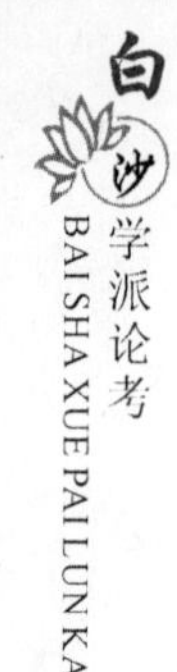

（八）李克常

白沙有《赠李克常》诗，湛若水《白沙子古诗教解》于该诗下注曰："克常，举人，先生乡党弟子。"[1] 李克常是《门人考》缺载的另一新会籍门人。

《门人考》缺载的上述 8 人，大多甘于退隐，在师门中不活跃，与白沙及同门交往甚少，在白沙门下处于边缘位置，其被遗漏也是事出有因。

（本文原载于《广东第二师范学院学报》2015 年第 2 期。在本论文集中，该篇成文最早，当时受文献等条件限制，考证多有不周，今稍作修改）

---

① ［明］湛若水：《白沙子古诗教解》，［明］陈献章著，孙通海点校：《陈献章集》，前揭书，第 794 页。

白沙学派论考
白沙学派论考

中篇　静坐研究

陈白沙春阳台静坐事件考

作为有明一代新学风的开创者，陈白沙（陈献章，1428—1500，字公甫，号石斋，广东新会人，学者称为白沙先生）得以引领时风的乃其静坐主张。静坐在白沙那里作为体道不二法门与根本教法的尊崇地位，是在白沙春阳台静坐期间获得奠基的。由此可见，春阳台静坐是一个既蕴含有思想价值，又有思想史影响的思想史事件[①]。历史上关于这一事件的记述版本甚多，它们有不同的来源、面貌与影响，它们既相互区别，又彼此交织，构成了一道独特的思想史风景。对这些版本加以考镜源流、分类甄别，既可使我们了解事件的真相、价值，以及白沙学派的内部情况，也可使我们对明代思想史有另一番体认。

一、门人记述

一般来说，思想史事件都是通过文字来记录的，这些记录既

① 关于思想史事件的界定及其类型，参陈少明教授《什么是思想史事件》一文（《江苏社会科学》2007 年第 1 期）。

是事件发生影响的明证，也是我们借以把握事件的重要途径。白沙门人记述乃师生平学术时无不提及春阳台静坐。张诩（1456——1515，字廷实，号东所）云："先生殁后，门人聚议以湛雨为行状，李承箕为墓志铭，梁储为传，而墓表则属之某也。"[①] 这些担负文字之责者自然是学派中有影响力的人物。白沙去世后次月，也即弘治十三年（1500）四月，张诩《白沙先生墓表》率先成文。

> （白沙先生——作者注）壮从江右吴聘君康斋游，激励奋起之功多矣，未之有得也。暨归杜门，独扫一室，日静坐其中，虽家人罕见其面，如是者数年，未之有得也。于是迅扫夙习，或浩歌长林，或孤啸绝岛，或弄艇投竿溪涯海曲，忘形骸，捐耳目，去心志，久之然后有得焉，于是自信自乐。[②]

《墓表》关于静坐事件的记述有如下要点：（1）白沙静坐以从游吴与弼未得为背景；（2）白沙静坐的时间始自临川归后，时长为数年；（3）白沙静坐地点为"独扫一室"；（4）白沙静坐结果是"未之有得"，白沙之得是"迅扫夙习"后"忘形骸，捐耳目，去心志"的结果，与静坐无涉及。《墓表》中的说法引起了其他同门的不满与批评，湛若水（1466—1560，字元明，初名露，字民泽，避祖讳改名为雨，后又改今名，广东增城人，学者称为甘泉先生）云："翁卒后，作墓表，全是以己学说翁……全

---

① ［明］张诩：《白沙先生行状》，［明］陈献章著，孙通海点校：《陈献章集》附录二，前揭书，第 882 页。

② ［明］张诩：《白沙先生墓表》，［明］陈献章著，孙通海点校：《陈献章集》附录二，前揭书，第 883 页。

是禅意。”[①] 林光（1439—1519，字缉熙，号南川，广东东莞人）亦云：“此一段论学之所得，非独不知先生，而且坏了后生者，此也。如此则似狂惑失心之人，虽释老之卑者，亦不如是而得，而谓先生学孔子之道，如是而后得乎？不意阁下从先生多年，所见乃如是，谢公所谓亏了某，正谓此耳。”[②] 该书作于弘治十六年（1503）七月二十一日，林光时为国子监博士，谢公即时任国子监祭酒谢铎（1435—1510，字鸣治，号方石，浙江太平人）。据林光所言，彼时《墓表》已传至京师并引起了一些士大夫的不满。弘治十四年（1501），张诩作《白沙先生行状》，对静坐事件记述自行作了一些修正。

> 先生之始为学也，激励奋发之功多得之康斋。自临川归，足迹不至城府。……闭户读书，尽穷天下古今典籍，旁及释老、稗官、小说。彻夜不寝，少困则以水沃其足。久之乃叹曰：“夫学贵乎自得也。自得之然后博之以典籍，则典籍之言我之言也。否则，典籍自典籍，而我自我也。”遂筑一台名曰春阳，日静坐其中，足不出阈外者数年，故其答某问学诗曰：“古人弃糟粕，糟粕非真传。眇哉一勺水，积累成大川。亦有非积累，源泉自涓涓。至无有至动，至近至神焉。发用兹不穷，缄藏极渊泉。吾能握其机，何必窥陈编。学患不用心，用心滋牵缠。本虚形乃实，立本贵自然。戒慎与恐惧，斯言未云偏。后儒不省事，差失毫厘间。寄语了心人，素琴本无弦。”久之，又叹曰：“夫道非动静也，得之者，动亦定，静亦定，无将迎，无内外。苟欲静，即非静

① ［明］湛若水撰，钟彩钧主持整理标点：《泉翁大全集》卷3《知新后语》，前揭书，第31页。

② ［明］林光撰，罗邦柱点校：《南川冰蘖全集》卷5《与张廷实主事书》，前揭书，第155页。

矣。”于是随动随静以施其功。[①]

《行状》的修正主要有四点：（1）在白沙与康斋的关系上，《行状》删去了“未之有得”一句；（2）《行状》补充了白沙“闭户读书”而未得一段经历；（3）将静坐地点修正为“筑一台名曰春阳”；（4）在静坐结果上，《行状》引“答某问学诗”（即《答张内翰廷祥书，括而成诗，呈胡希仁提学》诗）为言，由于该诗被时人视为白沙体道之作，因此，张诩之引述实际上是承认白沙静坐有得，但由“久之”后面一段文字来看，东所认为白沙静坐所得并不彻底，无论如何，《行状》修正了《墓表》的“未得”说。上述修正表明，在白沙去世后一年多的时间里，东所在了解白沙生平学术方面曾下过一番功夫，但这同时也表明，东所撰写《墓表》时对白沙的了解委实有限。

撰写行状本来是甘泉的任务，东所为何要越俎代庖？他给出的理由是，“湛之为行状也，仓卒事多未备，某窃惧久而湮晦无传，暇日因重为补葺，以为天下后世君子告，且备异日史氏采录焉。”[②] 甘泉所作行状，林光曾经寓目，但这一文本未被收入甘泉文集，没被收录的原因，很可能即如东所所言“仓卒事多未备”。但对东所来说，这可能只是一个借口，他之所以急于作行状，与他误认为白沙传道于己有关。

梁储所作传，《郁洲遗稿》未见。甘泉所作行状，林光曾经寓目，但未被收入甘泉文集，今亦未见。甘泉《白沙先生改葬墓碑铭》曾论及静坐事件，今录如下：

---

① ［明］张诩：《白沙先生行状》，［明］陈献章著，孙通海点校：《陈献章集》附录二，第879页。

② ［明］张诩：《白沙先生行状》，［明］陈献章著，孙通海点校：《陈献章集》附录二，第882页。

（白沙先生——作者注）从学于吴聘君，闻伊洛之绪。既博记于群籍，三载罔攸得；既又习静于春阳台，十载罔协于一，乃喟然叹曰："惟道何间于动静，勿忘勿助何容力，惟仁与物同体，惟诚敬斯存，惟定性无内外，惟一无欲，惟元公淳公其至矣。"语东白张子曰："夫学至无而动，至近而神，藏而后发，形而斯存。知至无于至近，则何动而非神？故藏而后发，明其几矣；形而斯存，道在我矣。夫动，已形者也；形斯实矣。其未形者，虚而已矣。虚，其本也。致虚所以立本也。"语南川林生曰："夫斯理无内外，无终始，无一处不到，无一息不运。会此则天地我立，万化我出，而宇宙在我矣。得此霸柄，更有何事？上下四方，往古来今，浑是一片。自兹以往，更有分殊，合要理会，终日乾乾，存此而已。"①

甘泉的记述有如下特点或要点：（1）在从学吴与弼一事上，甘泉强调白沙"闻伊洛之绪"而非强调他"未得"；（2）白沙静坐前有"博记于群籍，三载罔攸得"的经历；（3）白沙静坐地点在春阳台；（4）白沙静坐时长为"十载"，较《行状》"久之"说更具体；（5）白沙静坐结果为"罔协于一"（未得），其得系来自对静坐失败的反省，以及对濂溪"主一无欲"思想的回归。

李承箕（1452—1505，字世卿，号大厓，湖北嘉鱼人）撰写的《石翁陈先生墓志铭》对静坐事件记叙道：

（白沙先生——作者注）二十年领乡荐，又七年游吴康斋聘君门。聘君之学，主敬穷理之学也。先生退而家居，一

① ［明］湛若水：《白沙先生改葬墓碑铭》，［明］陈献章著，孙通海点校：《陈献章集》附录二，第884页。

守其辄，鞭之失先，放之失后，而不得古人之所以好而乐之者也，乃掷书而叹曰："古先圣贤不可及矣乎?"于是习静端坐，积以岁月，以我之所得者，取正于古先圣贤格言，始似各得其职者矣。于是又优游停涵积以岁月，翳者去而明者来，往者过而来者续，泯然无支离糠秕之患，怡然无内外动静之别，洒然而与万物同其上下而不庸我矣。先生之学，厌据故迹，故能超然自得有如此。[①]

世卿记述的特点是：(1) 未言白沙在聘君处未得，而是强调白沙归家后"一守其辄"而未得。此外，世卿在此特意强调了康斋之学的朱子学性质（"主敬穷理"）；(2) 白沙静坐前有博览群籍而未得的经历；(3) 白沙静坐时间为"积以岁月"，地点则未及；(4) 白沙静坐结果为有得，但并非禅宗式顿悟，而是一个渐进过程。

按照门人聚议，林光本无文字之责。白沙去世当年，林光曾看过张诩、甘泉、李承箕等人的纪念性文字，对它们都不满意。三年（1503）后，当他再次看到张诩所撰墓表及重作行状，"不满意犹在"，虽"欲已于言"，但"反复思之，此文字所系甚大，非泛泛他文字可苟且放过，要判断白沙一生，则在门者非止一人，其学术皆系焉，其可苟乎?"[②] 可见，林光之作《明故翰林院检讨白沙陈先生墓碣铭》，有其不得已的情衷，其文曰：

（白沙先生——作者注）自幼颖悟绝伦，弱冠充邑庠生，明年丁卯中乡试。戊辰、辛未两赴礼闱，俱下第。归而力

① ［明］李承箕：《大厓先生诗文集》卷18《石翁陈先生墓志铭》，前揭书，第606—607页。

② ［明］林光撰，罗邦柱点校：《南川冰蘖全集》卷5《与张廷实主事书》，第155页。

学，叹曰："学业止于举业而已乎？天下必有知道者。"闻江右吴聘君康斋讲学，遂往从之游，时年二十有七。康斋性严毅，雅重先生。教人多举伊洛成语，经史百子，无所不讲，然未有得也。居半载即归，遂绝意举子业。兄讳献文，性极友爱，先生托以家务细碎，力支，不相聒挠。筑一台名之曰阳春，日端默其中，以涵养本源，人罕见其面。初志勇锐，用功或过，几致心病。后悟其非，所谓"戒慎与恐惧，斯言未云偏。后儒不省事，差失毫厘间"。盖验其弊而发。于是又累年，始有所见，尝云："吾自此以后，此心乃如马之有御勒，随动随静，应事接物，参前倚衡，照检而无不在矣。"①

与前面三人的记述相比，林光的记述看似更为细致，这体现在如下几个方面。首先，三位同门都提及白沙从学聘君一事，但都没有交代白沙远赴临川从学的原因。据林光所言，白沙是在两次会试落第后，对举业产生怀疑并心生求道之志的情况下前往临川的。林光继而指出，白沙在聘君处确有"闻伊洛之绪"，"然未有得也"。其次，林光交代了他人未曾谈及的一个细节，即白沙从游聘君的时间——"半载"，《明史》本传中的"居半载归"当即源于此。再次，林光没有提及白沙归家后"闭户读书"的一段经历，而是突出了他"绝意举子业"及托家务细碎于长兄两件事，后者当为林光所羡慕者，故特加笔书。最后，林光对白沙静坐的地点、过程及结果交代比较细致，地点为新筑之阳春台，过程则很曲折——先是"用功或过，几致心病""后悟其非"，然后

① [明] 林光撰，罗邦柱点校：《南川冰蘖全集》卷6《明故翰林院检讨白沙陈先生墓碣铭》，第177页。

“又累年，始有所见”；在静坐结果上，林光看法明确——“有所见”。

以上四人为《明儒学案》收录的陈门高弟，他们对事件的记述，无论是事件的细节方面，还是对事件结果的认定方面，都存在不小的差异（结果至有相反者），他们对事件的意见如此纷纭，原因何在？我们应该如何评判、取舍？

二、白沙自述

今本《陈献章集》中涉及春阳台静坐事件的文字有两处，一是《复赵提学佥宪》第一书，一是《书龙冈书院记》。

> 仆才不逮人，年二十七始发愤从吴聘君学。其于古圣贤垂训之书，盖无所不讲，然未知入处。比归白沙，杜门不出，专求所以用力之方。既无师友指引，惟日靠书册寻之，忘寝忘食，如是者亦累年，而卒未得焉。所谓未得，谓吾此心与此理未有凑泊吻合处也。于是舍彼之繁，求吾之约，惟在静坐，久之，然后见吾此心之体隐然呈露，常若有物。日用间种种应酬，随吾所欲，如马之御衔勒也。体认物理，稽诸圣训，各有头绪来历，如水之有源委也。于是涣然自信曰：“作圣之功，其在兹乎？”有学于仆者，辄教之静坐，盖以吾所经历粗有实效者告之，非务为高虚以误人也。①

> 予少无师友，学不得其方，汩没于声利、支离于粃糠者，盖久之。年几三十，始尽弃举子业，从吴聘君游。然后

① ［明］陈献章著，孙通海点校：《陈献章集》卷2《复赵提学佥宪》第一书，第145页。

> 益数迷途其未远，觉今是而昨非，取向所汩没而支离者，洗之以长风，荡之以大波，惴惴焉，惟恐其苗之复长也。坐小庐山十余年间，履迹不踰于户阈，俛焉孳孳，以求少进于古人，如七十子之徒于孔子，盖未始须臾忘也。[①]

《复赵提学佥宪》第一书作于成化十五年（1479）[②]，这是白沙事隔十五六年后首次追忆当年静坐经历。该书系为答广东提学赵珤[③]问学而作，出于剖白学术心路的需要，白沙对静坐事件交代颇详。《书龙冈书院记》作于弘治初，系因湖广巡抚谢绶（字维章，号樗庵，江西乐安人）之请而作，为应酬之作，对事件仅漫及之。将二书结合起来看，它们对静坐事件的交代涉及如下方面：

首先，关于静坐背景，白沙谈到两点，一是在聘君处“未知入处”，一是归家后“日靠书册寻之”而累年未得。张诩《墓表》、林光《墓碣铭》涉及前一点，张诩《行状》、甘泉《墓碑铭》、李承箕《墓志铭》涉及后一点，没有人同时顾及此二方面者。林光对白沙从学康斋原因的交代，可算是对这一背景的一个重要补充。

其次，关于静坐时间，《复赵提学佥宪》第一书谓“久之”，

① ［明］陈献章著，孙通海点校：《陈献章集》卷1《书龙冈书院记》，第33页。

② ［明］陈献章著，孙通海点校：《陈献章集》附录二《编次陈白沙先生年谱》，第819页。

③ 赵珤字德用，号古愚，福建晋江人，成化十二年任广东提学佥事（［清］阮元修，陈昌济等总纂：《［道光］广东通志》卷20《职官表十一》，据广东省立中山图书馆藏道光二年（1822）刻本影印，第355页）。又，今海南省三亚市落笔洞有落款为“成化庚子正月之晦，钦差督学校广东按察司佥事晋江赵瑶书”的摩崖石刻，庚子为成化十六年（1480），可知赵珤任广东提学当为两任。又按，黎业明认为，赵瑶之“瑶”当为“珤”字之误（黎业明：《陈献章年谱》，上海：上海古籍出版社，2015年，第104页）。

《书龙冈书院记》云“十余年”。白沙《初秋夜（二首之二）》云“自我不出户，岁星今十周”①，该诗被视为白沙结束春阳台静坐的重要标志，阮榕龄将之系于天顺八年（1464）②，陈郁夫系于成化元年（1465）③。从白沙景泰六年（1455）归家算起，至天顺八年为十年，至成化元年则为十一年，除去“日靠书册寻之”的“累年”，则白沙春阳台闭户静坐实不足十年。不管是张诩的“数年”说、林光的“累年”说，还是李承箕的“积以岁月”说，皆为泛指，甘泉的“十载”说亦不合实情。

再次，关于静坐地点，《复赵提学佥宪》第一书未作交代，《书龙冈书院记》云为“小庐山”。孙通海先生指出：“陈献章筑春阳台为读书所，这一记载不见本集正文中，而见于本集附录及其他文字记载中。在行文中，各本对这一台名的称谓不一。在较早的几个本子，如罗本、林本、高本、萧本等附录中未出现春阳台名。在较后的几个本子，如何本、王本、碧玉本作‘春阳’，而底本作‘阳春’，《明史》及《明儒学案》引作‘阳春’。”④按，《明儒学案》所引为“春阳”而非“阳春”。又按，张诩、甘泉作“春阳台”，林光作“阳春台”，未知孰是，待考。何维柏（1510—1588，字乔仲，号古林，广东南海人）云白沙“小庐山下筑春阳台”⑤，据此，则春阳台即在小庐山下，《书龙冈书院记》之所以将静坐之地称为小庐山，原因或即在此。欧阳永裿于乾隆三十三年（1768）春曾过访春阳台旧址⑥，是彼时旧址尚存也。

① ［明］陈献章著，孙通海点校：《陈献章集》卷4，第340页。

② ［明］陈献章著，孙通海点校：《陈献章集》附录二《编次陈白沙先生年谱》，第809页。

③ 陈郁夫：《江门学记——陈白沙及湛甘泉研究》：前揭书，第111页。

④ ［明］陈献章著，孙通海点校：《陈献章集》附录二，第807页。

⑤ ［明］陈献章著，孙通海点校：《陈献章集》附录四《改创白沙家祠碑记》，第948页。

⑥ ［明］陈献章著，孙通海点校：《陈献章集》附录三《序》，第911页。

最后，关于静坐过程与结果，白沙交待得很明确：静坐“久之”，心体呈露，验诸日用应酬、物理及圣训，无不相合，遂自信作圣之功即在静坐。“心体呈露”在此无疑是关键。陈来教授认为，白沙“心体呈露”是“近于‘内在的神秘体验’所谓纯粹意识的呈现”；《与林郡博》第七书所言“天地我立，万化我出”一段文字，则是自我与宇宙合一的另一种体验，也即外向的神秘体验[①]。白沙所言心体有生机义与道德义，与纯粹意识不能完全等同，但这并不妨碍我们将内向神秘体验与外向神秘体验作为一对概念工具来使用，这两种体验在白沙那里有方向、内容之异，但并非完全异质、没有关联，二者以心气同流为介而相互贯通，前者是基础，后者则是前者在宇宙论上的延展。从白沙的体道经历来看，内向神秘体验发生在前，外向神秘体验发生在后。《行状》所引《答张内翰廷祥书，括而成诗，呈胡希仁提学》诗，及林光“此心乃如马之有御勒”论皆围绕心体而言，都属于内向神秘体验；甘泉所引《复张东白内翰》《与林郡博》第七书，以及李承箕“怡然无内外动静之别”论，描述的则是外向神秘体验。甘泉承认白沙体道有得，但认为这一结果与静坐无关，同张诩《墓表》一样，这些看法与《复赵提学佥宪》第一书的描述是相反的。李承箕“以我之所得者，取正于古先圣贤格言”说与《复赵提学佥宪》第一书的“稽诸圣训”论相符合，但他认为白沙春阳台静坐期间获得的是外向神秘体验，与实情不符。张诩在《行状》中对心体有所描述，但并未指明它们与静坐的关系。相较而言，林光的“有所见”说及其对心体的描绘同《复赵提学佥宪》第一书最为相合，其“马之有御勒”之喻亦见于该书。此外，

---

① 陈来：《心学传统中的神秘主义问题》，载氏著《有无之境——王阳明哲学的精神》附录，北京：北京大学出版社，2015年，第362、363页。

"初志勇锐"一段，对了解白沙静坐过程来说也是一个重要的细节补充。

春阳台静坐事件的发生，以白沙初期的作圣追求为总根源，以"此心与此理未有凑泊吻合处"的精神危机或绝境为导火索，引发这一精神危机的是程朱的教导。程朱教人"格物穷理"，白沙博览群籍及后来阳明格窗前竹的实践表明，穷理成圣的路子走不通，"此路不通"带来了精神危机。在走投无路、迫不得已的情况下，白沙诉诸静坐，由体见心体而解除了危机，摄理入心、"回归于未经'理性'穿凿的自然之心"[①] 是白沙解除危机的具体方式，这条被余英时称为反智识主义的道路，相信博学对成圣工夫来说是不相干的[②]，如此白沙就摆脱了"书册"或"穷理"的缠绕，摆脱了程朱的老路。白沙摸索出的这一新作圣方式因其简截明快而一时风行。可见，春阳台静坐既是白沙学术生命中的一道分水岭，也是宋学转向明学的一个关键转折，该事件此转向中具有范式转换的意义，此其思想价值之所在。

张诩等门人论及白沙体道时，不约而同地以《答张内翰廷祥书，括而成诗，呈胡希仁提学》诗或《复张东白内翰书》为据，对《复赵提学佥宪》第一书却无人提及，这很可能是因为他们压根就没有看到过这一文本。张诩曾为罗侨弘治十八年（1505）《白沙先生全集》刻本作序，并为林齐正德三年（1508）补刻本做过重订工作；甘泉亦为高简、卞崃嘉靖十二年（1533）《白沙子》刻本作序，如果这些文集中有《复赵提学佥宪》第一书的话，他们不可能不加以引述。张元济在高简、卞崃刻本的卷后跋

---

① 陈畅：《自然与政教——刘宗周慎独哲学研究》，上海：上海人民出版社，2016 年，第 201 页。

② 余英时：《从宋明儒学的发展论清代思想史——宋明儒学智识主义的传统》，见氏著《论戴震与章学诚——清代中期学术思想史研究》，北京：三联书店，2005 年，第 296—297 页。

语中也谈到，《复赵提学佥宪》第一、二、三书等文在刻本中有阙文，“其后诸刻则悉已经弥补”①。《墓表》等文皆作于嘉靖十二年（1533）之前，张诩等人自是无缘看到《复赵提学佥宪》第一书了。在没有《复赵提学佥宪》第一书可资凭借的此情况下，门人们只能依靠自己掌握的文献及其对白沙的了解来记述春阳台静坐事件了，这是一种考验或检验。

三、谱系错位

张诩于成化十七年（1481）从游白沙，前后师从白沙近二十年，故林光谓其“从先生多年”。白沙《偶题》诗云：“端默三年下，南方有缉熙。……后来张主事，是与树藩篱。”② 白沙将张诩与林光相提并论，称赞他有“树藩篱”之功，评价不可谓不高。今本《陈献章集》中白沙写给张诩的书信有六十九封，数量最多，显示了师徒二人之间的亲密关系。黄宗羲引述《送张进士廷实还京序》“以自然为宗，以忘己为大，以无欲为至”一段文字来概述张诩学术，诚如前人所言，这段话与其说是对张诩学术的概述，不如说是白沙夫子自道，或对张诩的期待。因文献不足③，了解张诩学术殊非易事。

张诩在白沙去世后曾以学派传人自居，可能是由于这个缘故，甘泉再三强调张诩未得白沙之旨，其学实为禅学。甘泉是白

① ［明］陈献章著，孙通海点校：《陈献章集》附录三《跋》，第 895 页。

② ［明］陈献章著，孙通海点校：《陈献章诗文续补遗》，《陈献章集》，第 986 页。

③ 张希举嘉靖年间校订《东所文集》时，发现“遗稿脱漏过半”（［明］张希举：《刻东所先生文集序》，［明］张诩撰，黄凤娇、黎业明编校：《张诩集》，上海：上海古籍出版社，2015 年，第 89、90 页）。

沙生前指定的学派传人，林光被认为是白沙门下见道最为清澈者[①]，前者谓《墓表》“满是禅意”，后者批评张诩“不知先生”。将《墓表》与《复赵提学佥宪》第一书加以对照便不难明白其间差异[②]，可知湛、林二氏的批评并非无的放矢。此外，白沙与张诩之间的大量书信大多为人事闲话，并无专门论道问学之语，张诩对白沙学术缺乏深入了解亦在想象之中。张诩出身官宦，身居羊城，“在武庙时以理学名于海内”[③]，在学派内部及社会上都有不容小觑的影响力，其《墓表》为《明儒学案》《［万历］新会县志》等引述，《明史》本传亦有其影响痕迹，在春阳台静坐事件传播史上，张诩发挥了相当大的影响。

甘泉作为学派传人，理应对白沙学术有比较到位的理解，因此，《墓碑铭》中的未得说不能不令人感到讶异。甘泉于弘治七年（1494）从游江门，师从白沙前后仅六载。作为晚年弟子，甘泉对乃师早年经历不甚知情也可理解，问题是，甘泉撰《墓碑铭》时，白沙已去世二十一年，在此期间他应有机会通过同门或他人对白沙经历有所了解，其未得说当另有原委。

白沙与甘泉确立学术自信的途径不同，前者以静坐悟入，对静坐有切身受用；后者以前人言语悟入，对静坐缺乏白沙式的受用。甘泉对师门静坐教法始终都有所抵触，其静坐观先后经历了“恪守师训”（1494—1512）、“批评修正”（1513—1527）、“重新定位”（1528—1539）与“晚年‘回归’”（1540—1560）四个发展阶段。《墓碑铭》作于正德辛巳（1521），处于甘泉批评静坐最严厉的时期，甘泉当时至有“以静为言者皆禅”之激语，批评所

---

① ［清］屈大均：《广东新语》卷10《学语》，前揭书，第312页。

② 景海峰教授对此曾有所留意（景海峰：《陈白沙与明初儒学》，《中国哲学史》2001年第2期，第66页）。

③ ［明］张希举：《刻东所先生文集序》，［明］张诩撰，黄凤娇、黎业明编校：《张诩集》，前揭书，第89页。

指，白沙难逃其囿，这同甘泉尊崇白沙之情不能不发生矛盾，其解决策略有二，一是讲白沙“习静于春阳台，十载罔协于一”，否认白沙由静坐悟道；一是讲“先师不欲人静坐”[①]，直接否认白沙有静坐主张。总之，甘泉试图通过切割白沙与静坐的关系，以免让自己处于尴尬的境地。可见，《墓碑铭》的未得说只是甘泉这一时期解决上述矛盾的一种手段。甘泉文集中提及春阳台的另一处文字为《与邓君恪昣论启洪大巡书》中的“春阳台先师自以为错用功者”说[②]，其义与《墓碑铭》一致。甘泉在第三、第四阶段对静坐给予了很大的认可，《墓碑铭》的未得说无形中被有所修正，因此，该说影响当不大。关于张诩、甘泉同白沙的关系，朱鸿林教授认为：“张氏盖承白沙退隐自修以作世范之风，湛氏则承白沙晚年传道之志而自乐于问世酬应，两人之不同明显，却不碍各自谓为得白沙之传也。”[③] 质言之，张诩欲传白沙身教，甘泉则欲传重言教，但就对春阳台静坐事件的理解来说，二人皆不得要旨。

李承箕于弘治元年（1488）拜师江门，作为晚年门人，他对白沙早年经历所知亦颇有限。白沙尝云：“世卿豪于文者也，予犹望其深于道以为之本。”[④] 又云：“如世卿，可惜平生只以欧苏辈人自期，安能远到？”[⑤] 世卿旨趣本在诗文才情，道学既非其兴

① ［明］湛若水撰，钟彩钧主持整理标点：《泉翁大全集》卷68《新泉问辨录》，第643页。

② ［明］湛若水撰，钟彩钧主持整理标点：《甘泉先生续编大全集》卷7《新泉问辨录》，第913页。

③ 朱鸿林：《读张诩〈白沙先生行状〉》，载氏著《儒者思想与出处》，北京：三联书店，2015年，第302页。

④ ［明］陈献章著，孙通海点校：《陈献章集》卷1《张进士廷实还京序》，第13页。

⑤ ［明］陈献章著，孙通海点校：《陈献章集》卷2《与湛民泽》第八书，第192页。

致所在，亦非其所长，加之自身体道有限，对白沙静坐缺乏感同身受，故其对春阳台静坐事件的记述有一间之隔。世卿乐于交游，其诗文集中与之有唱和酬答的同门多达数十人，在师门中最为活跃，因此，他在学派中也有着不小的影响力。

成化五年（1469），林光参加会试时与白沙初识于京城，次年（1470）夏拜师江门，在上述四人中师事白沙最早。在白沙指导下，林光是年冬于万梅书屋闭关独坐[①]，次年（1471）二月二十八日，林光以静坐所见质之白沙，曰："元来四方上下，往古来今，直是这个充塞周洽，无些小欠缺，无毫发间断，无人我大小远近，如一团水相似，都滚作一块，又各各饱满，无不相干涉者。"[②] 白沙在四月十一日的回信（即《与林郡博》第七书）中，对林光静坐所见给予了首肯，并称赞他"进学所见，甚是超脱，甚是完全"[③]。按照前述陈来教授的界定，林光所言当为自我与宇宙合一的外向神秘体验。与张诩等人不同，林光有静坐体道的经历，而且这一经历是在白沙指导下开展并为其首肯了的。为鼓励林光静坐，白沙以自身昔年经历现身说法，曰："章始有志于此，亦颇刻苦。"[④] 林光既亲历静坐体道，对白沙早年求道刻苦情况又有所了解，故其《墓碣铭》对静坐事件的记述具体而到位。

林光入门之初，白沙即寄予厚望。在成化六年（1470）的一

---

① ［明］陈献章著，孙通海点校：《陈献章诗文续补遗》之《与林缉熙书》第三书，《陈献章集》，第969页。按，此信原标写作时间为"庚寅十月廿七日"，黎业明认为当作"庚寅十二月廿七日"（《陈献章年谱》，第45页），今从黎说。

② ［明］林光撰，罗邦柱点校：《南川冰蘖全集》卷4《奉陈石斋先生书》，第104页。

③ ［明］陈献章著，孙通海点校：《陈献章集》卷2《与林郡博》第七书，第216页。

④ ［明］陈献章著，孙通海点校：《陈献章诗文续补遗》之《与林缉熙》第四书，《陈献章集》，第970页。

封书信中，白沙以梦中语——“子异时所克大者，端绪尽在今日矣”[①] ——相告，殷殷之情溢于言表。贺钦问学，白沙让林光代言，足见他对林光的信任。二人关系变化，始于成化二十年（1484）林光因家贫赴任浙江平湖教谕一事，虽然白沙也讲“家贫，禄仕固贤者所不免”[②]，但私下里同张诩交换看法时，还是认为林光“固不得已，终是欠打算”[③]。林光平湖十年官满，赴部谒选，转任兖州府学，至兖州而母丧。白沙是遗腹子，终生对母极孝，林光丧母而不在身侧，让他无法释怀，故责备林光未求近地便养，认为林光“特于语默进退、斟酌早晚之宜，偶欠一决”[④]，黄宗羲云：“其（白沙先生——作者注）许之也太过，故其责之也甚切耳。”[⑤] 可谓公平之论。白沙的态度变化影响了其他同门对林光的看法，从林光的下述抱怨中，我们即可窥其一斑，“久矣乎，师门之所不与也。风晒之意，往往见于吟咏之间……向非先生犹有不忘故旧之情，光之迹，其不见扫于门下乎？……近者，师门故旧，颇觉寥寥，一涉宦途，即为弃物，门客子弟，倡和一辞，牢不可破”[⑥]。由此我们可明白，门人聚议墓表、行状等文字撰写任务时，林光何以会被排除在外了。林光清楚自己在师门中的这一地位，担心《墓碣铭》不能具石，为此他写信给刘大夏、

① ［明］陈献章著，孙通海点校：《陈献章诗文续补遗》之《与林缉熙》第一书，《陈献章集》，第 968 页。

② ［明］陈献章著，孙通海点校：《陈献章诗文续补遗》之《与林缉熙》第二十五书，《陈献章集》，第 980 页。

③ ［明］陈献章著，孙通海点校：《陈献章集》卷 2《与张廷实主事》第十五书，第 166 页。

④ ［明］陈献章：《与林缉熙书》，载［明］林光撰，罗邦柱点校：《南川冰蘖全集》卷末，第 496 页。

⑤ ［明］黄宗羲著，沈芝盈点校：《明儒学案（修订本）》卷 6《白沙学案下》，前揭书，第 105 页。

⑥ ［明］林光撰，罗邦柱点校：《南川冰蘖全集》卷 5《奉陈石斋先生书》，前揭书，第 144 页。

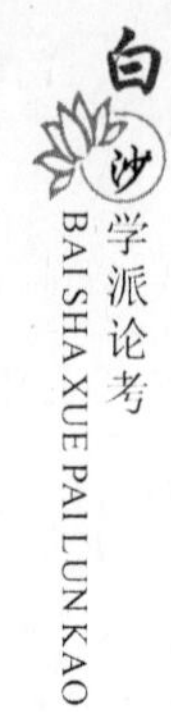

张克修等人求助[①]。对林光的失望，当是白沙指定甘泉为学派传人的重要背景。

据上文分析，在白沙学派的思想谱系中，林光对白沙思想的理解最为深刻到位，处于这一谱系的中心，张诩、李承箕、甘泉等人对白沙的理解等而次之，当处于谱系相对外围的位置。在学派内部的权力谱系中，作为一个受同门排挤的人物，林光处于权力谱系的边缘，张诩、甘泉、李承箕等人则处于相对中心的地位。可见，白沙学派内部的思想谱系与权力谱系之间是有错位的。

四、他者记述

在明代中后期的思想史舞台上，记述春阳台静坐事件者不限于白沙师徒，由白沙的尊慕者、私淑者乃至批评者构成的“他者”，对这一事件也颇留意记述，作为明代思想史长河中的细流，这些记述也参与了思想史传统的塑造。

王渐逵（1498—1558，字用仪，号青萝，广东番禺人）“尊慕白沙、阳明二氏之学”[②]，他在与项乔（1493—1552，字子迁，号瓯东，浙江永嘉人）辩论白沙非禅学时谈及春阳台静坐事件，“白沙学于吴康斋，康斋深得孔颜之乐，白沙求之未得，归卧阳春台，静后数年，然后得之。”[③]“康斋深得孔颜之乐”说要么是

① 参见［明］林光撰，罗邦柱点校：《南川冰蘗全集》卷5《奉刘尚书东山先生书》《与张克修宪副》，前揭书，第159—160页。

② ［明］张时彻：《赠光禄寺少卿刑部主事王青萝先生渐逵墓志铭》，载焦竑辑，《国朝献征录》卷47《刑部四》，明万历四十四年徐象枟曼山馆刻本。

③ ［明］王渐逵：《答项瓯东论陈白沙》，转引自朱鸿林：《项乔与广东儒者之论学》，载氏著《儒者思想与出处》，前揭书，第343页。

过誉，要么是误解，而“归卧阳春台”的“卧”字显示出了他对事件的陌生，但他的结论很明确——白沙春阳台静坐有得。区大伦（？—1628，字孝先，广东高明人）追慕白沙，梦寐及之，其《游江门记》曰：“先生自少志于圣人之学，年二十七从吴聘君游，未有入。比归白沙，苦心力索者，又十余年。既乃舍繁就约，惟事静坐。久之，然后见此心之体隐然呈露。其应用也，若马之御啣勒，若水之有源委，乃涣然自信曰：‘作圣之功，其在兹乎！’”[①] 除“又十余年”与事实有所不符之外，“舍繁就约”以下文字与《复赵提学佥宪》第一书若合符节。何维柏自述“得于私淑而终身服膺，惟（白沙——作者注）先生为得力”，其《改创白沙家祠碑记》“先生尝自言”以下一段文字，简直就是《复赵提学佥宪》第一书的简写版转述，在文义、词汇使用方面高度一致[②]。黄士俊（1570—1661，字亮坦，一字象甫，号玉嵛，广东顺德人）对白沙“景行私淑日久”，其春阳台静坐事件记述另有所本，“先生……二十领乡书。再罢礼闱，从吴康斋聘君学，获窥濂洛之绪。归而博综载籍，寝食俱废。已却扫见闻，筑春阳台，静坐其中，即家人罕见其面。积数载，仍未有入处。已乃孤啸长林，闲吟别屿，或倚棹垂纶于江干月下，始得自信焉驯悟。又廿余年，觉广大高明，不离日用；勿忘勿助，非假人力；把柄在手，动静两融。”[③] 不难看出，这一记述与张诩《墓表》高度相似，“孤啸长林”以下文字相似度尤高，二者差异只在一些细节方面，如玉嵛将《墓表》“独扫一室”改为“筑春阳台”、增加了“又廿余年”等。这一事实表明，在《复赵提学佥宪》第一书已

① ［明］陈献章著，孙通海点校：《陈献章集》附录四《游江门记》，第947页。

② 参见［明］陈献章著，孙通海点校：《陈献章集》附录四《改创白沙家祠碑记》，第948—949页。

③ ［明］陈献章著，孙通海点校：《陈献章集》附录四《重修白沙乡祠碑记》，第951页。

经问世流行的情况下，《墓表》仍有相当的流传与影响力。以上四人皆广东本土士人，下面让我们再来看一下省外士人的记述情况。

作为江右王门干将，罗洪先（1504—1564，字达夫，号念庵，江西吉水人）对白沙极为尊慕，尝曰："盖虽未尝及门，然每思江门之滨，白沙之城，不觉梦寐之南也。"[①] 念庵服膺白沙的静坐主张，本身也有静坐悟道的经历，对白沙静坐事件有所关注，"先生二十有七，从吴聘君归，而苦心考索者三年，闭户默坐者又十年，而后有得。"[②] 该记述缺乏背景、地点等因素，比较简略。念庵曾向甘泉问学，其"苦心考索三年""闭户默坐又十年"说，当源自甘泉"既博记于群籍，三载罔攸得；既又习静于春阳台，十载罔协于一"之论，但与甘泉不同的是，他认为白沙静坐有得。另一江西士人黄如桂，"自结发知重先生（白沙——作者注）名，长而服教"，其《改建邑城马山祠碑记》云："白沙先生年二十七，喟然事圣贤之学，闻康斋先生名往从之。……先生笃任穷研，以规于成，竟无所从入，乃辞归白沙。杜门谢俗，昕夕拥蒲团静坐，编籍无一入瞬者。久之，觉心体森然，万象见在，恢乎有不安排而定、不旁求而足者。于是涣然自信曰：'作圣之功，其在兹乎?'自是专意本原，以勿忘勿助为极则，种种色色，听其本来，而我无与焉。"[③] 黄氏记述较念庵为详，该说应该代表了许多省外士人的看法，有一定的代表性，兹对其稍加分析。(1) 据黄氏言，白沙归家后即杜门静坐，"编籍无一入瞬"，

---

① ［明］罗洪先撰，徐儒宗编校整理：《罗洪先集》卷23《告衡山白沙先生祠文》，南京：凤凰出版社，2007年，第911—912页。

② ［明］罗洪先撰，徐儒宗编校整理：《罗洪先集》卷16《跋江门指南卷后》，前揭书，第684页。

③ ［明］陈献章著，孙通海点校：《陈献章集》附录四《改建邑城马山祠碑记》，第943页。

与《复赵提学佥宪》第一书“日靠书册寻之累年”的记述明显不符；（2）据李承箕、林光所言，白沙春阳台静坐为端坐，这是一种“姿势挺直，背不靠物之坐法[①]，根本用不着蒲团，而且在蒲团上也无法端坐，可见，“拥蒲团静坐”实乃黄氏的揣测臆想。（3）白沙通过对经验意识的逐层剥离（即坐忘）而使心体呈露，此时心体没有任何实质性的内容。黄氏对心体“万象见在”的描绘实为穿凿想象。在黄氏的记述中，静坐事件的走作变形较念庵为甚。江西受白沙学影响颇深，其间士人的看法既如此，其他省份士人的看法就更加遑论了。据后文“涣然自信”一句，黄氏对《复赵提学佥宪》第一书似又曾有所寓目，若事实真的如此，他的上述记述就令人费解了。

《从祀文庙疏议》谈及反对白沙从祀的意见时谈到：“见其阳春台中端默独坐也，而以禅学疑白沙。”[②] 这意味着，春阳台静坐在批评者的眼中是白沙为禅的重要证据。相对于前述私淑者、尊慕者，批评者们更为关注白沙的“静中养出端倪”论，无论何种批评者无不聚焦这一工夫论命题，今对这一工夫论命题的提出背景及其与春阳台静坐事件的关系考证如下。

“静中养出端倪”一语出自《与贺克恭黄门》第二书。白沙成化二年（1466）冬复游太学时，贺钦（1437—1510，字克恭，辽东人）师事之，并不久解官归乡，自此师徒南北相隔。成化七年（1471）夏秋间，白沙语林光曰：“秉笔欲作一书寄克恭，论为学次第，罢之，不耐寻思，竟不能就。缉熙其代余言。大意只令他静坐寻见端绪，却说上良知良能一节，使之自信，以去驳杂

① （日）藤井伦明：《日本研究理学工夫论之概况》，杨儒宾、祝平次编：《儒学的气论与工夫论》，台北：台湾大学出版中心，2012年，第313页。

② ［明］陈献章著，孙通海点校：《陈献章集》附录四《从祀文庙疏议》，第929页。

支离之病，如近日之论可也。”[①] 白沙让林光代言的原因大致有二，一是自己“不耐寻思”，无从下笔；一是林光是年二月刚刚静坐体道，让他代言可以现身说法，是为案例教学。按，《复赵提学佥宪》第一书云：“有学于仆者，辄教之静坐，盖以吾所经历粗有实效者告之。”成化七年之前，白沙确以静坐教伍云、林光，但这是一种地域近便情况下的现场指导或就近指导，如何指导万里之外的克恭，让白沙颇犯踌躇。“不耐寻思，竟不能就”表明，此时白沙尚未从理论的层面对静坐法进行总结提升。历经一年思索之后（1472），白沙始作《与贺克恭黄门》第二书[②]，其书云：“为学须从静中坐养出个端倪来，方有商量处。林缉熙此纸，是他向来经历过一个功案如此，是最不可不知。录上克恭黄门。岁首已托钟锳转寄，未知达否？今再录去。”[③] “缉熙此纸”不见于《南川冰蘖全集》，“今再录去”显示了白沙对它的重视，“学须从静中坐养出个端倪来”则是在自身春阳台静坐经验及林光静坐经验的基础上，提炼出来的一个工夫论命题；此后三年（1475），白沙作《复张东白内翰书》《答张内翰廷祥书，括而成诗，呈胡希仁提学》诗及《与林缉熙书》第十五书；此后又四年（1479），作《复赵提学佥宪》第一书；白沙对此命题的主旨不断进行着深化、说明。上文分析表明，“静中养出端倪”与春阳台静坐密切相关，后者是前者的发源地，前者是对后者的总结与提升。由此我们可以说，人们对“静中养出端倪”论的批评，实则也是对春阳台静坐事件的一种回应。

---

① ［明］陈献章著，孙通海点校：《陈献章诗文续补遗》之《与林缉熙书》第十书，《陈献章集》，第 972 页。按，此书未标写作时间，黎业明将之系于成化七年夏秋间（氏著：《陈献章年谱》，前揭书，第 57 页）。

② 黎业明：《陈献章年谱》，前揭书，第 78 页。

③ ［明］陈献章著，孙通海点校：《陈献章集》卷 2《与贺克恭黄门》第二书，第 133 页。

甘泉尝云“以（白沙先生——作者注）为禅者，皆起于江右前辈”[①]，白沙同门胡居仁（1434—1484，字叔心，号敬斋，江西余干人）是这些江右前辈中的始作俑者。敬斋认为白沙静坐悟道之言“只是一个笼侗自大之言，非真见此道之精微者，乃老庄佛氏之余绪”[②]。又曰：“释氏是认精魂为性，专一守此，以此超脱轮回。陈公甫说：‘物有尽而我无尽’，亦是此意。”[③] 这一关于白沙学不见道、作弄精魂的批评发后人之先声。另一江右前辈罗钦顺（1466—1547，字允升，号整庵，江西泰和人）也针对“静中养出端倪”说开展批评，“今乃欲于静中养出端倪，既一味静坐，事物不交，善端何缘发见？遏伏之久，或者忽然有见，不过虚灵之光景耳。”又曰：“彼之所见，乃虚灵知觉之妙，亦自分明脱洒，未可以想像疑之。然其一见之余，万事皆毕，卷舒作用，无不自由，是以猖狂妄行，而终不可与入尧、舜之道也。愚所谓有见于心，无见于性，当为不易之论。”[④] 以白沙静坐所见为虚见或影像，是批评者们常使用的一种方法，陈建（1497—1567，字廷肇，号清澜，亦号清澜钓叟，广东东莞人）论及白沙“心体呈露”时，也认为这是一种“镜像之见”[⑤]。上述批评都是朱子学心性论立场上的批评，下面让我们再来看一下来自阳明学阵营的批评。

---

① ［明］湛若水撰，钟彩钧主持整理标点：《泉翁大全集》卷85《归去纪行录》，第860—861页。

② ［明］胡居仁撰，冯会明点校：《胡敬斋先生文集》卷1《与罗一峰书》，《胡居仁文集》，第160页。

③ ［明］胡居仁撰，冯会明点校：《居业录》卷7《老佛第七》，《胡居仁文集》，第84页。

④ ［明］黄宗羲著，沈芝盈点校：《明儒学案（修订本）》卷47《诸儒学案中一》，前揭书，2013年，第1118、1120页。

⑤ ［明］陈建撰，黎业明点校：《学蔀通辨》，《陈建著作二种》，前揭书，第154页。

王畿（1498—1583，字汝中，号龙溪）尝曰："尧夫亦是孔门别派，从百源山中静养所得。五十以后，自谓无复渣滓可去，闲往闲来，谓之闲道人。盖从静中得来，亦只受用得静中些子光景，与兢兢业业，学不厌、教不倦之旨，异矣！白沙所谓'静中养出端倪'，亦此意也。"[①] 龙溪以白沙、邵雍为一路，皆孔门别派而非正宗。龙溪又曰："白沙是从百原山中传流，亦是孔门别派。得其环中，以应无穷，乃景像也。盖缘世人精神泼撒，向外驰求，欲反其性情而无从入，只得假静中一段行持，窥见本来面目，以为安身立命根基，所谓权法也。……师门尝有入悟三种教法：从知解而得者，谓之解悟，未离言诠；从静坐而得者，谓之证悟，犹有待于境；从人事练习而得者，忘言忘境，触处逢源，愈摇荡愈凝寂，始为彻悟。此正眼法藏也。"[②] 龙溪本人也从事静坐，且熟谙静坐技术。与江右前辈不同，他对静坐有所认可，认为静坐有其权法意义；龙溪所要批评的是那种将静坐视为根本教法的观点，因为它与师门"从人事练习而得"的彻悟教法有冲突，可见，这一来自心学内部同一阵营的批评含有为师门争胜的成分。刘宗周（1578—1645，字起东，别号念台，学者称蕺山先生）论及"静中养出端倪"论时说："先生学宗自然，而要归于自得。……至问所谓得，则曰'静中养出端倪'。向求之典册，累年无所得，而一朝以静坐得之，似与古人之言自得异。……静中养出端倪，不知果是何物？端倪云者，心可得而拟，口不可得而言，毕竟不离精魂者近是。今考先生证学诸语，大都说一段自然工夫高妙处不容凑泊，终是精魂作弄处。"[③] 蕺山一仍敬斋之

---

① ［明］王畿撰，吴震编校整理：《王畿集》卷 8，南京：凤凰出版传媒集团、凤凰出版社，2007 年，第 186 页。

② ［明］王畿撰，吴震编校整理：《王畿集》卷 16《留别霓川漫语》，前揭书，2007 年，第 466 页。

③ ［明］黄宗羲著，沈芝盈点校：《师说》，《明儒学案（修订本）》，第 4—5 页。

论，而“一朝以静坐得之”则显示了他对事件的隔膜与陌生。

本节分析表明，他者们对春阳台静坐事件的关注，要么是因为追慕白沙，需从静坐事件中获得效仿的对象；要么是迫于事件的冲击，为了捍卫自家朱子学或阳明学的学术立场，而不得不去面对并批评这一事件及其包含的思想主张，如此一来，春阳台静坐在明代中后期的思想史舞台上就成了一个被经常提起的比较热门的话题。

余　论

从春阳台静坐事件记述史来看，思想史是一部正确记述与错误记述并存的历史，而且并非单纯由思想所塑造。时间愈往后，事件的感性因素越稀少，符号化程度就越高，在白沙批评者那里，传统的事件记述几乎演变成了思辨性的命题讨论。争议性是事件成为思想史事件的重要品质，因为有争议，事件在思想场域中才会被经常提起——或作为权威依据，或作为批评对象。由于被提起，事件意义才会向当下敞开，并因其对当下的参与而获得生机，从而成为思想史的一部分。对春阳台静坐事件来说，除了争议性之外，它具有的逼迫性使人们对它无法视而不见，对白沙门人、后学而言，这一事件是理解白沙学术的一个重要环节，甚至是把握通达圣学法门的关键所在①。对批评者来说，这一事件及其所包含的静坐主张造成的学风影响难以容忍，因此，要对之

① 潘振泰教授指出，白沙对静坐的特别推崇与实践，开启了后世以静坐为求道必备之方、值得专注为之的传统（潘振泰：《刘宗周（1578—1645）对于“主静”与“静坐”的反省——一个思想史的探讨》，《新史学》2007 年第 1 期），由此可见该事件对明儒的影响。

进行大力批评。在此两种力量的促进下，该事件逐渐演化为思想史事件。

今天我们重提这一事件，其意义有二，首先，通过对这一事件不同记述版本的考辨分析，既可廓清事件的真相及其在思想史上的价值与影响，也可帮助我们了解白沙学派的内部情况，从而增进我们对白沙学派的认知，此其学术方面的意义。其次，重提这一事件，给我们提供了一个重新检视静坐工夫论之现代价值的机会。作为口头禅的“忙”是现代人的一种普遍生存感受，人们在“忙”中迷失自我、淡化或失去存在感。白沙曾云：“若平生忙者，此（即静坐——作者注）尤为对症药也。”① 对对治现代由“忙”引发的诸多心灵问题来说，白沙的静坐教导当不乏启发意义。

（本文修改后曾发表于《广东第二师范学院学报》2017 年第 6 期）

① ［明］陈献章著，孙通海点校：《陈献章集》卷 2《与罗一峰》第二书，第 157 页。

陈白沙的“坐法”“观法”与儒家静坐传统

陈献章（1428—1500，字公甫，号石斋，广东新会白沙村人，后人尊称白沙先生）是宋代理学与明代心学之间的桥梁，在儒学史上具有枢纽般的地位，他借以实现从理学到心学范式转换的途径即其著名的静坐法。白沙静坐在儒学史上曾产生过重大影响并具有重要地位，但长期以来并未受到足够重视，原因大致如下：首先，白沙处于朱子、阳明之间，其光芒常为此二人所遮盖，对其问津者本来即少；其次，中国哲学史学科由依傍西方哲学而建立，带有浓重的知识论色彩，静坐在这样的视野上难有容身之地；再次，白沙既不是儒家静坐说的源头，对静坐亦无系统论述，在儒家静坐史上不打眼、不瞩目，近年兴起的儒家工夫论研究[①]对其多有忽视，原因或正在此。如此一来，人们虽皆知静坐为白沙根本为学方法，并在思想史的意义上提及它，但关于它的技术操作及其在宋明儒学静坐脉络中的地位、影响等问题则一直处于模糊之地。有见于此，本文首先从技术操作的角度（也即“坐法”“观法”）廓清白沙静坐的面貌；其次，从儒家静坐史的

---

① 关于近年儒家工夫论研究的概况，可参林永胜《中文学界有关理学工夫论之研究现况》一文（载杨儒宾、祝平次编：《儒学的气论与工夫论》，台北：台湾大学出版中心，2012 年，第 337—383 页）。

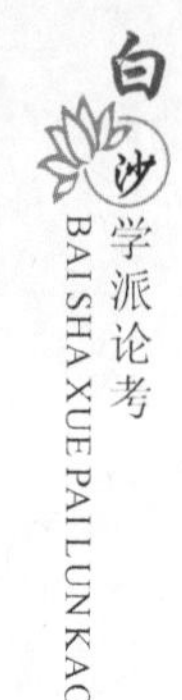

角度，考察白沙与宋儒静坐谱系的关系及其历史影响；最后，在儒学复兴的背景下兼及儒家静坐的现代意义。

一、白沙与静坐之结缘

白沙与静坐之结缘，有其身心两方面的缘由。白沙二十岁进邑庠，当年（1448）即领乡荐，但在次年（1449）及景泰二年（1451）的两次会试中俱下第。他第二次落榜后，“归而力学，叹曰：‘学止于举业而已乎？天下必有知道者。’闻江右吴聘君康斋讲学，遂往从之游，时年二十有七。”[①] 白沙由举业失意而心生求道之志，关于从学吴与弼后的情形，他在《复赵提学佥宪》第一书中交代说，先是在康斋那里“未知入处”，归家后“日靠书册寻之”，累年“而卒未得”，于是改弦更张，求诸静坐，静坐既久，“然后见吾此心之体隐然呈露”，后验之日用应酬、物理及圣训无不有效，遂自信“作圣之功”即在静坐，并以此教人[②]。可见，白沙之修习静坐最初系起因于闻道，时间在其三十一岁（1459）之时[③]。

作为遗腹子，白沙自幼体虚、“无岁不病”[④]。成化五年（1469）

① ［明］林光著，罗邦柱点校：《南川冰蘗全集》卷6《明故翰林院检讨白沙陈先生墓碣铭》，前揭书，第177页。

② ［明］陈献章著，孙通海点校：《陈献章集》卷2《复赵提学佥宪》第一书，前揭书，第145页。

③ 湛若水云白沙临川归后“既博记于群籍，三载罔攸自得；既又习静于春阳台”（［明］湛若水：《白沙先生改葬墓碑铭》，《陈献章集》附录二，第884页），据此，则白沙从事静坐的时间当在其三十一岁时。

④ ［明］陈献章著，孙通海点校：《陈献章集》卷1《乞终养疏》，第2页。

第三次会试下第后，又得自汗之疾并为之所困[1]。成化七年（1471）春，新任广东提学胡荣（字希仁，号复庵，江西新喻人）过访白沙，白沙向其“请教以心驭气之术”，自言在自汗治疗方面“试效立见验”[2]。“以心驭气之术”即愈疾养生静坐。但据其后来“十年自汗不曾干”[3] 的诗句来看，自汗之疾实未彻愈，这也为他从事愈疾养生静坐提供了持续的动力。白沙以羸弱之躯而寿至七十三，很可能与他从事此类静坐实践有关。可见，“受气我亦薄，况乃疾病攻”[4] 的身体状况，是白沙从事静坐的另一重要动因。

关于白沙静坐的思想史意义，人们已多有阐发[5]，对其技术操作方面却鲜有涉及。作为一种以身体为工具的修炼方式和“自我操纵的、用来达到内心转变的心理技巧”[6]，静坐有坐法与观法两个技术向度，前者关乎身体工具的使用，后者涉及意识的操控，下面我们将对其分别加以揭示。

---

① 白沙云：“仆自己丑得病，五、六年间自汗时发。”（［明］陈献章著，孙通海点校：《陈献章集》卷 2《复赵提学佥宪》第三书，第 147 页）按，“己丑”即成化五年。

② ［明］陈献章著，孙通海点校：《陈献章集》卷 3《与伍光宇第二书》，第 238 页。

③ ［明］陈献章著，孙通海点校：《陈献章集》卷 6《送钟地曹入京》，第 553 页。

④ ［明］陈献章著，孙通海点校：《陈献章集》卷 4《病中写怀，寄李九渊》，第 289 页。

⑤ 参见郑宗义《明儒陈白沙学思探微——兼释心学言觉悟与自然之义》（《中国文哲研究丛刊》1990 年第 15 期）、黄慧英《陈白沙之工夫论》（《鹅湖学志》2004 年第 33 期）、李孟儒《从“静坐”衡定陈白沙之心学》（《鹅湖月刊》2007 年第 3 期）、马寄《“静坐”——陈白沙工夫论探微》（《五邑大学学报》（社会科学版）2013 年第 4 期）诸文。

⑥ （挪威）艾皓德（Halvor Eiffing）著，吕春憙译：《东亚静坐传统的特点》，杨儒宾、马渊昌也、艾皓德编：《东亚的静坐传统》，台北：台湾大学出版中心，2012 年，第 2 页。

二、白沙静坐的坐法

（一）跏趺坐

儒家静坐工夫草创于宋，宋儒对坐姿虽无特别强调，但从文献记载来看，实以“危坐”为主。明道“坐如泥塑人”，“程门立雪”中的伊川“瞑目而坐”[①]，二者皆为危坐。李侗从学罗从彦后，“讲讼之余，终日危坐”[②]。二程之师周敦颐自言“书堂兀坐万机休”[③]，兀坐即危坐，亦称端坐。吾妻重二的静坐坐法研究表明，危坐是一种与跏趺坐不同的“姿势挺直，背不靠物之坐法”[④]。伊川评论吕与叔“俨然危坐”时指出：“学者须恭敬，但不可令拘迫，拘迫则难久矣。”[⑤] 宋儒之重危坐，或正因其既能体现恭敬而又无拘迫之弊。

白沙取跏趺坐坐法，此类信息在其诗文中甚为常见，如“晚饭跏趺竹几安”“先生已结僧趺坐”“跏趺趣已冥”等[⑥]，相应地，与该坐姿联系在一起的坐具——竹几、坐几、小藜床、榻、蒲团

---

① ［宋］程颢、程颐著，王孝鱼点校：《河南程氏外书》卷第12，《二程集》，北京：中华书局，2004年，第426、429页。

② ［宋］朱熹：《延平李先生行状》，陈俊民编校：《朱子文集》卷97，台北：德富文教基金会，2000年，第27页。

③ ［清］黄宗羲：《濂溪学案下》，吴光主编：《黄宗羲全集》第3册，杭州：浙江古籍出版社，2005年，第637－638页。

④ （日本）藤井伦明：《日本研究理学工夫论之概况》，杨儒宾、祝平次编：《儒学的气论与工夫论》，前揭书，第313页。

⑤ ［宋］程颢、程颐著，王孝鱼点校：《河南程氏外书》卷第18，《二程集》，第191页。

⑥ ［明］陈献章著，孙通海点校：《陈献章集》卷6《夜坐与童子方祥庆话别，偶成》、《杂兴三首》、卷4《春兴》，第546、547、344页。

——在诗文中也频繁出现，而尤以蒲团频率为最高。白沙喜言坐破或坐穿蒲团，如“祇应更坐蒲团破”“闲坐蒲团几个穿”[①]。跏趺坐简称趺坐，俗称双盘，为佛教率先使用的一种坐姿，《大智度论》卷七称其为“最安稳不疲极”的坐禅人坐法，又说它是“四种身仪中最安稳”的禅坐取道法坐。道教修炼本不拘于坐，其最初坐姿为跪坐或平坐，后受佛教影响亦取趺坐，南宋时的道教徒们即已开始采用这一坐姿。

朱子是较早采用趺坐的儒者，但其“加（按，当为‘跏’字之误——作者注）趺静坐，目视鼻端，注心脐腹之下”[②]的静坐实践，系专就治病这一特殊情况而言，其常规坐姿仍为危坐。白沙以趺坐为常规坐姿，这是白沙与宋儒在静坐外观上的一个明显差异处。伍光宇从学白沙之前，“危坐收敛，为持敬之学”[③]，遵循宋儒坐姿；从学白沙后，则“焚香正襟，趺坐竟日”[④]。林光深得白沙静坐之传，其诗文亦频频言及“跏趺”[⑤]。由“危坐”到“趺坐”的坐姿变化，透露了理学工夫向心学工夫过渡转换的消息，《明史》作者仍以端坐称谓白沙[⑥]，显然沿袭的还是宋儒对静坐的旧称，未注意到“端坐”“趺坐”之别及其意义。

此外，值得注意的是，门人邝珙染肺疾后，白沙以手书告之

① ［明］陈献章著，孙通海点校：《陈献章集》卷4《挽黎雪青》《张生以诗来谒，次其韵答之》，第458、477页。

② ［宋］朱熹：《答黄子耕》，朱杰人主编：《朱子全书》第22册，上海：上海古籍出版社、安徽教育出版社，2002年，第2381页。

③ ［明］陈献章著，孙通海点校：《陈献章集》卷1《绿围伍氏族谱序》，第10页。

④ ［明］陈献章著，孙通海点校：《陈献章集》卷1《伍光宇行状》，第103页。

⑤ 参见［明］林光著，罗邦柱点校：《南川冰蘖全集》卷7《登圭峰（二首）》、《扶胥感兴》、卷8《戏题和尚石（二首）》、《平湖病中思南归（六首）》、《宿大乘寺》、卷11《雪中追和东坡韵（八首）》、卷12《襄阳戊辰除夕遣怀》，第208、244、252、265、277、379、422页。

⑥ ［清］张廷玉等撰：《明史》，前揭书，第7262页。

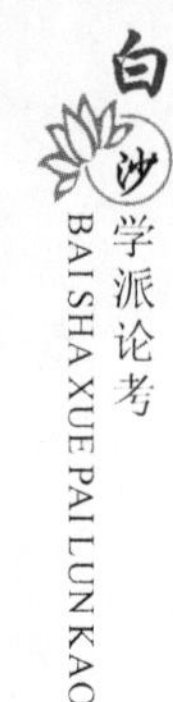

曰："我有丹方欲传与，小藜床上半跏趺。"① 半跏趺俗称单盘，较跏趺为舒缓，这当是白沙愈疾静坐的一种坐姿。

（二）瞑目

关于静坐中的眼睛闭合问题，佛教内部有不同看法，天台宗要求闭眼，禅宗则认为闭眼有易致昏沉之弊，而主张"目须微开"②。在道教看来，瞑目、临目（即"眼帘下垂，开三分目"）皆可③。依笔者阅读经验来看，宋儒静坐无不瞑目，如理学系的伊川"瞑目而坐"，心学系的詹阜民"安坐瞑目"，象山本人也说"学者能常闭目亦佳"④，直以"闭目"称静坐。白沙云："老拙每日饱食后，辄瞑目坐竟日。"⑤ 承继的显为宋儒瞑目坐法。

（三）调息

时人以白沙教人静坐而讥之为禅，白沙辩解说："佛氏教人曰静坐，吾亦曰静坐；曰惺惺，吾亦曰惺惺；调息近于数息，定力有似禅定。所谓'流于禅学者'，非此类与？"⑥ "数息"为佛教静坐呼吸法，其法以一吸一呼为一次，数至十，然后周而复始。"调息"则源自道教，强调通过意念引导气在身体中运行而达到愈疾养生、澄心静虑的目的；内丹派甚至认为，调息练习达到胎

① ［明］陈献章著，孙通海点校：《陈献章集》卷6《问邝珙病》，第560页。

② （日本）池田鲁参著，林鸣宇译：《天台止观之坐法》，杨儒宾、马渊昌也、艾皓德编：《东亚的静坐传统》，前揭书，第220页。

③ 萧登福：《试论导引与存思并重的道教静坐法门》，杨儒宾、马渊昌也、艾皓德编：《东亚的静坐传统》，前揭书，第329页。

④ ［宋］陆九渊著，钟哲点校：《陆九渊集》卷35《语录下》，北京：中华书局，1980年，第471页。

⑤ ［明］陈献章著，孙通海点校：《陈献章集》卷2《与光禄何子完书》，第156页。

⑥ ［明］陈献章著，孙通海点校：《陈献章集》卷2《复赵提学佥宪》第三书，第147页。

息（即像胎儿在母体中那样不以鼻口来呼吸）时，人即能返本归元、长生久视。包括朱子在内的宋儒大多吸取了道教的调息法[①]。白沙强调自己使用的是调息法，本意是为了显示与佛教有别，但不经意间也显示了其与宋儒一致的一面。王畿《调息法》指出："调息与数息不同，数为有意，调为无意。"[②] 白沙之不取数息，或正因其"有意"而与"勿忘勿助"之旨不符。

（四）终日坐与夜坐

在静坐时间上，白沙有"终日坐"与"夜坐"二说，前者通常与"病"相关联，如"嗟予老且病，终日面壁坐""病起南窗坐终日"等[③]，"终日坐"即愈疾养生静坐。"坐到芭蕉月上时""吐月山前坐四更"等诗文[④]提到的夜坐乃其悟道静坐。白沙自言"山人贪睡起常迟"[⑤]，其诗题中又经常出现"昼睡"字眼，这很可能与其夜坐实践有关。

佛教徒在中夜休息（晚上十时至凌晨二时）之外的时间静坐，对静坐时间没有特别要求。与之不同，道教对此则要讲究得多，道教认为修炼要食气，但不同时辰的气之性状不同，食气效果亦异，葛洪云："夫行炁当以生炁之时，勿以死炁之时，故曰：仙人服六炁。此之谓也。一日一夜有十二时，其从半夜以至日中

---

① 朱子即作有《调息箴》一文（［宋］朱熹：《调息箴》，陈俊民编校：《朱子文集》卷85，前揭书，第4203页）。

② ［明］王畿著，吴震编校整理：《王畿集》卷15《调息法》，南京：凤凰出版社，2007年，第424页。

③ ［明］陈献章著，孙通海点校：《陈献章集》卷4《景暘读书潮连，赋此勗之》、卷5《荼蘼花开，有怀同赏》，第313、420页。

④ ［明］陈献章著，孙通海点校：《陈献章集》卷5《忆世卿廷实，用寄景暘韵》《次韵张侍御见寄（二首）》，第447、421页。

⑤ ［明］陈献章著，孙通海点校：《陈献章集》卷6《与张东白》，第643页。

六时为生炁，从日中到夜半为死炁，死炁之时，行炁无益也。”[①]道教练气从子时开始，原因正在此。白沙所言“芭蕉月上时”的时点不好确定，但“四更”为凌晨一时至三时，正在道教之谓“生炁”时段内。在静坐时间上，白沙遵循的是道教传统。

白沙《夜坐二首（一）》云：“半属虚空半属身，氤氲一气似初春。仙家亦有调元手，屈子宁非具眼人？莫遣尘埃封面目，试看金石贯精神。些儿欲问天根处，亥子中间得最真。”[②] 此诗描绘的是白沙的静坐体验，需要引起关注的是诗中的“天根”“亥子中间”等字眼。中国历史上有一个依据《复卦》的工夫论传统，该传统可追溯至唐代司马承祯，后经彭晓内丹学改造后，邵雍率先将之引入儒家。邵雍将“亥子中间”也称为“天根”或“一阳初动处”，认为这是先天之气（即“真息”“胎息”）最易兴起的时刻，此刻唤起先天之气即是工夫修炼[③]。陈郁夫教授也指出：“道家静坐较重气机，佛家依息入定仅为法门之一。白沙既云：‘亥子中间最得真。’分明是邵康节一系。”[④] 在儒家《复卦》工夫论史上，白沙上承邵雍，下启罗洪先、高攀龙等明儒[⑤]，居于承上启下的枢纽地位。

---

① ［晋］葛洪：《抱朴子》卷8《释滞》，上海：上海书店，1992年，第33页。

② ［明］陈献章著，孙通海点校：《陈献章集》卷5《夜坐（二首）》，第422页。

③ 杨儒宾：《一阳来复——〈易经·复卦〉与理学家对先天气的追求》，杨儒宾、祝平次编：《儒学的气论与工夫论》，前揭书，第78、82、108、109页。

④ 陈郁夫：《江门学记——陈白沙及湛甘泉研究》，台北：学生书局，1984年，第34页。

⑤ 罗洪先亦有《夜坐（十首）》诗，其一云“始信古人常待旦，不缘亥子有先天”，其八云“杀机自有生机在，此语伤奇切莫提”，钱德洪对念庵使用“亥子”“杀机”等术语很不满，念庵在为自己辩护时，即以白沙《夜坐》诗为据（参张卫红《罗念庵的生命历程与思想世界》，北京：三联书店，2009年，第492—493页）。高攀龙的复七静坐法虽重“七日来复”而不重“亥子中间”，要之，其复七静坐法也是在白沙以来的《复卦》工夫论传统的基础上建立起来的。

（五）静室

静坐要在僻静之处进行，此为儒释道三家之共识。白沙告知门人张诩曰："求静之意，反复图之，未见其可，若遂行之，衹益动耳，恶在其能静耶？必不得已，如来喻构所居旁小屋处之，庶几少静耳。"[①] 在他的建议与影响下，张诩"辟所居为小西湖，筑看竹亭，闭户天游，终日默然自得"[②]，贺钦亦"辟书斋于后圃静坐"[③]。听闻友人李德孚"假馆禅林静坐"，白沙以为"此回消息必定胜常"[④]。白沙最初在春阳台静坐，春阳台被改造为书屋后，遂移于碧玉楼居处。为躲避"日用应接"之烦，他曾写信给伍光宇要借寻乐斋"静居百日"[⑤]。白沙强调要在僻静处静坐，但并不主张离群索居，湛若水云："记吾初游江门时，在楚云台梦一老人曰：'尔在山中坐百日，便有意思。'后以问先师，先师曰：'恐生病。'乃知先师不欲人静坐也。"[⑥] 其实，白沙并非"不欲人静坐"，而是因"恐生病"而不主张"山中坐"，湛子之言实为师门辩护而发。

坐法本亦包含手姿及摆放、舌抵上腭等方面的规定，由于白沙没有涉及这些方面的信息，本文对此存而不论。

---

① ［明］陈献章著，孙通海点校：《陈献章集》卷2《与张廷实主事第六书》，第162页。

② ［明］黄佐：《东所文集序》，［明］张诩撰，黄凤娇、黎业明编校：《张诩集》，前揭书，第87页。

③ ［明］陈献章著，孙通海点校：《陈献章集》卷2《与董子仁书》，第229页。

④ ［明］陈献章著，孙通海点校：《陈献章集》卷3《与李德孚》第二书，第240页。

⑤ ［明］陈献章著，孙通海点校：《陈献章集》卷3《与伍光宇》第二书，第238页。

⑥ ［明］湛若水撰，钟彩钧主持整理标点：《泉翁大全集》卷68《新泉问辨录》，第643页。

三、白沙静坐的观法

静坐并非无所事事的枯坐，而是要在调身、调息的基础上进行一种特殊的观想活动，静坐类型不同，其观法亦异。据陈立胜教授的总结，儒家静坐有四种类型，这就是：（1）作为默识仁体、观未发气象、见性、养出端倪、悟道之静坐；（2）作为收敛身心之静坐；（3）作为观天地生物气象之静坐；（4）作为省过仪式之静坐①。白沙静坐主要涉及第一、第三种，以及未被涵盖在这一分类中的愈疾养生静坐，下面我们将依次考察其观法。

（一）悟道静坐之观法

1. 心体呈露之观法

悟道静坐是白沙最先采用的静坐类型，他在《复赵提学佥宪》第一书与《与林缉熙》第十五书中对其均有交代，而尤以后者为详。

> 前日曾告秉之等只宜静坐。子冀云："书籍多了，担子重了，恐放不下。"只放不下便信不及也。此心元初本无一物，何处交涉得一个放不下来？……
>
> 夫养善端于静坐，而求义理于书册，则书册有时而可废，善端不可不涵养也，其理一耳。斯理也，识时者信之，不识时者弗信也。为己者用之，非为己者弗用也。诗、文章、末习、著述等路头，一齐塞断，一齐扫去，勿令半点芥

---

① 陈立胜：《静坐在儒家修身学中的意义》，《广西大学学报》（哲学社会科学版）2014年第4期。

蒂于我胸中，夫然后善端可养，静可能也。终始一意，不厌不倦，优游厌饫，勿助勿忘，气象将日进，造诣将日深。所谓“至近而神”，“百姓日用而不知”者，始自此进出体面来也。到此境界，愈闻则愈大，愈定则愈明，愈逸则愈得，愈易则愈长。存存默默，不离顷刻，亦不着一物，亦不舍一物，无有内外，无有大小，无有隐显，无有精粗，一以贯之矣。此之谓自得。[①]

据此，白沙的观想对象为“此心”或“善端”，对它的体见，需要将“诗、文章、末习、著述等路头，一齐塞断，一齐扫去，勿令半点芥蒂于我胸中”，郑宗义教授指出，此为道家坐忘之法[②]。“坐忘”说出自庄子，作为一种可操作的修行方法见于司马承祯《坐忘论》，其《坐忘枢冀》篇云：“夫欲修道成真，先去邪僻之行，外事都绝，无以干心，然后端坐内观正觉，觉一念起，即须除灭，随起随制，务令安静。”[③]“一齐塞断，一齐扫去”与“觉一念起，即须除灭”委实相当一致，但与佛教“止息妄念”[④]的方法也非常相似。“坐忘”在白沙诗文中出现过 5 次，在使白沙一举成名的《和杨龟山此日不再得韵》中即有“隐几一室内，兀兀同坐忘”之句[⑤]，《八月二十四日飓作，多溺死者》诗云：“坐忘一室内，天地极劳攘。颠浪雷殷江，流云墨推障。高田水

① ［明］陈献章著、孙通海点校：《陈献章集》附录四《与林缉熙》第十五书，第 974—975 页。

② 郑宗义：《明儒陈白沙学思探微——兼释心学言觉悟与自然之义》，第 349 页。

③ 转引自萧登福：《试论导引与存思并重的道教静坐法门》，杨儒宾、马渊昌也、艾皓德编：《东亚的静坐传统》，前揭书，第 349 页。

④ 高登海：《佛家静坐方法论》，台北：台湾商务印书馆股份有限公司，2006 年，第 10 页。

⑤ ［明］陈献章著，孙通海点校：《陈献章集》卷 4《和杨龟山此日不再得韵》，第 279 页。

灭顶，别坞风翻舫。大块本无心，纵横小儿状。江门三两诗，饶舌天机上。"[①]"大块本无心"是典型的庄子式的自然主义观念。此外，《读近思录四首（二）》云"白首斋心颜子坐"[②]，"斋心"也即"心斋"，语出《庄子·人间世》；"颜子坐"即"颜回坐忘"，典出《庄子·大宗师》，二者俱为庄子的标志性思想。如再联系到白沙对门人李承箕"在身忘身，在事忘事，在家忘家，在天下忘天下"[③] 的教导，我们可以说，白沙悟道静坐的观想方法确为坐忘，二程曾批评该方法为"坐驰"[④]，由此可见白沙与二程静坐观法之异。

在白沙这里，通过坐忘也即对经验意识内容的剥落而使心体呈露，伴随而来的是一种"亦不着一物，亦不舍一物，无有内外，无有大小，无有隐显，无有精粗"的"自得"境界，陈来教授称之为"外向的神秘体验（extrovertive）"[⑤]，陈立胜教授则称为"高峰体验（peakexperience）"[⑥]。若以哲学为辨名析理的理性主义事业，自然会视"自得"为神秘体验；若以哲学的职责在于"心灵治疗"，则会对此种体验予以较积极的认可和评价。

2. 先天之气之观法

据上文，白沙悟道静坐的观想对象是"此心"，方法为坐忘，结果为与万物浑然一体的自得境界。白沙《夜坐》诗所言静坐亦

---

① ［明］陈献章著，孙通海点校：《陈献章集》附录一《八月二十四日飓作，多溺死者》，第 766 页。

② ［明］陈献章著，孙通海点校：《陈献章集》卷 6《读近思录（四首）》，第 665 页。

③ ［明］陈献章著，孙通海点校：《陈献章集》卷 1《送李世卿还嘉鱼序》，第 15 页。

④ ［宋］程颢、程颐著，王孝鱼点校：《河南程氏遗书》卷第 2 上《元丰己未吕与叔东见二先生语》，《二程集》，第 46 页。

⑤ 陈来：《心学传统中的神秘主义问题》，氏著《宋明儒学论》，上海：复旦大学出版社，2010 年，第 102—103 页。

⑥ 陈立胜：《静坐在儒家修身学中的意义》，第 11 页。

属悟道型，但情况要复杂一些，该诗一方面讲“些儿欲问天根处，亥子中间得最真”，提示人们其观想对象为“先天之气”；另一方面又讲“吾儒自有中和在，谁会求之未发前”，似又以“未发之中”为对象。事实上，“先天之气”与“未发之中”并非两个对象，而是同一对象的不同称谓，这是白沙将邵雍《复卦》工夫论系统与二程“观喜怒哀乐未发”工夫系统加以融贯的结果。

晚唐以降的内丹学视体察宇宙间的运化之理为修道的重要条件，其内修思想已普遍采取了与宇宙造化同其流行的观念①。受此影响的邵雍相信在人的性命根源处蕴含了宇宙开闭之机，在他看来，“亥子中间”兴起的“先天之气”即“心气交接处”“人的性命根源处”，人们在此可体验宇宙性生机②。白沙承此工夫路径，并将之与二程的“观喜怒哀乐未发”路径相结合，认为“先天之气”即“未发之中”。在理学话语中，“未发之中”指本体或关于本体的超越体证，在白沙这里则指“心体”。由此可见，作为观想对象的“先天之气”，在白沙这里具有身体、心体与宇宙三个向度，与《与林缉熙》第十五书相比，《夜坐》诗中的观想对象更为丰满充实。

如何观“先天之气”或“未发之中”？从“未发之中”的角度来看，主要有两种观法，即“以心观心”与“无观之观”（也即一种全身参与其中的“观”），前者是程朱一派的观法，后者是道南一系的观法③。白沙与道南一系极为密切，而与程朱颇为隔阂，其“未发之中”之观法属于“无观之观”一系。此外，从“先天之气”的角度看，对“先天之气”的观，不但意味着对

① 李长远：《北宋理学“性与天道”思想的远远初探》，台北：文史哲出版社，2012年，第223—224页。

② 杨儒宾：《观“喜怒哀乐未发前气象”》，《中国文哲研究通讯》第15卷第3期。

③ 杨儒宾：《观“喜怒哀乐未发前气象”》，《中国文哲研究通讯》第15卷第3期。

"先天之气"之运行的观看，也意味着对"先天之气"的唤起与静养。由于"先天之气"具有身体、心体与宇宙三个向度，因此，"先天之气"之观含有养生修炼、心体之观、宇宙生机之观三件物事，在这样的"观"中，三者界限泯灭，浑然同流于宇宙大化。

《与林缉熙》第十五书与《夜坐》诗展示的悟道静坐，不但在观想对象、方法上有所不同，在观想结果上也有差异，依前者描述，其结果是一种"无有内外，无有大小，无有隐显，无有精粗"的无差别的境界（也即"心体"呈露），但因其对"无"的强调而与佛家空寂颇近似。后者包含对宇宙生机的肯定，这既使它免于空寂而与佛教工夫境界区别开来，也为儒家伦理价值的安顿提供了根据。白沙认为"吾儒"与禅家"似同而异，毫厘间便分霄壤"[①]，所谓"毫厘间"当即包含此等之处。《复赵提学佥宪》第一书、《与林缉熙》第十五书呈现的是白沙早期的悟道静坐，《夜坐》诗展示的乃其后期悟道静坐；前者突出心体向度，后者则兼具身体、心体与宇宙三个向度，较前者更为精微全面。

（二）观天地生物气象静坐之观法

儒家"观天地生物气象"的工夫传统始自周敦颐，二程从学濂溪时，濂溪即令其观天地生物气象。明道要学者观三种气象，其一即为"天地生物气象"，他本人对此深造有得，有"万物静观皆自得，四时佳兴与人同"[②] 的名句。宋儒观天地生物气象，

① ［明］陈献章著，孙通海点校：《陈献章集》卷3《与林时矩第三书》，第243页。

② ［宋］程颢、程颐著，王孝鱼点校：《河南程氏文集》卷第3，《二程集》，第482页。

重在观天地生意，强调“静后，见万物自然皆有春意”[1]，此种静观不一定要以坐的形式来实现。白沙云：“生意日无涯，乾坤自不知。……静坐观群妙，聊行觅小诗。”[2] 其“观天地生物气象”亦以乾坤生意为对象与目标，《丁县尹惠米，时朝觐初归》诗云“病叟山中观物坐”[3]，白沙也以“观物坐”称谓此类静坐，首次将“静坐”与“观物”关联在了一起，因此，典型的观天地生物气象静坐在白沙这里得以成型。湛若水对白沙悟道静坐颇有微词，但对“观物坐”却很乐于承受，有“登高舒远眸，习静观众妙”之句[4]。

观天地生物气象静坐的观想对象为天地生意，从对象性质上言，是为“观物”；从观的方向上言，是为“外观”，与悟道型静坐的“内观”有别。对此类静坐，白沙强调要使用“观物眼”或“道眼”去观看，如“到处能开观物眼”“道眼大小同，乾坤一螺寄。东山月出时，我在观溟处”[5]，“观物眼”即“以物观物”之眼，“道眼”即“以道观之”之眼，皆为《庄子·齐物论》所言去除成心成见后的观看眼光，以此观物，则万物齐一，无内外大小精粗之分，即《与林缉熙第十五书》描述之境界。“观溟”之“溟”当为郭象“独化于玄冥”之“玄冥”，为万物化生之处。如此来看，“观溟”即观万物化生。白沙《观物》诗云：“一痕春水

① ［宋］程颢、程颐著，王孝鱼点校：《河南程氏遗书》卷第6，《二程集》，第84页。

② ［明］陈献章著，孙通海点校：《陈献章集》卷4《四月（二首）》，第339页。

③ ［明］陈献章著，孙通海点校：《陈献章集》卷5《丁县尹惠米，时朝觐初归》，第421页。

④ ［明］湛若水撰，钟彩钧主持整理标点：《泉翁大全集》卷40《海印寺镜光阁登高二首九月八日》，第370页。

⑤ ［明］陈献章著，孙通海点校：《陈献章集》卷5《次韵顾通守》，《浮螺得月》，第468、522页。

一条烟，化化生生各自然。七尺形躯非我有，两间寒暑任推迁。”[①] 在“观物眼”或“道眼”的眼中，“我”与自然化生一体同流而毫无间隔阻滞。

（三）愈疾养生静坐之观法

成化七年（1471）春，风水师李立武（江西永丰人）过访白沙，并给白沙带来了胡荣所赠《相山骨髓》等书[②]。其后胡荣又亲至新会，白沙得以向其请教“以心驭气之术”。可见，“术”是二人交往中的一个重要话题和内容。“以心驭气之术”当是一种源自道教的养生术，白沙“鸡犬几时同驭气”[③] 的诗句也提示了它与道教的关联。白沙对这门古老养生术的操作方法未作说明，由历史上的相关论述我们可窥其一斑。陶弘景引彭祖曰：“常闭气纳息，从平旦至日中，乃跪坐拭目，摩搦身体，舐唇咽唾，服气数十，乃起行言笑。……凡行气欲除百病，随所在作念之。头痛念头，足痛念足，和气往攻之，从时至时，便自消矣。”[④] 可知，该术的操作要领在于：吸气闭气，然后用意念将气导引到病患处以攻治之。这是一种通过意念（“心”）对气的控制（“驭”）来达到治病效果的治疗术。后来罗洪先、高攀龙等人也曾因身体虚弱或病痛而从事过此类静坐[⑤]，其法当亦以气冲病患处的导

---

① ［明］陈献章著，孙通海点校：《陈献章集》卷 6《观物》，第 683 页。

② 参见［明］陈献章著，孙通海点校：《陈献章集》卷 2《与胡佥宪提学》第二书，第 152 页。

③ ［明］陈献章著，孙通海点校：《陈献章集》卷 5《偶忆梦中长髯道士用一囊贮罗浮山遗予，戏作示范规三首》，第 422 页。

④ 转引自：萧登福：《试论导引与存思并重的道教静坐法门》，杨儒宾、马渊昌也、艾皓德编，《东亚的静坐传统》，前揭书，第 341—342 页。

⑤ 张卫红指出，静坐于念庵之必要，体弱多病乃原因之一（张卫红：《罗念庵的生命历程与思想世界》，前揭书，第 423 页），高攀龙也有过以静坐治疗腹痛、牙痛的经历（参见［明］高攀龙撰，［明］陈龙正辑：《高子遗书》第 2 册卷 5《高桥别语》，据中国国家图书馆藏崇祯五年钱士升、陈龙正等刻本影印，第 26—27 页）。

引法。

在白沙静坐体系中，悟道静坐属于“内观”，重在使心体呈露；观天地生物气象静坐属于“外观”，重在感受天地生意，体验宇宙化生，对前者具有补充、限定作用。从心理转换技巧上讲，二者都具有突破“我执”或自我中心主义的功能。愈疾养生静坐亦属“内观”，重在保身养真。“儒释不同之处在观而不在静定”[①]，从“坐法”上我们或难以对白沙静坐与佛教静坐加以区分，但在“观法”上二者实判然有别，时人之讥白沙为禅，或即因其着眼于“坐法”。上述三种静坐功能各异，但并非彼此独立不通，如《夜坐》诗中的静坐就兼具养生、体验宇宙化生与观天地气象三种功能。在具体实践中，白沙因需求不同而对三者有不同侧重，三者俱存却是不争的事实，由此而形成的静坐结构极具白沙特色，朱子有后两种静坐而无悟道静坐，道南一系则缺乏《夜坐》诗中的静坐类型。罗洪先、高攀龙等人的静坐体系在结构上与白沙比较相似，由此可见白沙静坐结构对后学的影响。

四、白沙静坐的历史地位、影响与意义

（一）白沙与宋儒静坐谱系

周敦颐提出了“圣人可学而至”的目标，并指示出了门径，前者是引发儒家静坐工夫最重要的精神力量，后者对“静”的强调成为儒家静坐的思想源头，在儒家静坐史上濂溪有开山之功[②]。

① 陈郁夫：《江门学记——陈白沙及湛甘泉研究》，前揭书，第 14 页。

② 可参张亨《“定性书”在中国思想史上的意义》一文（载氏著《思文之际论集》，台北：允晨文化，1997 年，第 407—468 页）。

濂溪虽有向禅师学习静坐且静坐“有得”的经历①，但并未以此教人。二程以静坐接人，但他们对静坐的看法却颇为不同。在明道看来，静坐是体认本体的日常工夫的一个下手处。对伊川来说，静坐只是一种收摄身心、收敛精神的工具性手段。前者与本体相关联，后者只与经验意识层面相关②。明道的看法为龟山以下的道南一系所承继，伊川见解则为朱子所发扬，“主静”“主敬”并存的儒家工夫论格局由此而形成。道南一系静坐虽承自明道，但犹有分别，“对于明道来说，静坐固然可以体认本体，然而并不是舍此莫属，静中可以体认不动的本心，动中同样也可以体认这一本体。龟山一系专由‘静’中去体认，而同时又有上蔡所传的侧重在‘动’中察识。”③ 从直接体认本体的工夫路数，以及“专由‘静’中去体认”来看，白沙静坐明显属于道南一系④，而与程朱一系不类。白沙云：

> 伊川先生每见人静坐，便叹其善学。此一静字，自濂溪先生主静发源，后来程门诸公递相传授，至于豫章、延平二先生，尤专提此教人，学者亦以此得力。晦庵恐人差入禅去，故少说静，只说敬，如伊川晚年之训。此是防微虑远之道，然在学者须自量度何如，若不至为禅所诱，仍多静方有

---

① ［清］黄宗羲：《濂溪学案下》，吴光主编：《黄宗羲全集》第 3 册，第 637—638 页。

② 参见郭晓东《识仁与定性——工夫论视域下的程明道哲学研究》（上海：复旦大学出版社，2006 年，第 162—163 页）及张卫红《罗念庵的生命历程与思想世界》（前揭书，第 407—408 页）。

③ 郭晓东：《识仁与定性——工夫论视域下的程明道哲学研究》，前揭书，第 164 页。

④ 参见郭晓东《识仁与定性——工夫论视域下的程明道哲学研究》（前揭书，第 16 页）、张卫红《罗念庵的生命历程与思想世界》（前揭书，第 407）及杨儒宾《主敬与主静》（杨儒宾、马渊昌也、艾皓德编：《东亚的静坐传统》，前揭书，第 155 页）。

入处。若平生忙者，此尤为对症也。[①]

这段文字有为静坐正名的意图，提及豫章、延平时，白沙表现出了较强的亲近感。这段文字虽非专为追溯儒家静坐工夫史而作，但也不乏这方面的意蕴，白沙在此提到了濂溪、程门诸公、豫章、延平、朱子，而未及邵雍。据前文，邵雍的天根学及其《复卦》工夫论述，对白沙实有深刻影响。白沙将明道——道南一系静坐与邵雍一系静坐结合起来的做法，在儒家静坐史上具有革命性的影响。

（二）白沙静坐的历史影响

1、白沙静坐对江门学派的影响

牟宗三先生称静坐为“超越的逆觉体证”，“超越”在此指与现实生活相隔离[②]，这确实抓住了静坐的特征——静坐实践以对日常生活事务的中断或抽离为前提。白沙的静坐教法对学派风格产生了重要影响。在白沙 184 个门人中事迹可考者 135 人，拥有生员及以上功名者 89 人，其中，生员弃举子业、中举后不仕、为官不久即挂冠而去者计有 14 人，如果算上官满一届即辞职者，人数当更多，白沙门下颇有一种淡泊名利乃至拒仕的风气[③]，黄宗羲也说“出其门者，多清苦自立，不以富贵为意，其高风之所激，远矣”[④]，此种风气之形成与白沙静坐教法密切相关，对静坐实践来说，仕宦、事功委实是一种妨碍。但静坐教法并不必然会

① ［明］陈献章著，孙通海点校：《陈献章集》卷 2《与罗一峰第二书》，第 157 页。

② 牟宗三：《心体与性体》第 2 册，台北：正中书局，1996 年，第 476—477 页。

③ 王光松：《白沙门人与白沙心学传播》，《现代哲学》2015 年第 6 期。

④ ［清］黄宗羲撰，沈芝盈点校：《明儒学案》（修订本）卷 5《白沙学案上》，前揭书，第 79 页。

导致拒仕，如程颢亦以静坐接人，但其门下即无此种风气，这是因为，明道以静坐为方便法门，而非舍此莫属的唯一方法。此外，明道具有较强的担当感，认为“圣贤事业本经纶，肯为巢、由继后尘?”[①] 与明道不同，白沙既以静坐为根本方法，又鄙薄事功[②]，以至有隐逸倾向——“自昔愿从巢许后，而今岂异帝尧时?”[③] 可见，只有当静坐被视为根本为学方法且与隐逸倾向相关联时，静坐教法才会导致拒仕或“以隐为高”的风气。

白沙以静坐为教法带来的另一影响，是促进了静坐的传播与流行。白沙门下拥有官职者有 60 人，足迹遍及两京及河南、山西、陕西之外的 10 省[④]。其衣钵传人湛若水创办有 33 所书院，弟子 3900 多人[⑤]，湛子在其书院教学中将静坐设为“日课”[⑥]；正是通过白沙及其门人弟子的静坐实践与静坐教法，静坐工夫在明代中后期得以广泛传播开来。

2、白沙静坐对阳明学派的影响

阳明与静坐亦结缘甚深，他不但早年有与道士“对坐忘归”及“行导引之术”的经历[⑦]，贬官龙场后（1508）又以静坐悟道，正德八年（1513）滁州督马政后且以静坐教人，阳明后来发觉静

---

① ［宋］程颢、程颐著，王孝鱼点校：《河南程氏文集》卷 3，《二程集》，第 481 页。

② 参见［明］陈献章著，孙通海点校：《陈献章集》卷 4《月坐》，第 354 页。

③ ［明］陈献章著，孙通海点校：《陈献章集》卷 5《留别诸友，时赴召命四首》，第 498 页。

④ 王光松：《白沙门人与白沙心学传播》，第 107 页。

⑤ ［清］屈大均：《广东新语》，前揭书，第 295 页。

⑥ ［明］湛甘泉：《湛甘泉先生文集》卷 6《大科书堂训》，四库全书存目丛书编纂出版工作委员会，《四库全书存目丛书》集部・别集类，第 56 册。济南：齐鲁书社，1997 年，第 554 页。

⑦ 参见［明］王守仁著，吴光、钱明、董平、姚延福编校：《王阳明全集》卷 33《年谱一》，上海：上海世纪出版股份有限公司、上海古籍出版社，2014 年，第 1347、1351 页。

坐教法有使人“喜静厌动、流入枯槁之病，或务为玄解妙觉，动人听闻”的流弊，遂以“致良知”取代之[①]。阳明生前对静坐弊端提出过警告，并做了纠偏预防的工作，但这并没有消解静坐的魅力并阻止其流行。阳明弟子皆习静坐，且多有受白沙影响者，其中尤以江右门人为著，如聂豹对白沙静坐就极为推崇与欣赏，认为“白沙先生《答赵提学书》中一段，已先得我心之同然”[②]；狱中静坐悟道后，双江“与来学立静坐法”[③]，亦以静坐接人。罗洪先对白沙也十分渴慕，曰：“虽未尝及门，然每思江门之滨，白沙之城，不觉梦寐之南也。”[④] 又曰：“白沙先生所谓‘致虚立本’之说，真若再生我者，方从静嘿，愿与之游衍。”[⑤] 白沙生前与江右士人交往极为密切，双江、念庵之服膺白沙并修习静坐，当即与白沙对江右的影响有关。江右王门在阳明学中有着特殊而重要的地位[⑥]，双江、念庵作为主将对静坐的坚持表明，他们即便在皈依阳明之后依然深受白沙静坐说的影响。王畿是阳明生前指定的学派领袖之一，为维护师门“致良知”的正统教法，与双江、念庵曾多次辩难，《留别霓川漫语》即以此为背景。

白沙是从百原山中传流，亦是孔门别派。得其环中，以

---

① ［明］王守仁著，吴光、钱明、董平、姚延福编校：《王阳明全集》卷3《传习录》下，第119页。

② ［明］聂豹：《双江聂先生文集》卷4《答陈履旋结舍》，四库全书存目丛书编委会，《四库全书存目丛书》集部第72册，明嘉靖四十三年吴凤瑞刻隆庆六年本，济南：齐鲁书社，1997年，第308页。

③ ［清］黄宗羲著，沈芝盈点校：《明儒学案》（修订本）卷17《江右王门学案二》，前揭书，第370页。

④ ［明］罗洪先撰，徐儒宗编校整理：《罗洪先集》卷23《告衡山白沙先生祠文》，前揭书，第237页。

⑤ ［明］罗洪先撰，徐儒宗编校整理：《罗洪先集》卷6《答湛甘泉公》，前揭书，第911—912页。

⑥ 黄宗羲谓：“姚江之学，惟江右为得其传，东廓、念菴、两峰、双江其选也。……盖阳明一生精神，俱在江右。”（［清］黄宗羲撰，沈芝盈点校：《明儒学案》（修订本），前揭书，第231页）

应无穷，乃景像也。盖缘世人精神泼撒，向外驰求，欲反其性情而无从入，只得假静中一段行持，窥见本来面目，以为安身立命根基，所谓权法也。……师门尝有入悟三种教法：从知解而得者，谓之解悟，未离言诠；从静坐而得者，谓之证悟，犹有待于境；从人事练习而得者，忘言忘境，触处逢源，愈摇荡愈凝寂，始为彻悟。此正眼法藏也。[①]

龙溪以静坐为“权法”、以“从人事练习”为“究竟法”的见解，亦见其《悟说》《三山丽泽录》等文，确与阳明晚年教导一致。作为一个主张直接体认本体而又熟谙静坐技术的儒者，龙溪没有完全抹杀静坐的价值，而只是强调静坐非究竟法。其“师门三种入悟教法”“静坐权法”以及“白沙是孔门别派”诸说，皆以白沙静坐对师门的渗透为背景。阳明学派是白沙身后活动力最强、影响力最大的学派，其成员对白沙静坐或追随或批评，从不同方面显示了白沙静坐对该学派的影响[②]，并透过该学派成员进一步扩散开来。

（三）白沙静坐的历史意义

清儒欧阳永裿云：“有明一代大儒林立，而能直揭本体，不为功夫节目所拘，则自先生（即白沙——笔者注）始。”[③] 静坐即白沙“直揭本体”的工夫，白沙亦以此开有明一代之学风。此外，白沙舍“繁”就“简”的为学经历，在明代儒学史上并非孤立个案，王阳明、高攀龙等也都有过相似的经历，由此而言，白

① ［明］王畿著，吴震编校整理：《王畿集》卷16《留别霓川漫语》，前揭书，第466页。

② 可参潘振泰：《刘宗周（1578—1645）对于“主静”与“静坐”的反省——一个思想史的探讨》，《新史学》2007年第1期，第45—46页。

③ ［明］陈献章著，孙通海点校：《陈献章集》附录三《序》，第911页。

沙不止为后人开辟了一条直截简易的成圣路径，其求道经历本身就具有范型意义。

马渊昌也注意到，宋儒静坐比较粗疏，但到了明代后半期，儒家静坐却出现了“规范化”“手册化”的倾向[①]。笔者认为，在儒家静坐从“粗疏”到“规范化”的转变过程中，白沙是关键。学者讨论明后半期的“规范化”静坐时，常以罗洪先、高攀龙、刘宗周、颜钧等人为代表，这些静坐范例享有“趺坐”“焚香”等共通性元素，如罗洪先“每夜焚香必正襟”“面壁跏趺比塑泥”[②]，高攀龙“炷香趺坐”[③]，刘宗周“一炷香，一盂水，置之净几，布一蒲团座子于下，方会平旦以后，一躬就坐，交趺齐手，屏息正容”[④]，颜钧“趺咖两足，不纵伸缩”[⑤]。“趺坐”关乎坐姿的规范化，“焚香”涉及静坐的仪式化。如前文所述，儒家常规静坐的趺坐坐姿始于白沙。白沙静坐中有无“焚香”环节？白沙未有明文交代，据其“黑头了却人间事，更约焚香共小斋”[⑥]的诗句，似有此环节，门人伍光宇“焚香正襟，趺坐竟日”，则是明确将“趺坐”与“焚香”结合起来了。可见，明儒静坐实践的规范化、仪式化实由白沙启之，在宋儒粗疏化静坐向明儒规范化、仪式化静坐演化的过程中，白沙是重要的转折点。

---

① （日本）马渊昌也著，史甄陶译：《宋明时期儒学对静坐的看法以及三教合一思想的兴起》，杨儒宾、马渊昌也、艾皓德编：《东亚的静坐传统》，前揭书，第91页。

② ［明］罗洪先撰，徐儒宗编校整理：《罗洪先集》卷31《夜坐（十首）》，第1317页、第1318页。

③ ［明］高攀龙撰，［明］陈龙正辑：《高子遗书》卷3《复七规》，第1册，第18页。

④ ［明］刘宗周：《讼过法》，吴光主编：《刘宗周全集》第2册，杭州：浙江古籍出版社，2007年，第15页。

⑤ ［明］颜钧撰，黄宣民点校：《颜钧集》，北京：中国社会科学出版社，1996年，第38页。

⑥ ［明］陈献章著，孙通海点校：《陈献章集》卷6《次姜仁夫留别（九首）》，前揭书，第673页。

（四）儒家静坐的现代意义

“中国哲学史的编写，源于以近代西方哲学为哲学典范来理解哲学史的结果”[①]，近代西方哲学以知识论为重心，中国哲学史研究无形中便接受了知识论的眼光，该眼光与宋明儒学中的本体论颇为契合，而与工夫论却扞格不通。在宋明儒学那里，本体论服务于工夫论，工夫论服务于德性完善与心灵安顿这一终极目的。静坐工夫同知识论型的哲学颇不类，而与培里·哈度（Pierre Hadolt）之谓“作为生活方式的哲学”非常契合。“作为生活方式的哲学”也称为“灵修”或“精神修炼”（spiritual exercises），其目标是使个人通过变化气质而彻底转化存在方式，它带来的是“心灵的安宁”（peace of mind）、“内在的自由”（inner freedom）以及一种整全的“宇宙意识”（cosmic consciousness），由此而言，此种精神修炼也是一种治疗[②]。“作为生活方式的哲学”具有精神修炼和欲望治疗的功能，这与儒学特别是宋明儒学非常吻合，如白沙云：“学止于夸多斗靡，而不知其性为何物，变化气质为何事，人欲日肆，天理日消，其不陷于禽兽者几希矣。”[③] 又曰：“习气移性情，正坐闻道晚”[④]“世缘可徇聊同俗，习气难除每丧真”[⑤]。在白沙看来，为学闻道就是要破除习气、变

① 陈少明：《经典世界中的人、事、物——对中国哲学书写方式的一种思考》，氏著：《做中国哲学——一些方法论的思考》，北京：三联书店，2015 年，第 139 页。

② 关于哈度（也被译作“阿道”）“作为生活方式的哲学”的观念，可参陈少明《经典世界中的人、事、物——对中国哲学书写方式的一种思考》（氏著：《做中国哲学——一些方法论的思考》，前揭书，第 140—141 页）及彭国翔《儒家的身心修炼及其治疗意义——以古希腊罗马哲学传统为参照》（杨儒宾、祝平次编：《儒学的气论与工夫论》，前揭书，第 7 页）。

③ ［明］陈献章著，孙通海点校：《陈献章集》卷 1《书韩庄二节妇事》，第 77 页。

④ ［明］陈献章著，孙通海点校：《陈献章集》卷 4《示李孔修近诗》，第 303 页。

⑤ ［明］陈献章著，孙通海点校：《陈献章集》卷 5《悼林琰（二首）》，第 431 页。

化气质，静坐即其最重要之途径。白沙静坐因其对日常生活事务的隔离而常为人诟病，但在“作为生活方式的哲学”的视野上，此种“隔离”却是正面而必要的，“对大多数的古希腊罗马的哲学家们来说，精神修炼也就是学习如何获得一种‘隔离’（detachment）的智慧。……阿道（即哈度——笔者注）指出，古希腊罗马精神修炼的基调之一就是要从日常生活中脱离出去。”① 对忙碌不堪的现代人来说，此种“隔离”显得尤为必要和有意义。海德格尔指出，“常人”的“闲言”“好奇”“两可”的在世方式，乃是一种“沉沦”的存在方式，而“沉沦”即“丧真”②。可见，寻回本真需要对常人状态或“沉沦”的存在方式加以中断和脱离，静坐在此方面是一种行之有效的方法。

儒学复兴在今日是一个很热门的话题，这涉及何种儒学、如何复兴的问题。传统儒学依其存在领域可分为民间儒学、政治儒学、心性儒学诸种，民间儒学需要借助一套教化体系方能发挥其作用，政治儒学需要建制化通道才能真正进入政治生活领域，在上述教化体系、建制化通道已被摧毁了的今天，心性儒学的复兴显得尤为切实。心性儒学的实质是成德，对德性的成就或提升来说，仅有道德决心、信念和知识是不够的，它还需要有具体工夫的支撑，包括白沙静坐在内的儒家工夫论在此具有重要的伦理资源意义，由此而言，回归、发掘儒家静坐传统乃儒学复兴的题中应有之义。

（本文原载于《中山大学学报》（社会科学版）2016 年 4 期）

① 彭国翔：《儒家的身心修炼及其治疗意义——以古希腊罗马哲学传统为参照》，杨儒宾、祝平次编：《儒学的气论与工夫论》，前揭书，第 25 页。

② ［德］海德格尔著，陈嘉映、王庆节合译，熊伟校，陈嘉映修订：《存在与时间》（修订译本），北京：三联书店，2000 年，第 203—204 页。

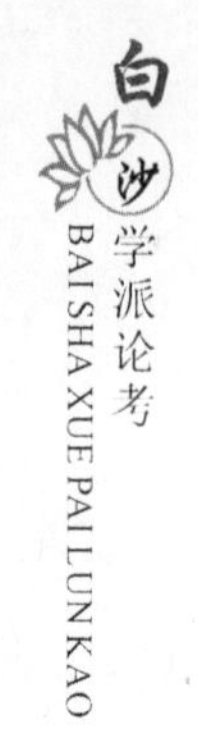

从静坐涵养到随处体认

——试论湛甘泉的静坐观演变

静坐是宋明儒者常用的一种工夫手段，明儒陈白沙（陈献章，1428—1500，字公甫，号石斋，广东新会人，学者称为白沙先生）对之尤为推崇，视为体道不二法门与根本教法，但他的这一静坐看法并未为其传人湛甘泉（1466—1560，字元明，初名露，字民泽，避祖讳改名为雨，后又改名若水，广东增城人，学者称为甘泉先生）所继承，不但如此，甘泉对师门静坐教法还曾加以激烈批评（“以静为言者皆禅”），该批评非常扎眼，后世学者也往往据此认为甘泉背离了师教。问题的复杂之处在于，甘泉的静坐观一生多变，“以静为言者皆禅”论反映的只是他西樵隐居（1517—1521）这一特殊时期[①]的静坐观，仅凭此而评判他与白沙的师承关系，难免会陷入简单、武断。这就意味着，解决甘泉与白沙的师承关系这一学术史公案，需要全面考察甘泉一生的静坐观演变。甘泉工夫论思想近年逐渐引起了人们的关注，成果

---

① 钟彩钧指出：“五十至五十七岁，西樵退隐时期；这几年是甘泉潜心教学著述，建立思想体系的时期。”（钟彩钧：《湛甘泉哲学思想研究》，《中国文哲研究集刊》2001年第19期，第369—370页）

迭出[①]，但经由静坐视角切入甘泉工夫论者却付之阙如。静坐是甘泉一生不曾间断并持续受用的修养方式[②]，也是其工夫体系的重要组成部分，深入探究甘泉工夫论思想，也需要考察甘泉的静坐观及其演变。本文依据甘泉不同时期在静坐上的不同言行表现，将其静坐观演变划分为如下四个时期。

一、恪守师训时期（1494—1512）

甘泉二十八岁（弘治六年，1493）参加会试落第，次年（1494）二月前往白沙。关于从学白沙后的初学情形，甘泉自述云："甘泉子三十游江门，传习之余，端默无作。"[③] 门人蒋信亦云："先生廿七登第，即焚会试之牒，造白沙之门，决意荣达，从事静坐。"[④] 白沙尝曰："有学于仆者，辄教之静坐。"[⑤] 对甘泉这一晚年弟子，白沙照例以静坐法教之。白沙静坐有愈疾养生静坐、观天地生物气象静坐与悟道静坐三种类型，其中，悟道静坐

---

① 近年该方面的学位论文主要有吴爱邦的《随处体认天理——湛若水道德修养理论研究》（华南师范大学硕士论文，2005 年）、童中平的《随处体认天理》（华东师范大学博士论文，2007 年）、张晓剑的（《湛若水的"体用浑一"之学与践履》，浙江大学博士论文，2008 年）、黄泊凯的《湛若水工夫论之研究》（台湾大学博士论文，2012 年）、黄膺皓的《理之全体——湛甘泉"随处体认天理"工夫论重探》（台湾大学硕士论文，2014 年）、郭海鹰的《湛甘泉工夫论研究》（中山大学博士论文，2016 年）。

② 王文娟：《湛若水哲学思想研究》，成都：巴蜀书社，2012 年，第 36 页。

③ ［明］湛若水撰，钟彩钧主持整理标点：《甘泉先生续编大全集》卷 1《精选古体诗自序》，第 880 页。

④ ［明］蒋信撰：《蒋道林先生文粹》卷 1《甘泉先生心性书序》，四库全书存目丛书编委会，《四库全书存目丛书》集部第 96 册，据北京大学图书馆藏明万历四年姚世英刻本影印，济南：齐鲁书社，1997 年，第 213 页。

⑤ ［明］陈献章著，孙通海点校：《陈献章集》卷 2《复赵提学佥宪》第一书，前揭书，第 145 页。

又有心体呈露静坐与天地万物一体静坐两种①，白沙用作教法的主要是心体呈露/涵养静坐。

从学白沙后的第四年，也即弘治丁巳（1497），“（甘泉）独居一室，游心千古，默约圣贤用功总括，因悟随处体认天理六字符诀。”② “随处体认天理”之悟因发生于弘治丁巳而被称为丁巳之悟。甘泉当时虽有此悟，但此悟成为“符诀”也即思想宗旨乃甘泉晚年之事，且与对抗阳明有关③。在丁巳之悟后的十余年中，“甘泉虽志于圣门，习静带来的少许所得却以一种惯性的方式继续发生影响”④，甘泉正德七年（1512）出使安南途中“揽衣坐漻泬”⑤ 的夜坐，当即此惯性影响的体现，这显示了他“以心地工夫为主”⑥ 的为学取向。

正德十年（1515），甘泉扶柩南归，在是年所作《答徐曰仁工曹》中，甘泉指出当时学者之病“全在三截两截，不成片段，静坐时自静坐，读书时又自读书，酬应时又自酬应，如人身血气不通”，认为原因在于学者“敬上理会未透，故未有得力处，又或以内外为二而离之”⑦。在此后五年也即樵隐期间所作《答阳明书》（1520）中，甘泉对此进一步发挥到：“夫所谓支离者，二之

---

① 王光松：《陈白沙的“坐法”、“观法”与儒家静坐传统》，《中山大学学报》（社会科学版）2016 年第 4 期。

② ［明］洪垣：《湛甘泉先生墓志铭》，［明］湛若水撰：《湛甘泉先生文集》卷 32，前揭书，第 246 页。

③ 参见钟彩钧：《湛甘泉哲学思想研究》，第 390 页；黄膺皓：《理之全体——湛甘泉“随处体认天理”工夫论重探》，第 20 页；郭海鹰：《湛甘泉工夫论研究》，第 11 页。

④ 王文娟：《湛若水哲学思想研究》，前揭书，第 35 页。

⑤ ［明］湛若水撰，钟彩钧主持整理标点：《泉翁大全集》卷 40《丕礼驿夜坐》，第 377 页。

⑥ 钟彩钧：《湛甘泉哲学思想研究》，《中国文哲研究集刊》2001 年第 19 期，第 369 页。

⑦ ［明］湛若水撰，钟彩钧主持整理标点：《泉翁大全集》卷 8《答徐曰仁工曹》，第 84 页。

之谓也，非徒逐外而忘内，谓之支离，是内而非外者亦谓之支离，过犹不及耳。必体用一原，显微无间，一以贯之，乃可免此。仆在辛壬之前，未免有后一失，若夫前之失，自谓无之，而体用显微，则自癸甲以后自谓颇见归一。”① 辛壬即正德辛未（六年）、壬申（七年），癸甲即正德癸酉（八年）、甲戌（九年）。甘泉所言“支离”有“逐外忘内”与“是内非外”两种情形，他坦陈自己在正德六年、七年（1511、1512）前有后者之失，正德八年、九年（1513、1514）后则转向了合一之学。关于此处“内”“外”的含义，甘泉尝曰：“吾年五十而后学渐得力，盖从前未曾深加致知之功，虽力行涵养而未能真知。”② 白沙针对当时学者受朱子学影响而专注于致知的情况时指出：“夫养善端于静坐，而求义理于书册，则书册有时而可废，善端不可不涵养也。”③ 可知甘泉所言“力行涵养”即白沙涵养善端之静坐，从工夫路径言，此为“内”，“致知”则为“外”，所谓“是内非外”即师门专主静坐涵养而遗却致知的为学路径。

正德七年（1512）是甘泉为学转向的一个重要转折点，他在这一年虽仍坚持静坐实践，但其静坐理解已悄然发生变化，在是年二月写给应原忠的书信中，甘泉指出：“知止乃有定，动静原非异。”④ 这显示了他力图以《大学》“知止”贯通动静的努力。整体而言，从弘治七年（1494）到正德七年（1512）的十九年间，甘泉在工夫论上遵循乃师“勿忘勿助”“无在无不在”的教

① ［明］湛若水撰，钟彩钧主持整理标点：《泉翁大全集》卷 8《答阳明》，第 91 页。

② ［明］湛若水撰，钟彩钧主持整理标点：《泉翁大全集》卷 3《知新后语》，第 31 页。

③ ［明］陈献章著，孙通海点校：《陈献章集》附录《陈献章诗文续补遗》第十五书，前揭书，第 974 页。

④ ［明］湛若水撰，钟彩钧主持整理标点：《泉翁大全集》卷 40《舟泊梁家庄檃括与应原忠语》，第 372 页。

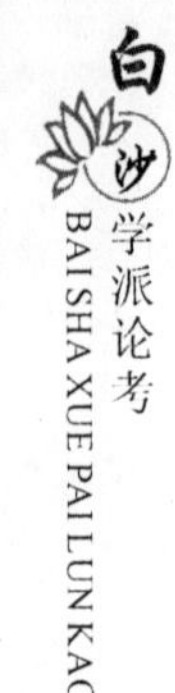

导，工夫重心落在本心涵养上。经过近二十年的实践，有见于师门学风之弊①，甘泉反省到，获得“真知”需要内外合一，需要摒弃“是内非外”的为学路径，这预示了其静坐观的变化。

二、批评修正时期（1513—1527）

从西樵隐居到任官南雍（1517—1527）是甘泉着力建构合一之学并批评支离之学的时期，同时也是他批评静坐最为激烈的时期，其中，尤以《答余督学书》② 最具代表性。

> 阳明不专于静之说，即仆之说也。古之论学未有以静坐为言者，而程氏言之，非其定论，乃欲补小学之缺，急时弊也。后之儒者，遂以静坐求之，过矣。古之论学未有以静为言者，以静为言者皆禅也。故孔门之教，皆欲事上求仁，动时著力，何者？静不可以致力，才致力即已非静矣。故论语曰：“执事敬。”易曰：“敬以直内，义以方外。”中庸“戒慎恐惧慎独”，皆动以致其力之方也。何者？静不可见，苟求之静焉，骎骎乎入于荒忽寂灭之中，而不可入尧、舜之道矣。③

---

① 甘泉对“是内非外”为学路径的批评，当与他对师门“以隐为高”风气的不满有关，该风气的形成与静坐教法息息相关。林光曾受此风气的压迫并对之表达过不满（参见［明］林光著，罗邦柱点校：《南川冰蘖全集》卷5《奉陈石斋先生书》，前揭书，第144页）。正德八年（1513）甘泉迎母北上时，同门李孔修曾以诗相讥，曰：“大孝古来儿傍母，一官今日母趋儿。八千里路波涛险，饭是胡麻亦可悲。”（［清］阮榕龄：《白沙门人考》，前揭书，第595页）李孔修为白沙门下知名隐者。

② 《答余督学》未标写作时间，据黎业明考证，该书作于甘泉西樵山隐居期间（黎业明：《湛若水对陈白沙静坐学说的阐释——以〈白沙子古诗教解〉为中心》，《哲学动态》，2009年第8期）。

③ ［明］湛若水撰，钟彩钧主持整理标点：《泉翁大全集》卷8《答余督学》，第86、33页。

弘治十八年（1505），甘泉与阳明初识于京师，二人“一见定交，共以倡明圣学为事”。正德五年（1510），阳明归自龙场，过常德、辰州时“与诸生静坐僧寺，使自悟性体”；八年（1513），至滁州督马政，“以静坐为教法”；次年（1514），“见学者渐有流入空虚，为脱落新奇之论”，于是南畿论学“只教‘存天理，去人欲’为省察克治实功”[①]。“阳明不专于静之说”指的当是阳明正德九年（1514）后之静坐观。

《答余督学书》中的静坐言论有如下要点：首先，通过历史溯源，甘泉指出孔门本无静坐教法，儒家静坐是二程出于“急时弊”、补小学工夫的考量而从外部引入的，这就从历史根据方面抽空了静坐作为根本教法的正当性资源。与此同时，甘泉也从正面指出孔门根本教法在“执事敬”[②]。其次，基于严辨儒释的立场，甘泉提出了“以静为言者皆禅”的判教标准；再次，甘泉由“初年身亲经历”指出“静不可以致力，才致力即已非静矣”，否认习静求定的可行性；最后，甘泉认为求静有“入于荒忽寂灭之中，而不可入尧、舜之道”的后果，强调其对儒家外王事业的冲击。《答余督学书》的文字不长，但对静坐的批评相当系统，且能抓住要害，这表明甘泉对该问题的思考时日已久。

甘泉樵隐期间的静坐言论比较激烈，但在行动上却并未完全废止静坐，《大科书堂训》（1520）曰：“或卧病闭关二日、三日，虽有问学道义之士，有摈介言词，通刺揖让，不能出迎。”又曰：“诸生进德修业，须分定程限，日以为常，每日鸡鸣而起，以寅、卯、辰三时诵书，以巳午时看书，以未时作文，申酉二时默坐思

① ［明］王守仁著，吴光、钱明、董平、姚延福编校：《王阳明全集》卷 33《年谱一》，前揭书，第 1352、1336、1364 页。

② 甘泉这一时期在行动上也奉行“执事敬”的工夫，《寄马伯循天曹》曰：“仆自去岁服阕后，拜疏乞养病入西樵，由与世相隔，益得与二三学子讲习，切于执事敬上用功也。”（［明］湛若水撰，钟彩钧主持整理标点：《泉翁大全集》卷 9，第 105 页）

索，戌亥二时温书。然此等大抵皆不可失了本领，通是涵养体认之意。”[①] 据前者，甘泉主张病中闭关静坐，认可静坐的愈疾意义。据后者，甘泉将静坐（即默坐）设为学子日常功课，希望学子通过静坐思索达到涵养体认的目的。白沙以静坐为体见、涵养心体的不二法门，但在甘泉这里，静坐已沦为像诵书、看书、温书、作文一样的普通的体认手段，不复有优越性与崇高地位。经过此番改造、修正之后，甘泉给予静坐以一种相当有限的认可。

甘泉嘉靖元年（1522）得旨起取，四年至六年（1525—1527）官南京国子监祭酒，期间论学之语主要收录于《雍语》，今录其中一条以观其静坐态度。“或问：‘学主静坐也，何如?’甘泉子曰：‘子谓忠信笃敬，视听言动，非礼之勿，果求之动乎?求之静乎？故孔门无静坐之教。’”[②] 在此期所作《答聂文蔚侍御五条》中，甘泉亦云：“圣贤之学元无静存动察相对，只是一段工夫。……盖动以养其静，静处不可著力，才著力便是动矣。”[③] 可见，甘泉南雍期间仍然延续了樵隐时期的静坐观。

综合甘泉正德十二年至嘉靖六年（1517—1527）期间的静坐言行来看，他对静坐虽有激烈批评，但并非完全反对、排斥，他批评的实即是那种以静坐为根本或唯一方法的工夫论观点，他反对舍弃书册、人事而单纯静坐的为学方法，认为“若舍书册、弃人事而习静，即是禅学，穷年卒岁，决无熟之理”[④]，这与乃师“养善端于静坐，而求义理于书册，则书册有时而可废，善端不

---

① ［明］湛若水撰，钟彩钧主持整理标点：《泉翁大全集》卷5《大科书堂训》，第53页、第48页。

② ［明］湛若水撰，钟彩钧主持整理标点：《泉翁大全集》卷6《雍语》，第68页。

③ ［明］湛若水撰，钟彩钧主持整理标点：《泉翁大全集》卷9《答聂文蔚侍御五条》，第98页。

④ ［明］湛若水撰，钟彩钧主持整理标点：《泉翁大全集》卷5《大科书堂训》，第51页。

可不涵养”的主张无疑大异其趣，甚至是针锋相对的。

三、重新定位时期（1528—1539）

甘泉转任南京吏部右侍郎期间（1528—1529）创办了新泉精舍，在新泉讲学中，甘泉师徒就静坐进行了大量的讨论，这显示了他们对该问题的关切。与上一时期相比，甘泉这一时期的静坐态度大为缓和，开始致力于疏通“随处体认天理”思想宗旨[①]与静坐工夫的关系。甘泉在同门人周冲的问答中谈道：

> 静坐，程门有此传授，伊川见人静坐，便叹其善学，然此不是常理。日往月来、一寒一暑，都是自然常理流行，岂分动静难易？若不察见天理，随他入关入定，三年九年，与天理何干？若见得天理，则耕田凿井、百官万物、金革百万之众，也只是自然天理流行。孔门之教，居处恭、执事敬、与人忠，黄门毛式之云：“此是随处体认天理。”甚看得好。无事时不得不居处恭，即是静坐也；执事与人时，如何只要静坐？使此教大行，则天下皆静坐，如之何其可也！明道终日端坐如泥塑人，及其接人，浑是一团和气，何等自然！[②]

程门传授的静坐虽“不是常理”，但如能察见天理，则静坐与耕田凿井等活动一样是有价值的，质言之，静坐之有无价值、意义，取决于它是否能察见天理。此外，甘泉以“居处恭”诠解

---

① 郭海鹰指出甘泉的“随处体认天理”思想宗旨是在新泉精舍讲学期间最终提揭的（郭海鹰：《湛甘泉工夫论研究》，第 99 页）。

② ［明］湛若水撰，钟彩钧主持整理标点：《泉翁大全集》卷 68《新泉问辨录》，第 626 页。

静坐，从涵养向度上也承认了静坐的合理性。门人黄纶就儒家静坐合理性问题也曾问道："明道教人静坐，延平亦教人静坐，晦庵亦谓'看来须是静坐始得收敛'，何如?"甘泉答曰："理无动静，只为后世学于波荡汩没之中，须得如此，亦不可偏著。"[①] 甘泉在此承认了静坐之于后世学者的必要性。程锐也问过类似问题，甘泉答曰："不可只于静坐中更求静，才求静便是动了，惟静坐时体认天理有见，便定。"[②] 在附加了"体认天理有见"的限定条件后，静坐又被重新接纳了。

新泉讲学期间甘泉始以随处体认为教，有门人敏感到这一教旨同白沙静坐教法的差异，遂问道："先生（指白沙——作者注）以静坐为言，而今以随处体认为教，不知行者之到家，果孰先而孰后乎?"甘泉答曰："虚见与实见不同，静坐久隐然见吾心之体者，盖先生为初学言之，其实何有动静之间！心熟后虽终日酬酢万变，朝廷百官万象，金革百万之众，造次颠沛，而吾心之本体澄然无一物，何往而不呈露耶?盖不待静坐而后见也……随处体认天理，自初学以上皆然，不分先后。居处恭、执事敬、与人忠，即随处体认之功，连静坐亦在内矣。"[③] 在甘泉看来，静坐对初学者来说是必要的，因为静坐有助于学者体见、涵养汩没已久的本心，而这又是一切工夫的基础[④]。但他进而强调，静坐并非是心体呈露的唯一途径（心体"不待静坐而后见"），而且静坐所见心体乃是一种"虚见"，相较而言，"随处体认天理"是涵摄静

---

① ［明］湛若水撰，钟彩钧主持整理标点：《泉翁大全集》卷72《新泉问辨续录》，第692页。

② ［明］湛若水撰，钟彩钧主持整理标点：《泉翁大全集》卷71《新泉问辨续录》，第668页。

③ ［明］湛若水撰，钟彩钧主持整理标点：《泉翁大全集》卷68《新泉问辨录》，第641页。

④ 这层意思在甘泉在同门人春芳的答问中表现得尤为明确，参见［明］湛若水撰，钟彩钧主持整理标点：《泉翁大全集》卷72《新泉问辨录续》，第681页。

坐教法的更为完备无弊的工夫法门。

甘泉曾批评静坐有“喜静厌动”“重心略事”之病，门人子嘉以为“专用力于事而不求见本体”与“静坐不求诸人事”一样偏颇有弊，甘泉答曰：“体认天理而云随处，则动静心事皆尽之矣；若云随事，恐有逐外之病也。孔子所谓‘居处恭’，乃无事静坐时体认也；所谓‘执事敬，与人忠’，乃有事动静一致时体认也。体认之功，贯通动静隐显，只是一段工夫。”① 与前面的察见工夫相比，体认工夫显得更为圆满完备，它既贯通动静隐显，又兼包致知与涵养。经过上述“为初学言之”“涵养端倪”等系列条件限定后，静坐成为甘泉“随处体认天理”思想宗旨下的一个工夫环节，他的这一静坐理解一直延续到其致仕（1540）之前。从门人洪梓“近来幸闻初学还须静坐之教，与程子且省外事，白沙先生静中养出端倪之说，先后一致”②的言论来看，甘泉对“随处体认天理”与师门静坐教法关系的疏通还是很有成效的，这一在较积极的意义上对静坐的认可，为其晚年对悟道静坐的接纳奠定了基础。

四、晚年“回归”时期（1540—1560）

甘泉七十五岁（1540）始得致仕，在此后二十余年的晚年生活中，由于学禁影响及师友批评，他更加侧重无言之教与默识工夫③。甘泉八十二岁（1547）时谈道：“吾近年深体无言之教，盖

① ［明］湛若水撰，钟彩钧主持整理标点：《泉翁大全集》卷68《新泉问辨录》，第640页。

② ［明］湛若水撰，钟彩钧主持整理标点：《泉翁大全集》卷72《新泉问辨续录》，第679页。

③ 郭海鹰：《湛甘泉工夫论研究》，第44页。

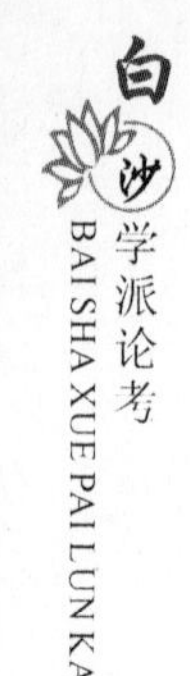

学不在多言，多言，道之贼也，顾力行何如耳。所谓力行者，默坐澄心，天理自见也。……故不言者，孔门之本教也，其不能不言者，不得已也。”[①]甘泉晚年以默坐澄心为力行，同他第一阶段的“力行涵养”说很相似，而与第二阶段“以静为言皆禅”论差异甚大。次年（1548），在给门人冼少汾的书信中，甘泉又谈道：

> 程子见人静坐，便叹其善学，不翕聚则不能发散，不专一则不能直遂，天地之道且然，而况于人乎！水只在楼垣上小朱明、朱陵两轩静坐，每出则与九山弟对坐，亦每戒杂言，默坐澄心而天地自见耳。寻思吾少汾绝须一静，将家事人事斥断，一味于鸣鹤楼上静坐。[②]

甘泉将静坐与天地之道的“翕聚”“专一”相挂钩，这就赋予了静坐以自然正当性，这同其第三阶段的“静坐不是常理”论迥异其趣。作为一种超越的逆觉体证，静坐以对日常生活事务的中断或抽离为前提[③]，甘泉在第二阶段曾因此批评静坐有“重心略事之病”[④]，现在他居然劝门人“将家事人事斥断，一味于鸣鹤楼上静坐”，可知其静坐态度变化之巨。在嘉靖二十五年（1546）的《付男柬之家书》中，甘泉即已提及在小朱明、朱陵两轩静坐一事，“于烟霞楼城上作左右两轩，常闭关处其上，三五日一开关，有客亦必待此日乃见也，否则不见矣”[⑤]。于此可见甘泉晚年

① ［明］湛若水撰，钟彩钧主持整理标点：《甘泉先生续编大全》卷 8《答三山诸同志》，第 922 页。

② ［明］湛若水撰，钟彩钧主持整理标点：《甘泉先生续编大全集》卷 8《与冼少汾秋官》，第 922 页。

③ 参见牟宗三：《心体与性体》第 2 册，前揭书，第 476—477 页。

④ ［明］湛若水撰，钟彩钧主持整理标点：《泉翁大全集》卷 5《大科书堂训》，第 51 页。

⑤ ［明］湛若水撰，钟彩钧主持整理标点：《甘泉先生续编大全集》卷 7《付男柬之家书》，第 919 页。

浸淫静坐之深，而此时闭关亦非樵隐时期之卧病闭关。

白沙悟道静坐有心体呈露静坐与天地万物一体静坐两种类型，甘泉晚年静坐亦有此二类型，其《小朱明洞榻上作示诸生》云："夜半风雨作，殷雷起山根。衰翁正兀坐，观我不见身"[①]，"观我"之"兀坐"即心体呈露静坐；《与冼少汾秋官》所言"默坐澄心而天地自见"即天地万物一体静坐。甘泉晚年不但从事悟道静坐，且以之为教法。

刘廷绎问：昔独冈书院示下教旨，有曰："默坐澄心上体认。"既而家居，用静坐功夫，每坐，觉思虑起即截去，如此久之，果见心之本体隐然［呈露］，有平［旦］［清明气象］……然明教又［谓］渐渐熟后，可□随处体认功夫。绎见此处功夫□为甚难。到此［地］位便是天理流行，鸢飞鱼跃，浑然天地万物一［体］矣，不知何以超跃可至？愿明教。

观此足见吾天衢□□处非传不习者矣，可喜！可喜！吾初意每见学者□□以随处体认，未见次第，始知□为心生，一旦骤于随处上用，先为物胜引而去矣。故于独冈语吾子，以且于默坐澄心上体认，令稍□，乃用随处体认功夫，便贴服矣。然必随处乃尽，乃圣人教人大路也。幸加勉之。[②]

"觉思虑起即截去""见心之本体隐然呈露"与白沙《与林缉熙》第十五书所言心体呈露静坐若合符节，"觉思虑起即截去"即坐忘观法。据上文，甘泉之所以将悟道静坐引入教学，是因为

---

① ［明］湛若水撰，钟彩钧主持整理标点：《甘泉先生续编大全集》卷 17《小朱明洞榻上作示诸生》，第 1078 页。

② ［明］湛若水撰，钟彩钧主持整理标点：《甘泉先生续编大全集》卷 27《答问》，第 1286 页。

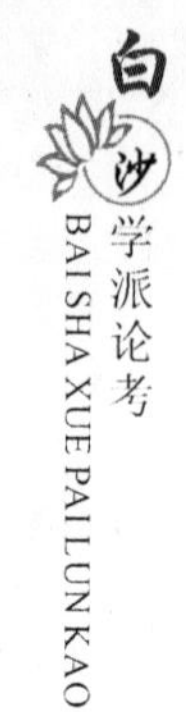

他意识到“随处体认”若无次第而“骤于随处上用”，很容易“为物胜引而去”；如果学者先在默坐澄心上体认、有所自得，则随处体认方可有所凭借，如此一来，静坐就成了“随处体认”的一项先行工夫。甘泉曾派何、陈二子与冼桂奇一起静坐，冼氏将其静坐情况向甘泉汇报并乞教，甘泉答曰：“只是心要熟，始初只是纯一。赤子之心原是初心，熟之乃可复其初耳。”[①] 静坐的目的是熟其心并复其初，此“初心”即白沙《与林缉熙》第十五书之谓“此心”，也即本心或心体。

王文娟认为甘泉晚年进境有所改变，他在修为和气象上都有回归江门一脉对自然之境追求的态势[②]，该回归看上去是通过对白沙式悟道静坐的回归来实现的，但进一步的分析将表明，甘泉悟道静坐与白沙悟道静坐存在不少差异。首先，二者在各自工夫体系中的地位不同，在甘泉这里，悟道静坐从未取得过在白沙那里所具有的作为体道根本途径的地位，即便在甘泉高度重视静坐的第四阶段，悟道静坐仍然是从属性的、第二位的。其次，二者在操作技术上也存在诸多差异，如在坐法方面，白沙取跏趺坐姿，甘泉取兀坐坐姿；白沙取调息呼吸法，甘泉取息存呼吸法。在观法方面，白沙取坐忘法，甘泉则强调“坐忘不忘之间”；白沙以真息或先天之气为观想对象，甘泉则以呼吸之气为观想对象。这些差异表明，甘泉晚年对白沙式静坐的回归是一种表面上的回归。

---

① ［明］湛若水撰，钟彩钧主持整理标点：《甘泉先生续编大全集》卷 27《答问》，第 1282 页。

② 王文娟：《湛若水哲学思想研究》，前揭书，第 44—53 页。

五、余论

作为白沙生前指定的学派传人，甘泉有没有承继白沙的思想？其“随处体认天理”说与白沙“静中养出端倪”论是否一致？这是学术史上的一大公案。阳明弟子王畿及黄宗羲认为明代心学肇始于白沙，“至阳明而后大”①，即便阳明的批评者（如王夫之、吕留良、王宏等人②）也以为阳明学始于白沙，在这一关于明代心学发展史的共识中，含有甘泉未承继白沙思想的观点。在现代学界中，主张甘泉“与师门固有一间”、阳明是白沙学真正承继者的学者也不乏其人③。另一种观点则认为“白沙甘泉，一脉相承”④，甘泉的“随处体认天理”与白沙学并无冲突⑤，甚至“惟甘泉先生洞明白沙先生之绝学而毕生恪守之，发扬之”⑥。

甘泉对白沙静坐的批评、修正是一个显著事件，学者往往据

---

① 参见［明］王畿撰，吴震编校整理：《王畿集》卷10《复颜冲宇》，前揭书，第260页；［明］黄宗羲、沈芝盈点校：《明儒学案》（修订本）卷5《白沙学案上》，前揭书，第79页。

② 参见［清］王夫之：《船山全书》第12册《张子正蒙注序论》，长沙：岳麓书社，1996年，第10、11页；［清］吕留良：《吕晚村文集》卷1《答吴晴岩书》，《续修四库全书丛书》集部第1411册，上海：上海古籍出版社，第478页；［清］王宏：《山志》卷5《格物》，北京：中华书局，2006年，第34页。

③ 参见陈来《有无之境——王阳明哲学的精神》，北京：北京大学出版社，2015年，第10页；（日）荒木见悟撰，李凤全译：《陈白沙与湛甘泉》，《中国人民大学学报》1991年第6期，第42页；姜允明：《王阳明与陈白沙》，台北：五南图书出版股份有限公司，2007年，第42页。

④ 黄尊生：《岭南民性与岭南文化》，曲江：民族文化出版社，1941年，第32页。

⑤ （日）志贺一郎：《湛甘泉研究》，东京：风间书屋，1980年，第56页。

⑥ 简又文：《广东文化研究》，转引自《湛甘泉研究文集》，广州：花城出版社，1993年，第35页。按，方映灵亦持此论（方映灵：《试论陈白沙与湛甘泉哲学的师承关系——兼与陈来先生商榷》，《广东社会科学》，2004年第3期）。

此而论二人师承关系，李锦全先生认为："甘泉对白沙主静说的批评与修正，并非背叛师门，而是继承白沙提倡'自得'的治学精神。"① 一个人如果经过独立思考而得出与白沙相左的思想，我们也可以说它符合"自得"精神，"自得"标准过于宽泛，据此难以准确评判甘泉、白沙间的师承关系。陈郁夫指出："儒家本有的静定之学偏重于即事即定，并非在日用生活之外别有作弄精神的事业。依此而论，甘泉立'随处体认天理'宗旨，会同先儒'主敬'之说，不刻意在静坐上下功夫，这样对白沙学作了修正，实是更纯粹的儒家静定之学，不能不说为甘泉对师门的贡献。"② 甘泉对白沙静坐说的修正，既可以被看作是"对师门的贡献"，也可以被视为对师门的偏离，这取决于论者的视角。

恰当地理解甘泉对白沙静坐说的批评、修正是把握二者师承关系的一个重要节点。我们注意到，甘泉终生对师门静坐教法都程度不同地有所抵触，这同其尊师之情不能不发生矛盾，不断尝试解决这一矛盾，为甘泉的静坐观乃至工夫论演变提供了内在动力。从学白沙之初，甘泉虽也能恪守师门静坐教法，但从他后来的回忆来看，甘泉在这一阶段常从"习静求定"的意义上来理解静坐，与乃师传授的心体呈露/涵养静坐有所出入。白沙生前因其主静说而被讥为禅，去世后，此类批评仍不绝于缕，作为学派传人，甘泉肩负有为乃师辨白、辩护的责任，在其静坐观第一阶段（1497—1512），其辩护手法是主静与主敬并提，努力将白沙塑造成一个虽然主静、但也不废敬功的儒者形象。在白沙去世当年所作《奠先师白沙先生文》（1500）中，甘泉谓白沙"因圣学

① 李锦全：《湛甘泉哲学思想纵横谈》，《学术研究》1992年第5期。
② 陈郁夫：《江门学记——陈白沙及湛甘泉研究》，前揭书，第104页。

以明无欲之敬，举鸢鱼以示本虚之仁”[①]，强调白沙有主敬一面。在后来的《白沙子古诗教解》中，这一手法体现得尤为明显，如对白沙《和杨龟山此日不再得韵》一诗，甘泉指出：“夫先生主静而此篇言敬者，盖先生之学，原于敬而得力于静，随动静施功，此主静之全功，无非心之敬处。”[②]甘泉对“敬”的引入，既淡化了白沙学的主静色彩，也给人以向程朱靠拢的印象。第二阶段（1513—1527）的“以静为言者皆禅”论是一种相当严厉的批评，批评所向，白沙难逃其囿，甘泉解决这一问题的策略是，一方面强调白沙“既又习静于春阳台，十载罔协于一”[③]，否认白沙由静坐悟道；一方面讲“先师不欲人静坐”[④]，直接否认白沙主张静坐，甘泉试图通过切割白沙与静坐的关系，以免让自己处于因批评师门静坐而带来的尴尬境地。自从甘泉在第三阶段（1528—1539）确立“随处体认天理”为思想宗旨之后，他便致力于协调静坐教法与其思想宗旨的关系，几经尝试。在第四阶段（1540—1560），白沙式悟道静坐与“随处体认天理”达到了相当程度的融通，这也是甘泉对师门静坐抵触程度最低的时期。

甘泉、白沙师徒在静坐观上的差异，原因大致有二，一是二人悟入方式不同，白沙因“未得”而静坐，他在静坐中因体见心

---

① ［明］湛若水撰，钟彩钧主持整理标点：《泉翁大全集》卷57《奠先师白沙先生文》，第528页。

② ［明］湛若水：《白沙子古诗教解》，［明］陈献章著、孙通海点校：《陈献章集》（下册），前揭书，第702页。

③ ［明］陈献章著，孙通海点校：《陈献章集》附录二《改葬白沙先生墓碑铭》，前揭书，第884页。

④ ［明］湛若水撰，钟彩钧主持整理标点：《泉翁大全集》卷68《新泉问辨录》，第643页。

体而确立学术自信，因此极力推崇静坐；甘泉因前人言语而悟入[①]，与静坐几乎没有什么关系，故其视静坐也轻。一是二人所处情势不同，白沙提倡静坐是为了纠朱子学学风之偏，甘泉对师门静坐的批评、修正则是为了纠师门学风之偏。此外，甘泉在坐法、观法方面对师门静坐所做的改造表明，他要剔除师门静坐中的佛教、道家道教等异质成分，而力图建立纯粹儒家化的静坐，这显示了甘泉在技术层面对师门静坐进行纯化的努力。白沙生前也强调过其静坐与佛教、道家道教静坐之异，以显示其静坐的儒家性格，由此而言，甘泉的纯化努力也合乎白沙之意，但甘泉的纯化改造客观上既窄化了白沙学的学养基础，也改变了学派的性格[②]。甘泉终生尊崇白沙，“平生足迹所至，必建书院以祀白沙”[③]，他对白沙本无背离之心，但就本文探讨主题来看，他对师门静坐的批评、修正显示出了他对白沙学的偏离与游移，本文所言“偏离与游移”系事实判断，而非关于好坏判定的价值判断。

（本文原载《学术研究》2017 年第 7 期）

---

① 甘泉丁巳之悟实因前人言语而发生，《上白沙先生启略》云：“自初拜门下，亲领尊训至言，勿忘勿助之旨，而发之以无在无不在之要，归而求之，以是持循，久未有着落处。一旦忽然若有开悟，感程子之言：‘吾学虽有所受，天理二字，却是自家体认出来。’李延平云：‘默坐澄心，体认天理。’愚谓‘天理’二字，千圣千贤大头脑处。尧、舜以来，至于孔、孟，说中，说极，说仁、义、礼、智，千言万语都已该括在内。若能随处体认真见得，则日用间参前倚衡，无非此体，在人涵养以有之于己耳云云。”（［明］湛若水撰，钟彩钧主持整理标点：《泉翁大全集》卷 8，第 82—83 页）

② 张佑珍注意到：“甘泉对白沙思想的修正补充，使其逐渐社会化而失去本身的特色。”（张佑珍：《从出世到入世——湛若水对“学宗自然”之阐释》，台南：成功大学硕士论文，2003 年，第 22—23 页）

③ ［明］黄宗羲著，沈芝盈点校：《明儒学案》（修订本）卷 37《甘泉学案一》，前揭书，第 875 页。

陈白沙与湛甘泉的“坐法”“观法”比较
——一种基于技术角度的分析

静坐是宋明儒者常用的一种工夫手段，明儒陈白沙视为根本为学方法与教法，他对静坐的特别推崇与实践，开启了后世以静坐为求道必备之方、值得专注为之的传统[①]。人们注意到，白沙传人湛若水（1466—1560，字元明，初名露，字民泽，避祖讳改名为雨，后又改今名，广东增城人，学者称为甘泉先生）却仅将静坐视为一种权法，更有甚者，他在《答余督学》中曾不点名地批评师门静坐，这一批评非常触目，屈大均据此倾向认为甘泉背离了师门静坐之教[②]，李锦全先生则认为，甘泉的批评与修正并非背叛师门[③]。甘泉与白沙在静坐工夫问题上的关系到底如何？这既需要考察甘泉本人的静坐观及其演变，也需要从技术操作的角度对二人的静坐实践加以对照，前一方面的问题笔者将另文处理，本文将着重从技术操作的角度切入上述问题。作为一种身心

① 潘振泰：《刘宗周（1578—1645）对于“主静”与“静坐”的反省——一个思想史的探讨》，《新史学》2007 年第 1 期。

② 参见［清］屈大均：《广东新语》卷 10《学语》，前揭书，第 307 页。

③ 李锦全：《湛甘泉哲学思想纵横谈》，《学术研究》1992 年第 5 期。

修炼的技术，静坐有坐法与观法两个技术向度，前者关乎身体工具的使用，后者涉及意识操控，下面我们将从此二向度来开展我们的考察工作。

一、白沙、甘泉之坐法

（一）坐姿

宋儒静坐皆取危坐（也称端坐或兀坐），吾妻重二指出，这是一种“姿势挺直，背不靠物之坐法[①]。与之不同，白沙取跏趺坐（简称趺坐），门人中被认为见道最为清澈的林光[②]亦取跏趺坐。伍光宇从学白沙前“危坐收敛，为持敬之学”[③]，从学后“焚香正襟，趺坐竟日”[④]，坐姿由危坐一变而为趺坐。在甘泉文集中，静坐意义上的“端坐”凡四见，二处为门人自道，一处指称程明道，一处指甘泉自身，皆为新泉精舍讲学时期（1528—1529）之语。“兀坐”凡六见，除《临归与吴介夫话旧》讲“诸贤兀坐”外，其余五处指甘泉自身，且皆为甘泉致仕后晚年之语。跏趺或趺坐凡三见，一指阳明，一指僧人，一指甘泉自身。综合上述情况，我们可推断以说，兀坐（或端坐）乃甘泉（特别是晚年）静坐的常规坐姿。

---

① （日本）藤井伦明：《日本研究理学工夫论之概况》，杨儒宾、祝平次编：《儒学的气论与工夫论》，前揭书，第313页。

② ［清］屈大均：《广东新语》卷10《学语》，前揭书，第312页。

③ ［明］陈献章著，孙通海点校：《陈献章集》卷1《绿围伍氏族谱序》，前揭书，第10页。

④ ［明］陈献章著，孙通海点校：《陈献章集》卷1《伍光宇行状》，第103页。

（二）瞑目

关于静坐中的眼睛闭合问题，佛教内部有不同看法，宋儒无不瞑目，白沙亦取瞑目，洪垣《墓志铭》谓甘泉“每夜瞑目坐，率至漏分”[①]，承继的也是宋儒的瞑目坐法传统。

（三）呼吸法

呼吸法是坐法中的一项重要内容，白沙云：“佛氏教人曰静坐，吾亦曰静坐；曰惺惺，吾亦曰惺惺；调息近于数息，定力有似禅定。所谓‘流于禅学者’，非此类与?”[②] 强调自己使用的是调息法而非佛教之数息法。所谓数息，指以一吸一呼为一次，数至十后周而复始。调息法源自道教，是道教修炼初始阶段的一种入手方法，其后则有胎息、内丹修炼等方法。阳明门人王畿指出：“调息与数息不同，数为有意，调为无意。”[③] 白沙不取数息，或正因其“有意”而与他的“勿忘勿助”之旨不符。白沙没有言及调息的具体操作方法，朱子《调息箴》云：“鼻端有白，我其观之。”[④] 可知这是一种由观鼻端入手的呼吸法，三浦国雄认为，该法是以丹田呼吸的腹式呼吸，而且是吸气时腹部下陷、呼气时腹部凸起的蒋维乔所谓的“正呼吸”[⑤]。

---

① ［明］洪垣：《湛甘泉先生墓志铭》，［明］湛若水撰：《湛甘泉先生文集》卷32，前揭书，第247页。

② ［明］陈献章著，孙通海点校：《陈献章集》卷2《复赵提学佥宪》第三书，第147页。

③ ［明］王畿著，吴震编校整理：《王畿集》卷15《调息法》，前揭书，第424页。

④ ［宋］朱熹：《调息箴》，陈俊民编校：《朱子文集》卷85，前揭书，第4203页。

⑤ （日本）藤井伦明：《日本研究理学工夫论之概况》，杨儒宾、祝平次编：《儒学的气论与工夫论》，前揭书，第314页。

甘泉认为调息法“将鼻息物化”了，“是一种不自然的硬把捉”[①]，因此，他自创息存法，曰：“匪鼻端之白，匪周天之息，息与天通，与天无极，而存之乎呼吸。……一息一念，一念一天，是谓息存，与天浑然，是谓息至。”[②] 调息法强调操作之初要将意念集中于鼻息，然后转移到真息上；息存法则关注人之呼吸与天地之气的相通上，二者观想对象不同。

（三）静坐时间

白沙静坐有终日坐与夜坐两种情况，前者通常与治病疗疾相关，可称为愈疾养生静坐，后者为白沙标志性的悟道静坐。关于夜坐时点，白沙曾云“吐月山前坐四更”[③]，“四更”为凌晨一时至三时（1：00am—3：00am），正在葛洪所谓“生炁”时段内[④]。《夜坐（二首之一）》云“些儿欲问天根处，亥子中间得最真”[⑤]，所谓“亥子中间”（11：00pm—1：00am）也称“一阳初动处”或“天根”，在时辰上为中夜，邵雍认为，这是先天之气（即“真息”“胎息”）最易兴起的时刻[⑥]。白沙对康节甚为景仰，并多有取法，由其《真乐吟，效康节题》《夜坐因诵康节诗偶成》二诗，可知其夜坐实以康节天根说为理据。

甘泉的静坐时间有三种情形，一为申酉二时（3：00pm—7：00pm）静坐，一为终日坐，一为夜坐。西樵隐居期间（1517—

① 郭海鹰：《湛甘泉工夫论研究》，中山大学博士论文，2016 年，第 43 页。

② ［明］湛若水撰，钟彩钧主持整理标点：《泉翁大全集》卷 85《归去纪行录》，第 860 页。

③ ［明］陈献章著，孙通海点校：《陈献章集》卷 5《次韵张侍御见寄（二首）》，第 421 页。

④ ［晋］葛洪：《抱朴子》卷 8《释滞》，上海：上海书店，1992 年，第 33 页。

⑤ ［明］陈献章著，孙通海点校：《陈献章集》卷 5《夜坐（二首）》，第 422 页。

⑥ 杨儒宾：《一阳来复——〈易经·复卦〉与理学家对先天气的追求》，杨儒宾、祝平次编：《儒学的气论与工夫论》，前揭书，第 156 页。

1521），甘泉曾将静坐设为大科书院的日常功课之一，要求门弟子“申酉二时默坐思索”[①]，该默坐乃小学工夫意义上的静坐。甘泉的终日坐主要指闭关，有两种基本情况，一是因病闭关，《大科书堂训》云：“或卧病闭关二日、三日，虽有问学道义之士，有摈介言词，通刺揖让，不能出迎。”[②] 此时闭关是为了静养身体，与白沙终日坐为同一类型。一是悟道闭关，甘泉在家书中提到：“于烟霞楼城上作左右两轩，常闭关处其上，三五日一开关，有客亦必待此日乃见也，否则不见矣。”[③] 这是甘泉晚年隐居时常用的静坐方式。甘泉致仕归罗浮后，“日夕端坐石上”[④]，这是甘泉终日坐的另一情况。比较而言，甘泉更经常使用的是夜坐，洪垣谓其“每夜瞑目坐，率至漏分”即为一证。漏分即半夜或中夜，在甘泉看来这是一个特殊的时刻，因为“神明中夜存”“神明见中夜”“中夜神明跃”[⑤]。所谓神明，系甘泉对人心的指称，“心者，人之神明也，四私有一焉则蔽，蔽故失其所以为神明矣。”[⑥] 又云：“此心，天地之心也……物有蔽之者耳。夜气之所息此心，又不能不萌矣。”[⑦] 又云：“鸡鸣起为善，拥衾坐中思。

① ［明］湛若水撰，钟彩钧主持整理标点：《泉翁大全集》卷 5《大科书堂训》，第 48 页

② ［明］湛若水撰，钟彩钧主持整理标点：《泉翁大全集》卷 5，第 53 页。

③ ［明］湛若水撰，钟彩钧主持整理标点：《甘泉先生续编大全集》卷 7《付男東之家书》，第 919 页。

④ ［清］屈大均：《广东新语》卷 10《学语》，前揭书，第 308 页。

⑤ ［明］湛若水撰，钟彩钧主持整理标点：《甘泉先生续编大全集》卷 16《宿祝融峰》《卜筑紫云洞作》，卷 17《壬子七月十五日夜，同黄慎斋司训、周启政上舍宿白云御书阁作》，第 1065、1066、1099 页。

⑥ ［明］湛若水撰，钟彩钧主持整理标点：《甘泉先生续编大全集》卷 29《湛子约言》，第 1331 页。

⑦ ［明］湛若水撰，钟彩钧主持整理标点：《泉翁大全集》卷 85《归去纪行录》，第 855 页。

乘此夜气生，丕显亦无为。”[①] 据此，人心本有之神明，会因私欲或物欲所遮蔽，但它在中夜夜气生发时又会萌发，因此，要乘夜气生发时开展静坐工夫。很明显，甘泉夜坐系以孟子夜气说为理据。“夜气”在今本《陈献章集》中仅一见，即《筑室（二首之一）》所云“海国秋风早，山房夜气新。痴儿解了事，吾坐养吾真。”[②] 下文虽有“坐”“真”等与静坐有关的术语，但该“夜气”仅具自然义而无道德意味，并非孟子之谓夜气。

（四）静坐地点

静坐需要排除人事干扰、在僻静之处进行，这是静坐实践者们的共识。白沙最初在春阳台静坐，春阳台被改造为小庐山书屋后，遂移至碧玉楼，碧玉楼本为居所，为躲避日用应接之烦，白沙曾欲借伍光宇之寻乐斋“静居百日”[③]，这显示了白沙对静坐场所的要求。甘泉游学江门时曾“独居一室”[④]，后来则钟情岩洞静坐，特别是晚年，常于西樵朱明、朱陵二洞闭关。甘泉认为，在岩洞读书讲学“当得长人聪明，精彩百倍”[⑤]，在岩洞静坐也有助于心之神明的萌发、启动，所谓“地藏天设几千年，合有神明启震川”[⑥] 是也。甘泉岩洞静坐并非孤案，与他同时的罗洪先也有在石莲洞静坐的经历。道教称岩洞为洞天，认为它与天相通，上

① ［明］湛若水撰，钟彩钧主持整理标点：《甘泉先生续编大全集》卷 17《鸡鸣一章示诸生》，第 1078 页。

② ［明］陈献章著，孙通海点校：《陈献章集》卷 4《筑室（二首）》，第 368 页。

③ ［明］陈献章著，孙通海点校：《陈献章集》卷 3《与伍光宇》第二书，第 238 页。

④ ［明］洪垣：《湛甘泉先生墓志铭》，［明］湛若水撰：《湛甘泉先生文集》卷 32，前揭书，第 246 页。

⑤ ［明］湛若水撰，钟彩钧主持整理标点：《泉翁大全集》卷 11《复庞举人朱明洞》，第 122 页。

⑥ ［明］湛若水撰，钟彩钧主持整理标点：《泉翁大全集》卷 50《别后有怀甘泉洞兼呈板筑诸君五首》，第 481 页。

清派与灵宝派都以洞天为理想修炼之地，且有存思“洞天”的修炼方法[①]，甘泉等人选择岩洞静坐，当与道教影响有关。

双手以及舌的摆放等规定也是坐法中的重要组成部分，由于白沙、甘泉在此方面没有留下文字说明，今对此存而不论。

二、白沙、甘泉之观法

静坐并非无所事事的枯坐，而是要在选择特定时段、地点及调整身姿、呼吸的基础上，开展一种特殊的观想活动，包括观之对象（或目标）、方法、结果等因素，此即观法。静坐类型不同，观法亦异。白沙有悟道静坐、观天地生物气象静坐与愈疾养生静坐三种静坐类型[②]，甘泉有悟道静坐、观天地生物气象静坐与收敛身心静坐三类，二者相合者有二，由于甘泉的观天地生物气象静坐不典型——不注重坐的形式，因此，本文仅就悟道静坐来考察二人的观法。

（一）心体呈露之观法

白沙悟道静坐观法有二，一是《复赵提学佥宪》第一书与《与林缉熙》第十五书提及的心体呈露观法，一是《夜坐（二首）》诗中的先天之气观法，甘泉亦有与此相应的两类观法。根据陈来教授的区分，前者是一种关乎纯粹意识（pure consciousness）的内向神秘体验，后者是一种万物浑然一体的外向神秘

---

① 李海林：《道教洞天福地形成新考》，《宗教学研究》2014 年第 4 期。

② 王光松：《陈白沙的“坐法”“观法”与儒家静坐传统》，《中山大学学报》（社会科学版）2016 年第 4 期。

体验[①]。

在白沙心体呈露观法中，观之对象或目标为心体，方法为坐忘，结果为“亦不着一物，亦不舍一物，无有内外，无有大小，无有隐显，无有精粗”的“自得”境界[②]。甘泉有诗云“衰翁正兀坐，观我不见身”[③]，所谓“观我”即“观心”。心是甘泉学说中的核心观念，有不同的向度和多种称谓（如心体、本心、本体、此心、初心、端倪、中正、天理等），甘泉师徒讨论白沙“静中养出端倪”工夫论话头时，常以“生生之几”或“生意”指称心，如葛涧问起这一话头时，甘泉答曰：“斯言也，其为始学者发与！人心之溺久矣，不于澄静以观其生生之几，将茫然于何用力乎？”[④] 又曰：“此个善根与生俱生，何尝泯灭？如草木至冬枯落，至春其生意萌动如旧，不为尧存，不为桀亡也。”[⑤] 又曰：“石翁养出端倪之说，正孟子扩充四端之意，必先体认得这端倪，乃可就上加涵养之功，否则养个甚物？此便是头脑处。”[⑥] 在甘泉这里，观心即观心之生生之几，即“识取吾心这一点生意在”[⑦]。作为涵养前提与基础的心之生意，具有生机义与道德义，与纯粹意识（pure consciousness）尚似有别。甘泉以体认端倪为

---

① 陈来：《心学传统中的神秘主义问题》，载氏著《宋明儒学论》，前揭书，第102页。

② ［明］陈献章著，孙通海点校：《陈献章集》附录四《与林缉熙》第十五书，第975页。

③ ［明］湛若水撰，钟彩钧主持整理标点：《甘泉先生续编大全集》卷17《小朱明洞榻上作示诸生》，第1078页。

④ ［明］湛若水撰，钟彩钧主持整理标点：《泉翁大全集》卷6《雍语》，第60页。

⑤ ［明］湛若水撰，钟彩钧主持整理标点：《甘泉先生续编大全集》卷25，第1247页。

⑥ ［明］湛若水撰，钟彩钧主持整理标点：《泉翁大全集》卷74《新泉问辨续录》，第697页。

⑦ ［明］湛若水撰，钟彩钧主持整理标点：《甘泉先生续编大全集》卷26《答问》，第1269页。

涵养基础的观点，与白沙初学应知立心[①]之意一脉相承。

关于观心的方法，门人刘廷绎曰："昔独冈书院示下教旨，有曰：'默坐澄心上体认。'既而家居，用静坐功夫，每坐，觉思虑起即截去，如此久之，果见心之本体隐然［呈露］，有平［旦］［清明气象］。"[②]"觉思虑起即截去"与白沙"诗、文章、末习、著述等路头，一齐塞断，一齐扫去，勿令半点芥蒂于我胸中"[③]，以及司马承祯"端坐内观正觉，觉一念起，即须除灭，随起随制，务令安静"[④]的方法是一致的，此即坐忘法。陈元白归省辞别，甘泉以"孤舟书剑趋庭日，记得斋居此坐忘"[⑤]相叮嘱，可见，甘泉确曾以坐忘为教法。甘泉指出，体认心体"须要得其门，所谓门者，勿忘、勿助之间便是中门也"[⑥]，又云"心体无为，修之在勿忘勿助，不着丝毫人力"[⑦]。作为一种通过剥落意识内容而使心体呈露的方法，坐忘同勿助、不着丝毫人力的要求无疑是有抵触的，因此，甘泉后来又讲"坐忘不忘之间，中思直到天然"[⑧]，试图通过用"不忘"限定"坐忘"以消解其偏蔽。

甘泉与张诩评论白沙村古氏妇静坐时曾谈道："心斋是矣，

① ［明］陈献章著，孙通海点校：《陈献章集》卷2《复赵提学佥宪》第一书，第144—145页。

② ［明］湛若水撰，钟彩钧主持整理标点：《甘泉先生续编大全集》卷27《答问》，第1286页。

③ ［明］陈献章著，孙通海点校：《陈献章集》附录《陈献章诗文续补遗》第十五书，第975页。

④ 转引自萧登福：《试论导引与存思并重的道教静坐法门》，杨儒宾、马渊昌也、艾皓德编：《东亚的静坐传统》，前揭书，第349页。

⑤ ［明］湛若水撰，钟彩钧主持整理标点：《泉翁大全集》卷50《送陈元白归省三首》，第471页。

⑥ ［明］湛若水撰，钟彩钧主持整理标点：《泉翁大全集》卷67《新泉问辨录》，第617页。

⑦ ［明］湛若水撰，钟彩钧主持整理标点：《甘泉先生续编大全集》卷28《答问》，第1243页。

⑧ ［明］湛若水撰：《湛甘泉先生文集》卷27《再拈六言代简蒋道林未尽之意三首》，前揭书，第192页。

若说坐忘，便不是颜子。”[①] 心斋、坐忘俱出自庄子，前者是一种正的方法，主张通过“听之以气”而“虚心道集”[②]；后者是一种负的方法，主张通过“堕肢体，黜聪明，离形去知”而“同于大通”[③]。甘泉对心斋的肯定很可能是因为，“听之以气”的修行方法同他重气的修行方法很接近；他对坐忘的批评或否定则是因为，坐忘既不合勿忘勿助，其对身体与知识的否定性态度，同甘泉的身体观、知识观亦不相容。

（二）气之观法

白沙《夜坐（二首）》诗云：“半属虚空半属身，絪蕴一气似初春。仙家亦有调元手，屈子宁非具眼人？莫遣尘埃封面目，试看金石贯精神。些儿欲问天根处，亥子中间得最真。不着丝毫也可怜，何须息息数周天。禅家更说除生灭，黄老惟知养自然。昔与蜉蝣同幻化，秖应龟鹤羡长年。吾儒自有中和在，谁会求之未发前？”[④] 第一首诗讲的是白沙中夜（亥子中间）静坐时的体验与气机感受。在第二首诗中，白沙强调其夜坐观法既非内丹派的周天功法，亦非禅宗除灭生死之观法以及黄老派的养生功法，而是儒家“观喜怒哀乐未发之前气象”的观法。在北宋以来的儒家工夫论史上，始于二程的“观喜怒哀乐未发前气象”是极为重要的一个工夫论传统，始于邵雍的《复卦》工夫论是另一重要传统，二者在《夜坐（二首）》中的出现，意味着它们在白沙这里实现

① ［明］湛若水撰，钟彩钧主持整理标点：《甘泉先生续编大全集》卷 29《湛子约言》，第 1325 页。

② 郭庆藩辑：《庄子集释》内篇《人间世第六》，《诸子集成》第 4 册，上海：上海书店，1994 年，第 67—68 页。

③ 郭庆藩辑：《庄子集释》内篇《大宗师第四》，《诸子集成》第 4 册，第 128 页。

④ ［明］陈献章著，孙通海点校：《陈献章集》卷 5《夜坐（二首）》，第 422—423 页。

了合流。按照邵雍《复卦》工夫论的逻辑，“些儿欲问天根处，亥子中间得最真”是指，在先天之气最易兴起的亥子之际，去唤起它[①]。所谓“真”指真息，也即杨儒宾所言先天之气，白沙也称此为元气。白沙认为：“元气之在天地，犹其在人之身，盛则耳目聪明，四体常春。其在天地，则庶物咸亨，太和絪蕴。”[②]元气贯通天地与人，人禀受而生，所禀即真息。笔者以为，在白沙这里，亥子之际作为“一阳初动处”，既是人体内元气最易兴起的时刻，也是天地元气兴起的时刻，所谓“半属虚空半属身”，讲的当是体内元气与天地元气在亥子之际贯通合流的体验，此即与天地万物一体。

在宋明儒学的话语系统中，已发为情，未发为性。白沙认为“天地间一气而已”[③]，人物皆秉气而生，其性亦由气而来，如此，观未发气象就被转换成了观体内元气或真息。真息存于体内何处？如何观法？白沙未有明言。杨儒宾认为先天之气是“一种不假外在呼吸或营卫之气，而纯是由腹部部位发出的真息”[④]，据此，白沙的夜坐观法应该是，先通过调息让呼吸均匀、澄心静虑，然后将意念转移到腹部，而留意于腹部生发的真息与外界元气的沟通、混一上。

甘泉工夫论也非常重视气，他认为：“天地与人同一气，气之精灵中正处即心，故天地无心，人即其心。”[⑤] 像白沙一样，甘

① 参见杨儒宾：《一阳来复——〈易经·复卦〉与理学家对先天气的追求》，杨儒宾、祝平次编：《儒学的气论与工夫论》，第156—157页。

② ［明］陈献章著，孙通海点校：《陈献章集》卷1《祭先师康斋墓文》，第107页。

③ ［明］陈献章著，孙通海点校：《陈献章集》卷1《云潭记》，第41页。

④ 杨儒宾：《一阳来复——〈易经·复卦〉与理学家对先天气的追求》，杨儒宾、祝平次编：《儒学的气论与工夫论》，第137页。

⑤ ［明］湛若水撰，钟彩钧主持整理标点：《泉翁大全集》卷12《泗州两学讲章》，第129页。

泉也以气为天地人的共同处与贯通处，其以气释心尤值得注意，如再考虑到他“心具生理，故谓之性”[①]“未发之谓性，中也”[②]的言论，我们便不难明白，在其“气——心——性”一贯的观念结构中，未发之中之观被理解为对性、对心之生理的观，最终落实为气之观。气充塞宇宙，无所不在，当于何处观？甘泉云：“人与天地同一气，人之一呼一吸与天地之气相通为一气，便见是天地人合一处。”[③]人由呼吸（息）而与天地之气相通，呼吸遂成为观天地人合一的关键，问题是，如何观息？甘泉75岁致仕归乡途中所作《息存箴》云：

> 匪鼻端之白，匪周天之息，息与天通，与天无极，而存之乎呼吸。一息之呼，吾气通天，与天同舒，草木蕃敷。一息之息，天气通吾，与吾同翕，龙蛇藏蛰。靡吾靡天，通为一体，形分气牿，皮肤汝尔。一息一念，一念一天，是谓息存，与天浑然，是谓息至。自息至刻，至时至日，日至月至，三月不违，过此非我，天行无为。[④]

息存是甘泉晚年极为重视的工夫法门，他不但以“息存”题名书院堂室、亭台及其住所，且刊刻《息存箴》，认为它“最切于操存之功”[⑤]。从工夫操作的角度看，息存以息（即呼吸）为下

① ［明］湛若水撰，钟彩钧主持整理标点：《甘泉先生续编大全集》卷29《湛子约言》，第1341页。

② ［明］湛若水撰，钟彩钧主持整理标点：《泉翁大全集》卷4《二业合一训》，第40页。

③ ［明］湛若水撰，钟彩钧主持整理标点：《泉翁大全集》卷32《四勿总箴序》，第303页。

④ ［明］湛若水撰，钟彩钧主持整理标点：《泉翁大全集》卷85《归去纪行录》，第860页。

⑤ ［明］湛若水撰，钟彩钧主持整理标点：《甘泉先生续编大全集》卷8《复王端溪大宗伯》，第935页。

手处，操作关键在于对息的“念”或“觉”，也即对人呼吸之气与天地之气相通之理的醒悟与体认。甘泉指出：“人之气即天地之气，只隔一层皮肤耳，便生尔汝之私，即与天地不相似。”[①] 成圣就是要突破此皮肤之隔而与天地相似、相通，“觉”在此是突破的关键，“弗觉则无息而或存，觉则一息一存，一呼一吸，一出一入，通天地以为息，浑然与万物同体矣。”[②] 门人景星在此方面力行有得，曰：“宇宙内一气也，气一则理一，理一则心一，心一则一呼一吸皆与天地万物流通。其有不能流通者，皆自私之心间之耳。予尝于静中验夜气之说，心体澄然，气与心一，心与理一，湛然浑然。始知塞乎天地之间皆吾气也。”[③] “静中验夜气之说”即中夜静坐，甘泉亦云：“忘助一去合自然，亥子之际是天根；中夜一气如初春，安得此道还浑沦?”[④] “中夜一气”即景星所言夜气，“天根”提示出了邵雍的《复卦》工夫论[⑤]，可见，甘泉该诗体现了夜气说与《复卦》工夫论的融合[⑥]。夜气具有先天性、道德性与生机性等特征，甘泉在此强调要在夜气萌发、本心显露时开展存息工夫，侧重的是息存的时点问题。白沙气观从

---

① ［明］湛若水撰，钟彩钧主持整理标点：《甘泉先生续编大全集》卷31《心性书或问》，第1448页。

② ［明］湛若水撰，钟彩钧主持整理标点：《甘泉先生续编大全集》卷29《息存堂箴》，第1322页。

③ ［明］湛若水撰，钟彩钧主持整理标点：《甘泉先生续编大全集》卷31《心性图说》，第1431页

④ ［明］湛若水撰，钟彩钧主持整理标点：《泉翁大全集》卷85《杭城别沉汝渊行》，第857页。

⑤ 甘泉了解邵雍天根说，《元旦甲午》云：“大道有无终始在，欲从康节觅天根。”诗下小注曰：“邵子为天根月窟之论，是阴阳有所终始矣。”（［明］湛若水撰、钟彩钧主持整理标点：《泉翁大全集》卷52，第495页）

⑥ 杨儒宾教授指出，在夜气与《复卦》的关系上，程颐模糊地拉上了一条隐微的线，至真德秀时，二者与心性修行的关系已经挂钩的很紧了（杨儒宾：《一阳来复——〈易经·复卦〉与理学家对先天气的追求》，杨儒宾、祝平次编：《儒学的气论与工夫论》，第141—144页），很明显，甘泉继承了这一传统。

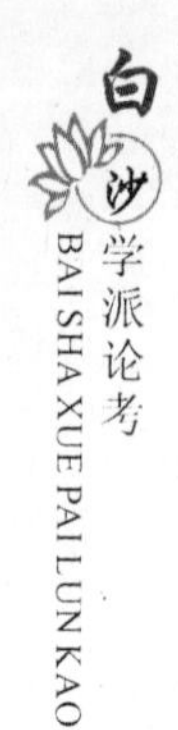

观体内元气始，然后观体内元气与天地元气的合流，一以元气为对象。甘泉气观以息为对象，作为内外沟通的通道，呼吸之气向外与天地之气相通，向内与夜气相连。二人的气观对象虽有元气与息之异，但在由气达到万物一体境界的追求上是一致的。

三、结论

在宋明儒学史上，白沙确立了静坐作为体道不二法门的崇高地位，并开启了静坐实践规范化、仪式化的进程，在他那里，静坐的地位、功能是明确与一贯的；相形之下，甘泉的静坐观与实践则复杂多变。29 岁至 47 岁之间，甘泉持守师门悟道静坐；48 岁至 62 岁之间，他对静坐多有批评，至有“以静为言者皆禅”的激语，但在实践上又以静坐为教法，且实行闭关静坐；63 岁至 74 岁之间，甘泉确认了悟道静坐对初学者的必要性，在“随处体认天理”纲领下对静坐进行了重新定位；75 岁致仕之后，甘泉倡无言默识之教，给予悟道静坐以前所未有的积极认可，不但自己身体力行，且以之为教法，给人以回归白沙静坐的印象。

从静坐技法上看，甘泉与白沙在坐法方面差异较大。首先，在坐姿上，甘泉取兀坐（或端坐），白沙为跏趺坐；前者为宋儒所用坐姿，后者源自佛教，并被称为“四种身仪中最安稳”的禅坐取道法坐。由甘泉师徒新泉精舍讲学时期（1528—1529）频繁使用“端坐”一词来看，至少此时甘泉已确立了这一坐姿。其次，在呼吸法上，甘泉取存息法，白沙取调息法；前者为甘泉自创，后者源自道教。最后，在静坐时间上，二人皆虽中夜静坐，但理据不同，前者依据的主要是孟子的夜气说，后者依据的则是邵雍的天根学。很明显，上述差异体现了甘泉对白沙坐法的改造，目的是要剔除白沙坐法中的佛教、道教等异质成分，力图建立更为纯粹的儒家坐法。白沙生前曾多次强调其静坐与佛教、道家道教静坐的区别，以显示其静坐的儒家性格，由此而言，甘泉对白沙坐法的改造，是顺着白沙的问题意识——在静坐上严儒释之辨——而开展的。此外，时人讥白沙、甘泉为禅，当是甘泉改造白沙坐法的外缘与外在动力。

在观法方面，甘泉与白沙拥有相同的观法结构，即由心体呈露观法与气之观法所构成的观法结构，二者从内外两个方面构筑了静坐者完整的心理体验。在心体呈露观法方面，甘泉强调“坐忘不忘之间”，对坐忘法有所修正，但这一修正是在白沙“勿忘勿助”的工夫论原则下进行的，合乎白沙的自然之学。在气之观法方面，作为观想对象的气，在二人那里虽有后天（息）与先天（真息）之别，但该观法背后“天地间一气”的观念、与天地万物一体的追求都是一致的，作为息存法关键的“觉”，白沙亦早已倡之，所谓“人争一个觉，才觉便我大而物小，物尽而我无尽”[①] 是也。陈郁夫教授指出：“对于静坐说的补充修正，确实是甘泉与白沙路数不同之处，但在论学的精神上，并不能因此判定甘泉是偏离了白沙之学。”[②]甘泉终生尊崇白沙，对白沙之学，他没有偏离之心，但有儒家正统意识上的纯化之心，我们在一定意义上可以说，纯化同时也是窄化。

（本文原载《鹅湖月刊》2017 年第 11 期）

① ［明］陈献章著，孙通海点校：《陈献章集》卷 3《与林时矩》第一书，第 243 页。

② 陈郁夫：《江门学记——陈白沙及湛甘泉研究》，前揭书，第 104 页。

 白沙学派论考 白沙学派论考

下篇　文本点校

白沙门人考

[清] 阮榕龄编

咸丰元年秋八月新会阮氏梦菊堂雕

点校说明

陈献章（1428—1500），字公甫，号石斋，晚年又号石翁，因居广东新会白沙村，世称白沙先生。陈白沙是明代心学的开启者，有明一代十二位孔庙从祀者之一，也是广东乃至岭南历史上唯一从祀孔庙的儒家人物，他开创的江门学派是广东学术文化崛起的一个重要标志，值是之故，陈白沙对粤人具有特别的意义，而粤人对其也有一份特殊的感情[①]。但陈白沙的影响与意义并不限于广东之一地，也不限于有明之一代，故钱穆谓："白沙非粤儒，乃中国传统一大儒也。白沙非仅宋明一理学家，实亦近代社

① 广东学者黄尊生谓："岭南在宋元以前，没有什么学术之可言，岭南能够有一种学问，竖立起来，实在始于明代，始于理学，而明代理学之柱石，在岭南（其实不止岭南而已），则为陈白沙与湛甘泉两位巨子。"（黄尊生：《岭南民性与岭南文化》，北京：民族文化出版社，1941 年，第 25 页）

会一哲人，新导师也。”[①] 与同为大儒的朱熹、王守仁相比，现代学界对白沙学的关注与研究要少得多，据笔者不完全统计，近五十年来，大陆及港台关于陈白沙的专著、论文集计有 22 部（其中 16 部出版于近二十年），近二十年来内地关于陈白沙的学位论文计有 11 篇（其中 10 篇完成于近十年），这一数据与朱子学、阳明学研究相比简直不成比例。除去那些介绍性、通论性作品，上述白沙学研究成果主要出自哲学与诗学两种兴趣，或着力于重建白沙哲学思想体系、诠释白沙重要哲学观念（如“静坐”“自得”等），或致力于揭示白沙诗学，从整体上看，研究向度相对集中而单一，与朱子学、阳明学的蓬勃多元发展不可同日而语。

子曰：“人能弘道，非道弘人。”门人弟子是大儒思想最重要的传播载体和途径，而学派的建立与维持亦有赖于门人弟子的参与和努力，因此，关于大儒门人弟子的研究也是大儒研究中的一个重要环节，此种研究在朱子学、阳明学中已开展得相当充分[②]，反观白沙学，其门人研究却寥若晨星[③]，将白沙门人群体作为对象的专题研究更是阙如，尤有甚者，支撑白沙门人研究的基本文献都尚未点校整理。

白沙门人群体情况最早载于黄淳万历《新会县志》（以下简称黄《志》），这也是现存最早的《新会县志》）。黄《志》始修于

① 《白沙学刊》，创刊号，香港白沙教育基金会，1963 年，第 72 页。转引自姜允明：《王阳明与陈白沙》，台北：五南图书出版公司，2007 年，第 126 页。

② 如朱子学中有陈荣捷的大作《朱子门人》，阳明学中有诸焕灿《王阳明弟子杂考》、吴宣德《江右王门与明中后期江西教育发展》、钱明《王阳明及其学派论考》、吕妙芬《阳明学士人群体：历史、思想与实践》等丰富研究成果。

③ 这方面的研究文献主要有：容肇祖《补明儒东莞学案——林光与陈建》（载容肇祖：《容肇祖集》，济南：齐鲁书社，1989 年）、朱鸿林《读张诩〈白沙先生行状〉》、《明儒陈白沙对林光的出处问题之意见》（载朱鸿林著：《明人著作与生平发微》，桂林：广西师范大学出版社，2005 年）、黎业明《湛若水生平与学术思想研究》（中山大学博士论文，2009 年）、刘韬《江门学派的交游与唱和研究》（中山大学硕士论文，2010 年）。

万历三十七年（1609），成于万历四十三年（1615）[①]，计有七卷。黄《志》尊白沙为陈子，仿《孔子世家》之例，称陈献章传为《陈子世家》，将其置于列传之前，位居卷四，而将《白沙弟子》置于卷六。黄《志》之《白沙弟子》共收录106人，以伍云为首，该记载后为贾洛英监修康熙《新会县志》（以下简称贾《志》）所承继[②]，其间差异有二：一、贾《志》编纂者薛起蛟以为列白沙于《世家》不当，遂别《理学》冠《列传》，而将白沙列于《理学》之首[③]，将《白沙弟子》附其后，这就改变了黄《志》将白沙与弟子分置于不同卷册的状况。二、在黄《志》中，新会人戴球三子（戴恩、戴泽、戴参）附于戴球之下，贾《志》则将戴恩、戴泽、戴参单列出来，是以贾《志》白沙弟子为109人，较黄《志》多3人，然其言述次序及内容实一袭黄《志》。后阮元监修《广东通志》收录白沙弟子76人，比黄《志》、贾《志》人数缩水近三分之一。

除上述官修志书外，亦有私人著述辑录白沙门人者。新宁人陈遇夫（1658－1727）毕生追慕白沙，曾辑录白沙门人。关于这一辑录，阮榕龄《白沙门人考·例引》称其家藏本原名为《白沙陈子门人》，阮元《广东通志》则名《白沙弟子补编》，阮榕龄细核其文，与其家藏本正同，只是将“陈子”改为“白沙”，亦间有增汰一二字者，阮氏遂疑《白沙弟子补编》乃后人翻刻后改名

① 于浩：《万历〈新会县志〉版本考》，载《上海高校图书情报工作研究》2009年第3期。

② 阮榕龄编《白沙门人考》时未见黄《志》，认为“黄《志》久佚”，疑《广东新语》所云“新会白沙弟子一百余六人，以伍云为首”系引自黄《志》，今以黄《志》印证，阮氏之疑是正确的。由于贾《志》袭自黄《志》，因此，阮榕龄“以贾《志》为据”与“以黄《志》为据”并无差异。

③ 薛起蛟：《新会县志序》，（清）贾洛英修，薛起蛟等纂，（康熙）《新会县志》，据日本东洋文化研究所藏清康熙二十九年刻本影印，北京：书目文献出版社，1991年，第268页。

之书。阮氏以为《陈子门人》的书名不当，遂增一“录”字，称为《陈子门人录》，简称《门人录》。《门人录》收录106人，与黄《志》数量相同，而比贾《志》少3人。事实上，《门人录》与黄《志》、贾《志》的差异要比这表面上的数字大得多，据笔者统计，贾《志》所载而《门人录》未收录者计有27人①，《门人录》收录而贾《志》未载者计有21人②。关于《门人录》的成书，《白沙门人考·例引》谓：“《门人录》多从各《志》录出，今以《林光传》考之，实全录黄公佐《通志》，而稍异三五字，遂没原书之名，他传类此，此贩稗痼习。”阮榕龄受过考据学训练，故有此批评，然陈遇夫搜罗之功亦不可没。史称陈遇夫辑有《白沙子语录》，以杨起元所编《白沙子语录》为基础，杨氏的万历原刻本今已不见，“现存的《白沙子语录》，是康熙五十三年（1714）新宁陈遇夫重订的四卷本，此本现存有道光二十四年（1844）李棠阶重刊本。从这个刊本所载的七篇序跋和识语可见，杨起元的原编只有上下两卷，亦即陈遇夫重订本的头两卷，陈遇夫补充了现存本的后面两卷，即卷三《白沙陈子年谱》和卷四的《白沙子门人》”③，《白沙子门人》当即阮氏家藏本《白沙陈子门人》（即《门人录》），这就意味着，在被收入《白沙子语录》之前或之后，《门人录》曾被单独刊行过。

明清两代，研究白沙生平事迹及白沙门人群体最为详尽者，当属清儒阮榕龄，《广东历代著者要录（广州府部）》云：“阮榕

① 谢文信、陈圆、刘宗新、袁晖、林敬、谭以贤、周俭、马广生、萧立、黄昇、林绍光、黄鹤年、容钦、胡旦、璠、胡岳、李由、李方、李同、吴向、余善、叶先、林骢、黄忠、陈谦、黄子贤、陆辇。

② 何廷矩、邹智、陈骢、陈茂烈、梁文冠、陈肃、李翰、陆之、陈暕、刘巘、谢德明、马国馨、潘辰、林廷巘、陈昊元、张璧光、梁奎、杨琠、何瀞、尹凤、邓翘。

③ 朱鸿林：《〈明儒学案·白沙学案〉的文本问题》，载朱鸿林著：《明人著作与生平发微》，桂林：广西师范大学出版社，2005年，第128页。

龄，号竹潭，新会人。博闻强记，家贫力学，自经、史、子、集及方舆、象纬、农医、历律、释典、道书，无不究委穷原。所为文章盘深奥远，时人称之为‘布衣奇士’。清道光间（1821—1850）参与编纂《新会县志》。著有《白沙丛考》六卷（艺文志作一卷）、《竹潭文集》四卷、《竹潭诗集》（光绪《广州府志》作《竹潭诗钞》）四卷。”[①]《白沙丛考》艺文志作一卷是正确的，作六卷则非。《广东历代著者要录（广州府部）》未及《编次陈白沙先生年谱》《白沙门人考》乃其一失。事实上，阮榕龄一生心仪白沙，在白沙及其门人考证方面用力甚勤，主要成果有《编次陈白沙先生年谱》《白沙门人考》及《白沙丛考》三个姊妹篇，今藏于中国国家图书馆与广东省立中山图书馆，这三个姊妹篇同处一匣，俱为咸丰元年（1851）秋八月新会阮氏梦菊堂雕本[②]。《白沙门人考》“目次”后有一段回应“或疑先生门人间有影附者”的文字，落款为道光二十二年（1842）六月，这说明，《白沙门人考》至少在道光二十二年时即已成书，雕版刊行则在此九年之后也。

阮榕龄的白沙学研究有如下优势或特点：一、阮氏肄业于广州学海堂，接受过系统的考证学训练，有考证学的眼光与手段，在《编次陈白沙先生年谱》《白沙门人考》《白沙丛考》的考证工作中，阮氏参考正史、文集、笔记等文献达150种，《丛考》不到3万字，阮氏就使用了60种文献。《门人考》在史志文集笔记之外，还爰及家乘、墓志、行状、金石文，可谓搜罗不遗余力。二、阮氏有地理方面的优势。《白沙丛考》谓：“大底地理之属，

① 广州图书馆编：《广东历代著者要录（广州府部）》，广州：广州出版社，2012年，第106页。

② 《白沙丛考·白沙先生诗文补遗》“阙题”下有阮氏小注“先君《梦菊笔记》云”，“梦菊”当为阮氏先父之号，“梦菊堂”亦应为纪念先父而题。

不经亲历，大半附会夸张。”阮氏生于新会、长于新会，熟悉新会的山山水水，这为他的实地调查带来了便利。三、阮氏有家学方面的优势。阮氏家藏有《白沙陈子门人》《石田诗集》以及未被收录到《白沙集》的白沙真迹草书诗文等文献资料，其《潭溪家谱》有李世卿三至白沙的记载，这些都为他的考证工作带来了方便。此外，胞弟阮韭龄不但为阮氏搜罗碑刻等资料，在阮氏去世后，还继续从事《门人考》的考证订误，以及《门人考》与《丛考》的校字工作，姻弟方庭植则对《丛考》进行了参订。

阮氏上述三个文本是我们今日研究白沙学的基本文献，《年谱》已由孙通海先生点校附于《陈献章集》后，《门人考》与《丛考》则尚无现代点校本，笔者不揣鄙陋，对《门人考》《丛考》加以点校整理，希冀对白沙学的深入开展能有所贡献。此外，笔者在参考陈郁夫《明陈白沙先生献章年谱》、黄明同《陈献章年谱》等现代研究成果的基础上，编成《陈白沙先生献章年谱》，附于本书之后，以供读者参考。

兹对本书点校整理情况说明如下：

一、《门人考》《丛考》原为繁体竖排，为适应现代人的阅读习惯，今改为简体横排。本书正文中之大字小字及其间距，皆依原文原貌，所有校出文字悉以脚注注出。李孔修、湛若水等人传记篇幅甚长，原文没有分段，为方便读者阅读起见，今将其分为若干段落。

二、《门人考》《丛考》只有咸丰元年阮氏梦菊堂雕刻本一个版本，没有其他版本可以参校。二考所引《白沙集》文字，以今本《陈献章集》（孙通海点校，北京：中华书局，2012 年）校之，并在脚注中注出，《陈献章集》在脚注中称“本集”。

三、《门人考》《丛考》所录人物事迹较略或有错讹者，参考

《泉翁大全集》等文献进行补充或纠正；对白沙门人著述缺载者，依《广东历代著者要录（广州府部）》等文献加以补录。

本人学识浅陋，本书中一定会存在不妥及错误之处，尚盼读者批评指正。

例　引

——贾公洛英监修《新会志》有《白沙弟子传》，然多率略。榕按，《广东新语》云："新会白沙弟子一百余六人，以伍云为首。"此所引者，疑黄公淳万历《新会志》，今考贾《志》，实以伍云为首，人数亦符。今黄《志》久佚，故以贾《志》为据。

——陈解元遇夫所辑者，榕家藏本原曰《白沙陈子门人》，今考阮《通志》，则曰陈遇夫《白沙弟子补编》，细核其文，与榕藏本正同，但改陈子为白沙，亦间有增汰一二字者，此稍异耳，岂后人翻刻之而易其名耶？今榕此考引之，若但曰《陈子门人》，不类书名，故增一"录"字，曰《门人录》。

——《门人录》多从各《志》录出，今以《林光传》考之，实全录黄公佐《通志》，而稍异三五字，遂没原书之名，他传类此，此贩稗痼习。今是考所引，皆著原书之名，无可证者，姑从原录；或原书有舛漏不得不引之者，增删数字，加一"参"字以别之，盖放吕子伯恭《大事纪》"从某书修"之例。

——《门人录》云"少陈子几岁"，多据贾《志》"弟子传"录入，恐未可尽信。今以首传《伍云》考之已大谬，况其他乎？

夫《伍光宇行状》明载，本集犹不能考，又况其他乎？《史记》所载“孔子弟子少孔子几岁”，后人按之时事，常多舛谬。盖摭拾遗闻，相距久远，其错迕也固宜。先生门人，非得家状、墓志诸根本之文，未易参证。此考本拟删去“几岁云云”，以其或有所本，亦可资考证，姑原之，以俟后之君子再参定之。

——《门人录》暨各《志》颇多简略舛漏，是《考》引先生所赠门人诗有二例，一采其佳者，一虽未尽工，特存之以为引证者，如赵员外善鸣无故实，则补之《梁文康公》，史志已详则略之。

——是《考》略以郡县之大小分先后，以新会殿之，且类同姓者归一处，又订其沿革，如贺黄门在前明泛属辽东，今则分隶义州之类。又，科第年次悉改用数目，不用干支，谨遵《明史》旧例，盖欲其易考也。

——著述家于传中称名称字，各有体例。谨按《钦定四库提要》，仅于周、程、张、朱四贤称子，余俱称名。按此，则国史与各《志》称名宜也。今考吾粤郡县各志，于先生多不称名而曰白沙，意盖欲尊先生，而实非体例也。此与交甫《门人录》全称陈子，体例固殊。今阮《通志》引《门人传》，或曰陈子，或曰白沙，或称名，皆据各原书采入，其例不得不然。若为榕所敬述者，则均称先生，《白沙集》曰《本集》，悉如《年谱》例。

——贾《志》及《门人录》、阮《通志》所载弟子人数多少参错，今随其原目，仍列于后，俾有考云。三书之外，有榕所采入者，加“补”字以别之。

——是《考》于史志外，采及家乘、墓志、行状、金石文，谨仿宋李公焘《续通鉴》、李公心传《系年要录》之例。按，家乘虽若一家私言，然其年月、遗事实多补遗正误者，如于《梁氏家乘》得子长之逸诗，于《天河谭谱》证先生之动念皆孝，《冲鹤族谱》之潘见龙，及榕《潭溪家谱》载李世卿曾三至白沙，皆是也。《鹖冠子》云“中流失船，一壶千金”，其是之谓乎？

诸书《门人传》目次

榕按，以下贾、陈、阮三书悉从原目次序

《新会县志》卷十二
知新会县事渤海贾洛英
白沙弟子

伍　云　　钟　淑　　林　栋　　贺　钦
谢文信　　林　光　　杨　敷　　张　瑛
麦　岐　　李　鸿　　李承箕　　陈　魁
陈　邕　　刘宗信　　易　元　　周　镐
周　京　　周　正　　邓　球　　黄　在
李　祥　　梁　储　　陈　庸　　张　诩

黄　元	何宗濂	陈　冕	容　珪
李孔修	黄　佐	罗　冕	袁　晖
林　敬	易　彬	范　规	龚日高
何宇新	姜　麟	梁　贞	林　琰
崔　楫	梁景孚	梁景行	谭以贤
谭以良	周　俭	黄　寿	谢　祐
马广生	萧　立	黄　昇	林绍光
李九渊	赵思仁	黄鹤年	马　龙
陈绍裘	容　贯	容　钦	胡　旦
瑜	璠①	胡　岳	易　龙
李　由	李　方	李　同	吴　向
余　善	黄　泽	陈　頀	林时嘉
潘　汉	叶　先	邓德昌	林　骢
湛若水	黄　忠	黄　昊	李　亨
黎　潜	萧　伦	陈东渊	林　高
汤　②	赵善鸣	张天祥	陈　谦
曾　确	黄子贤	陈　瑞	黄　球
陆　辇	黄　彦	关　中	康　沛
邓　珙	张希载	梁大厦	林　漳③
施　用	区　越	戴　球④	戴　恩

① “瑜”即“李瑜”、“璠”即“李璠”，二人在贾《志》中本有姓氏（［清］贾洛英修，薛起蛟等纂，《［康熙］新会县志》，北京：书目文献出版社，1991年，第271页），《白沙门人考》移录时失其姓氏。

② 该字上从雨，下从禹，字典无之。

③ 据日本东洋文化研究所藏清康熙二十九年《［康熙］新会县志》刻本影印本，“漳”作“樟”［（清）贾洛英修，薛起蛟等纂，《［康熙］新会县志》，同上，第271页］，同①，黄《志》及《门人考》亦俱作“樟”，作“漳”者，盖写刻者微误耳。

④ 戴球长子曰恩，次子曰泽，三子曰参，父子兄弟俱师事白沙，在黄《志》中，三子附于戴球之下，未单列出来。

戴泽　戴参　戴昭　戴辑
戴弁

《白沙陈子门人》卷四

族后学遇夫交甫纂辑

贺钦　林光　何廷矩　陈庸
梁储　李祥　李承箕　张诩
邹智　姜麟　张锳　何宇新
杨敷　李孔修　林体英　陈聪
谢祐　容贯　陈頀　陈茂烈
湛若水　康沛　伍云　钟淑
林栋　李九渊　易元　周镐
周京　容珪弟珽、球　　黄昊
陈冕　龚日高　梁贞　邓德昌
邓球　罗冕　崔楫　梁文冠
梁景行　梁景孚　林时嘉　赵善鸣
曾确　区越　陈魁　黄在
黄佐　麦岐　李鸿　黄寿
黄球　陈绍裘　谭以良　汤霭
陈肃　李翰　陆之　范规
陈睐　刘瑊　何宗濂　黄泽
潘汉　马龙　林琰　陈东渊
张天祥　黎潜　萧伦　林樟
梁大厦　易彬　谢德明　马国馨
潘辰　林廷瑊　陈昊元　张璧光
梁奎　杨琠　李亨　邓珙
张希载　戴球子恩、泽、参及昆弟昭、辑、弁等　何澣

林　高　　陈　瑞　　易　龙　　周　正
黄　彦　　关　中　　施　用　　黄　元
赵思仁　　尹　凤　　李　瑜　　邓　翘

《广东通志》卷二百七十二
两广总督仪征阮元监修

《广州列传七》

按，以下六十九人列《陈先生献章传》后

林　光　　陈　猷　　陈　庸　　梁　储
张　诩　　周　京　　黄　佐　　林绍光
梁　奎　　谭以贤　　谭以良　　梁文冠子景行、景孚
湛若水　　陈昊元　　陈　頀　　黄　泽
李　翰　　区　越　　梁　贞　　赵善鸣
张璧光　　易　龙　　伍　云　　李孔修
何廷矩　　容　贯　　容　珪球、珽、彦礼、彦昭、彦潜、彦贞、彦史
易　元　　林时嘉琰、敬　　林时矩　　马广生子国馨、侄贞
雷　霶兄云弟霓　　陆　之　　黄子贤　　冯　载
袁　晖　　陈　冕　　黄　球子子正　　黎　潜
萧　伦　　赵思仁　　林　暕　　李　瑜
陈　魁　　李　辅　　尹　凤　　谢　祐
陈　瑞　　张希载　　邓　翘珙　　陈　谦

按，以下七人散见各府志，今补入。
邓　球韶州　　林廷瓛高州　　何宇新　　曾　确俱惠州
余　善　　林　岩潮州　　邓崇德肇庆

《白沙门人考》

新会后学阮榕龄竹潭编

目次[①]按，补入者加补字别之

1. 贺钦盛京　2. 陈肃江苏　3. 张镆以下浙江
4. 姜麟　5. 潘辰　6. 苏章以下江西
7. 杨敷　8. 刘敔　9. 李承箕以下湖北
10. 朱伯骥　11. 朱玭湖南　12. 林体英以下福建
13. 陈茂烈[②]　14. 陈聪　15. 邹智四川
16. 甘思忠广西　17. 陈庸以下南海　18. 谢佑[③]
19. 李祥　20. 黎潜　21. 罗冕
22. 潘汉　23. 崔楫　24. 范规
25. 马龙[④]　26. 冯载　27. 邝珙

① 原目次无编号，为眉目清晰起见，今将原目次加以序列号。

② 陈茂烈在“目次”中居于陈聪之前，但在正文中又位于陈聪之后，此当为阮氏偶误。

③ 贾《志》、陈遇夫《门人录》《门人考》正文俱作“祐”，此处“佑”字当为刻写之误。

④ 马龙出现于“目次”，而正文又未收录，盖遗漏也。

28. 吴向	29. 张诩以下番禺	30. 何潽
31. 何廷矩	32. 陈昊元	33. 陈護
34. 林高	35. 张天祥	36. 容贯
37. 叶先	38. 李文	39. 屈群力
40. 梁储以下顺德	41. 梁文冠子景行、景孚	42. 梁奎
43. 梁贞	44. 黄泽	45. 赵善明
46. 胡旦弟曼	47. 萧伦	48. 萧立
49. 邓德昌	50. 邓翘	51. 邓珙
52. 张希载	53. 康沛	54. 李瑜
55. 李孔修	56. 林光以下东莞	57. 林时嘉
58. 林时矩	59. 林裧①	60. 林敬
61. 袁晖子金蟾	62. 祁顺 陈猷【补疑】	63. 刘栻香山
64. 湛若水以下增城	65. 刘瓛	66. 陈暕
67. 陈东渊	68. 尹凤	69. 陈冕以下三水
70. 陆之	71. 林樟新宁	72. 李辅以下清远
73. 杨宪臣	74. 邓崇德高要	75. 冯殷开平
76. 施用以下鹤山	77. 易元	78. 易镛
79. 易彬	80. 易才	81. 易赞
82. 易龙	83. 易允	84. 梁玠以下新兴
85. 李杰	86. 何宇新以下博罗	87. 曾确
88. 龚日高以下潮州	89. 杨琠	90. 余善
91. 林岩	92. 赵日新	93. 邓球乐昌
94. 林廷瓛吴川	95. 伍云以下新会	96. 容珪弟珽、璇、玑
97. 容璘弟球，族人钦	98. 钟淑	
99. 陈容	100. 陈魁	101. 陈瑞

① 贾《志》、陈遇夫《门人录》俱作“琰”。

102. 陈绍裘　103. 陈谦　104. 陈𢀳

105. 潘松森　106. 关中　107. 黄佐

108. 黄在　109. 黄元　110. 黄彦

111. 黄寿　112. 黄球　113. 黄昊

114. 黄子贤　115. 黄忠　116. 黄鹤年

117. 梁卫　118. 梁潜　119. 梁大厦

120. 汤霱　121. 张璧光　122. 张不已

123. 张棋　124. 周镐　125. 周京

126. 周正　127. 周俭　128. 周端

129. 区越　130. 林绍光　131. 林栋［存疑］

132. 谭以贤弟良　133. 谭有莲　134. 谭绶

135. 李昇　136. 李翰　137. 李九渊

138. 李鸿　139. 马国馨　140. 马贞

141. 赵思仁　142. 宋容重　143. 戴球子恩、泽、参

144. 戴昭　145. 戴辑　146. 戴弁

147. 戴敬　148. 谢慈昱　149. 谢文信

150. 谢君章　151. 邓谷隐　152. 邓澹乐

153. 陆犂　154. 麦歧　155. 聂元会

156. 阮缮宗

附录缺姓名、县名者

157. 吴向　158. 璠[1]　159. 瑜[2]

160. 李由　161. 李方　162. 李同

163. 徐潘二生　164. 顾勉斋　165. 欧阳回

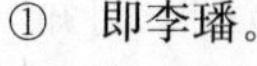

① 即李璠。

② 即李瑜。

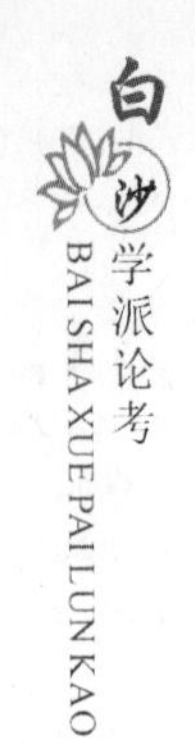

附：《南海三峰记》罗伦

或疑先生门人间有影附者，榕曰："固或有之。然愚于採掇之余，毫不敢假借。且以理筹之，今下里孝廉、进士稍有令誉者，设帐半生，门徒尚有千百，况当是时先生以道德倾动天下，海内闻风而愿拜门下者，当时不知凡几。按，潘氏《南海志》："白沙起，当时来学者至倾天下。"但人或凡庸，书阙有间，故不见之诗文耳，然其遗佚者固亦众矣。是故，有实为弟子而湮没者，有实本朋侪而混入者，今考各《志》《传》中如云'以白沙讲学'，或云'从白沙问学'，此或宾朋相见讲论之常耳，未必尽受门生之业、咸署弟子之名者也。盖名实是非，须核其真乃可传信于后世，若徒以此为夸耀，则所见者隘矣，殊非圣贤笃实之道。故愚于可疑者，虽名公巨卿、有鸿名伟略著于史册者，仅加'存疑'二字，亦阙如之义也。道光二十二年六月榕龄谨书。"①

① 《门人考》收录白沙弟子数量上大大超过贾洛英《志》（109 人）、陈遇夫《门人录》（106 人）及阮元《通志》（76 人），以致有"或疑先生门人有影附者"的质疑，这段文字当即阮氏对此种质疑的回应，其落题为"道光二十二年（1842）"，可知，《门人考》在咸丰元年（1851）雕版刊行之前即已成书。

《白沙门人考》

新会后学阮榕龄竹潭编

盛　京

贺钦，字克恭，先世浙江定海人，以戎籍隶辽东，今为义州人。少读《近思录》有得。登成化二年进士，官给事中，因亢旱以言官旷职召灾自劾。及见陈子于邸，遂辞官，执弟子礼。归构小斋参陈遇夫《门人录》，刻白沙像于室而礼之陆稼书《年谱》引《理学宗传》，出告反面，有大事必白。张诩《白沙行状》宏治改元，用阁臣荐，起为陕西参议，檄未至而母死，乃上疏辞。荐陈献章学术醇正，称为大贤，宜以非常之礼起之，或俾参大政，或任经筵，以养君德榕按，先生《得克恭书》诗"一封初展制中书，万里辽天见起居。伤心入夜思贤母，老眼当年识凤雏"，即此时也。正德四年，刘瑾括辽东田，东人聚众劫掠，相戒曰："毋惊贺黄门。"钦闻之，急谕祸福，以身任之，乱遂定。

钦学不务博，专读四书六经小学，期于反躬实践，谓："学不必求之高远，在主敬以收放心而已。"《明史·儒林传》于家庭里闬，教以吉凶，遵《家礼》，由是乡人兴于行谊。《门人录》正德庚午十二月卒，年七十四[①]。《明儒学案》天启初，谥恭定。《明诗综》

钦学出白沙先生之门，与门人论侃侃，白沙曰："得毋锋芒太露乎？须令深沉和平。"按，此语详本集《与贺黄门书》于是作书室于后圃，书"深沉和平"四字以自警。《人谱类记》门人于衢路失仪，先生曰："为学须躬行，须谨隐微，小小礼仪尚守不得，更说甚？躬行于显处尚如此，则隐微可知矣。"《医闾先生言行录》钦之学出于献章，然献章之学主静悟，钦之学期于反身实践，能补其师之所偏，故《集》中所录言行皆平易真朴，非高谈性命者比，而诸《疏》亦通达治理，确然可见诸施行在讲学中独为笃实纯正，文章虽多信笔，而仁义之言蔼然可见，固不必以工拙论也。《钦定四库·〈医闾集〉提要》

子咨，志向类钦。陈子《与钦书》曰："一日千里，其在谘耶？"《门人录》

［订误］按，本集《与贺克恭书》云："比岁得贤郎书甚慰，有子如此，足矣！三十年妄意古人之学，众说交腾，如水底捞月，恨不及与克恭论之。今自谓稍有见处，得其门而人，一日千里，其在兹耶？"按，此"兹"字原是先生自谓，今《门人录》列此书于《谘传》下，改作"谘"，误也。又按，《明史》与《钦定四库提要》及《西河集》"贺钦传"俱云"檄未至而母死"，《门人录》云"以母老力辞"似误。又按，本集《与克恭书》曰："心地要宽平，识见要超卓，规模要阔远，践履要笃实。"是先生尝以笃实诲之者，而克恭克承师训耳，《提要》云云，盖偶误也。

江　苏

陈肃，上海人，官顺天治中。少陈子六岁。成化初，读书国

① 正德庚午即正德五年（1510），据此，贺钦生于正统二年（1437），少白沙九岁。

子监，见陈子师事之①。《门人录》

浙　江

张镆，字声远，鄞人。成化二十二年进士。籍锦衣卫，家京师。少陈子十七岁②。议论慷慨，陈子称之。《门人录》

姜麟，字仁夫，兰溪人。成化二十三年进士，以使事使贵州，迂道如白沙，时宏治十年十月，按，本集《祭先妣文》，仁夫之来实在宏治十年十月望后，今补此七字③师事陈子，留八日而别。出谓人曰："吾阅人多矣，未有如先生者。"至京师，有问之者，称为"活孟子"。参《门人录》

潘辰，字时用，景宁人。少孤，随从父家京师，以文学名。宏治六年，诏举山林材德之隐者，府尹唐恂举辰，吏部以辰生长京师而寝之。恂复奏，给事王伦、夏昂交荐，乃授翰林待诏。久之，掌典籍事，预修《会典》，成，进五经博士。正德中，刘瑾摘《会典》小疵，降典籍，俄还故官，擢编修。居九年，超太常少卿致仕，归卒，特赐祭葬。

辰居官勤慎，典制诰时，有以币酬者坚却之。士大夫重其学

① 由"少陈子六岁"可知陈肃生于宣德八年（1433）。白沙成化二年（1466）、四年（1468）两次入京，陈肃见白沙即在此两次中之一。

② 由"少陈子十七岁"可知，张镆生于正统九年（1444）。此外，据本集《跋张声远藏康斋真迹后》，成化五年（1469）三月，张镆见白沙于析木（今北京大兴）之店。

③ 该说为误，参本书《〈白沙门人考〉考订、补遗》一文。

行，称南屏先生。自天顺后始拘资格，布衣无得入馆阁者，而宏治间辰独以才望得之，一时诧异，数焉。《明史》附《陈济传》博极群书，为文力追秦汉。直内阁二十七年，诰敕多出其手。动遵绳墨，不以非义自污。《浙江通志》引《处州志》　本集《与张声远书》："时用孑然客帝京，忍寒饿二十年，为母家不去，诚亦可悯。"按，此书寄于宏治①年，声远未领乡荐以前，故有"秋试捷否"之问、"时用忍饿"之慨《与西涯李学士书》："去秋得时用一书，深慰鄙怀，他人爱我，不如时用，先生谅能悉之，张进士行附此。"按，此书寄于宏治二年张诩再官京师时。　按，梁公储《郁州集》："正德十二年，诰敕官疏云：'编修潘时辰今年过七十，累疏求退，拟升秩以酬其劳云云。'"是辰升太常少卿致仕，在正德十二三年也。

江　西

[补] 苏章，字文简，号云厓，余干人。成化乙未进士，官至延平知府。初，章官兵部主事时，因星变事劾妖僧继晓、方士李孜省，谪姚安通判，因哀其所作，故以《滇南稿》为名，《祭胡敬斋文》一首，附录一卷则其行实及题跋与入祀乡贤文卷也。章也少问学于陈献章之门，尝出胡居仁于狱，与吴与弼为师友，盖亦刻意讲学者。《钦定四库·〈滇南稿〉提要》　按，云厓从游本集及各书缺载。

[补] 杨敷，字荣夫，永丰人。操执不群。初事罗伦，充然有得，后过白沙，与陈子唱和，留数月而返。以贡为福建永安训导，寻归，日以二先生之道自乐。著《痴庵集》。《门人录》

按，本集有《梦杨敷道定山事（五律）》云："梦语者为谁？

① 原文缺文。

湖西梦见之。聊宽野老意，未了定山痴。”又，《赠刘进夫还永丰，兼寄罗养明、杨荣夫（七绝）》；又，《元旦怀杨荣夫，夫敷二字互用，又寄罗养明》一首；《玉台，次杨敷韵》一首；《投壶》一首；《杨敷别后》二首[1]，以上七首或次韵或相连。是知杨敷字荣夫，江西永丰人，此所怀赠诗即同一人无疑矣。考张嗣衍《广府志·儒林》：“杨宪臣，初名敷，清远人，以兄没袭清远卫指挥，从学陈献章，白沙重之，赠诗云‘笑倚长松咏晚台，三三两两共无怀。人间紫府千回梦，我共黄云一路来。鹿洞当年寻李渤，鹅湖今日想东莱。将军夜半还能饮，欲引东溟入酒杯’，又《别后怀春湖》云云。”按，此二诗即本集《赠别杨敷》诗，当作于宏治四年。《广州志》以敷为清远人，考阮《通志·关隘》引《大清一统志》云：“清远卫在治东，洪武二十二年建。”又，《建置》：“洪武二十二年指挥李英。”是前明清远卫曾设指挥于此矣。盖杨原永丰人，曾为永安训导，后因兄没袭兄职为指挥，清远疑后入籍也。考阮《通志·列传》及《宦绩》，缺其名又按，先生于成化十八年十月过永丰，有《寄杨荣夫（七绝）》，则是年荣敷尚未入广也。

［补］刘敔，号凤巢，泰和人。刘公名魁，按魁，敔子，尝粥棺以荐世宗，事详《明史》本传吉之泰和人。荐节判州牧，所到皆有惠政。尝受学阳明，厥考凤巢公亦从吾党白沙先生游，令永福，擢守宾州，祀名宦，盖其家学有自云。黄佐《揭阳钓鳌桥记》郝《通志》刘敔，云南太和人。正德七年，永福知县，罢府仓之运，免虚耗之征，

① 《赠刘进夫还永丰，兼寄罗养明、杨荣夫（七绝）》本集作《赠刘进夫还永丰，兼寄罗养明、杨荣敷、罗清极湖西诸友》（三首）；本集无《元旦怀杨荣夫，夫敷二字互用，又寄罗养明》，但有《元日有怀杨荣夫，示陈东渊》；《投壶》本集题为《与杨敷投壶》；《杨敷别后》（二首）本集题为《杨敷别后有怀》（二首）。

民困以苏。傜侗出没，严立条伍抚谕之，卒不敢为乱，擢宾州知州。《广西通志》引文载　按，《明史·地理志》："江西太和县，元太和州，洪武二年正月改泰和县。"按，刘公原吉安府泰和人，非云南大理府之太和。《广西通志》以"泰""太"可通，故致此误耳。《凤巢稿》六卷刘敔著《明史·艺文志》　按，《四库书目》缺载。

［附录］本集《题太和刘氏云津书院》："云津杳何许，试向卷中寻。不覩六经教，空余百代心。嵩阳思识面，白鹿尚遗音。家有鸳鸯谱，何须更问针。"

湖　北

李承箕，字世卿，嘉鱼人。兄承芳大理评事，《门人录》叔父按，《谱》原作伯父误，今从本集订正田副都御使《氏姓谱》，从兄承勋《明史·李承勋传》："字立卿，父田。"按，原《录》概以兄名之，今补从字兵部尚书，谥康惠。承箕成化二十二年举人，一试礼部，遂归奉母。宏治元年，来从陈子游。少陈子二十岁。陈子筑楚云台居之参《门人录》，日与谈论古今，独无一语及道。久之，承箕有所悟，辞归。《楚宝》及归，赠诗十二章。既归，不仕，筑钓鱼台于黄公山下。学者称大厓先生《门人录》，与兄承芳称嘉鱼二李《明史·儒林传》。乙丑卒，年五十四。《明儒学案》　按，乙丑宏治十八年，是少于先生二十四岁。《门人录》云"少陈子二十岁"，不知何据。为人寡言笑，终日端坐。为诗文，下笔立就。工草书，人争传之。《万姓统谱》　按，今白沙田心里额是世卿书撰《大厓集》二十卷。《钦定四库提要》存目。

按，《楚宝》附"案语"曰："承箕师事白沙，日与纵谈今古，无一语及道。此白沙之学纯非空谈性命者比也。"　又，贾《志·流寓》"承箕挈其子侄从白沙游最久"，此误也。考世卿来白沙凡二次，不及二年详《年谱》，云"子侄从游"，本集缺载，亦疑误也。又，阮《通志·流寓》：“吴廷举延李承箕修《顺德志》。”《艺文》云：“李承箕修《顺德志》在宏治庚辰。”按，宏治无庚辰，庚辰乃丙辰之误。李之来正在是年也。

［补］朱伯骥，字千里，通山人。成化十九年举人，任广州推官。俭于自奉，破衣疏食，人皆谓其苦于束缚。骥尝谓僚吏曰：“居官不俭，则用必匮，匮则谋所以补，遂渐恣肆，不可复问官之守，廉必自俭始。”《嘉谋录》尤精听断，两造咸服。从白沙陈献章游，浩然自得，遂弃官归。《粤大记》俱阮《通志》

按，郝、阮《志·官职》俱作“诸伯骥，通山人，宏治二年任广州推官”，朱、诸二字必有一误。又，阮《志·古迹》“张诩撰《彭烈女墓表》，朱君伯骥修其墓”。又，《湖北通志·选举》“朱伯骥，通城人”，按，阮《志》与《嘉谋录》作“通山人”，未知孰是亦作“朱”，疑阮《志》沿郝《志》误作“诸”也[①]。

湖　南

［补］朱玭，桂阳外沙人。某子，惟庆孙，太保英从孙。本集《朱惟庆墓志》：“君名惟庆，字汝善，太子太保诚庵英之弟。子四：恒、益、巽、节。孙十：玭、瑨、璠、珂、琨、珦、管、玠、璜、琚。”按，玭为英从孙，或从英宦游时为先生弟子也。又，惟庆四子，恒居长。十孙，玭齿又最长，疑玭或恒之子也又，本集《中秋与甘节赏月，兼寄其从子玭》：“天壤与君分楚越，中秋高坐白山庵。”又，“外沙子弟通家旧，一一烦君语阿咸。”又，本集附录《桂阳朱玭哭

① 按，李承箕《答朱节推伯骥（一首）》亦作“朱”（［明］李承箕：《大厓李先生诗集》，前揭书，第546页）。

石斋师》云："不才门下曾叨迹，读罢遗诗痛剜深。"

福　建

林体英，莆田人。陈子《与胡提学》书曰："旧岁林举人体英来访白沙，与语两月，比归，亦能激昂自进，不知其后何如也？此学寥寥，世间无人整顿得起，士习日见颓靡，甚可忧也。"《门人录》　按，以《与胡书》考之，林君之来当在成化六年。

陈聪，莆田人。学于陈子。归，赠诗曰："缊袍不妨学道，绝谷可以求仙。相府胡为慢士，纸田自有丰年。"《门人录》本集《与陈聪》："秋风两见莆阳子[①]，皂帽青筇去复回。眼底流年三十许，脚跟行路几千来。未知世事真能忘，初得家书不肯开。若问江门何所见，两厓春雨长青苔。"按，此书疑作于成化二十三年。

陈茂烈，字时周，莆田人。年十八，作《省克录》，谓"颜之克己，曾之日省，学之法也"。宏治八年进士[②]，奉使广东，受业陈献章之门，献章语以主静之学。退而与张诩论难，作《静思录》。寻授吉安府推官，考绩过淮，寒无絮衣，冻几殆。入为监察御史，袍服朴陋，乘一疲马，人望而敬之。以母老乞按，《门人录》有"乞"字，今补入终养[③]。供母之外，不办一帷，治畦汲水，亲自操作。太守闻其劳，进二卒助之，三日遣还。吏部以其贫，禄

① 王阳明赠陈东川诗曰："白沙诗里莆阳子，尽是相逢逆旅间。"（《阳明全集》）陈东川当即陈聪，东川为之号。

② 关于该说之误，参本书《〈白沙门人考〉考订、补遗》一文。

③ 沈德符《万历野获编》卷11《宪臣改学官》云："御史陈茂烈，福建兴化人，以母老乞归，改本省福清教谕。"兴化即今莆田。

以清江教谕，不受。又奏给月米，上书言：“臣素贫，食本俭薄。古人行佣、负米皆以为亲，臣之贫，固未至是，而母鞠臣艰苦，今年八十有六，来日无多，臣欲自尽心力尚恐不及，上烦官币，心窃未安。”奏上，不允。母卒，茂烈亦卒。《明史·儒林传》陈子与书曰：“时周平生履历之艰，与老朽同，而又过之。求之古人，如徐节孝者，真百炼金孝子也。”《门人录》茂烈为诸生时，韩文问莆田人物于林俊，俊曰：“与时周语，沈疴顿去。”其为所重如此。《明史》

四　川

［存疑］邹智，字汝愚，合州人。年十二能文。家贫，读书《明史》居龙泉庵《遣愁集》，焚木叶继晷者三年。成化二十二年乡试第一《明史》，郡人聚观，于马上口占云：“龙泉庵里苦书生，偶窃三巴第一名。世上许多难了事，郡人何用太相惊。”《遣愁集·聪慧类》智慷慨负奇。《明史》孝宗嗣位，抗章劾宦竖，请绌万安、刘吉、尹直，而用王竑、王恕、彭绍郝《通志》，帝得疏，颔之。无何，安、直相继斥，而吉任如故。会刘概狱起，吉使其党魏璋入智名，遂下诏狱，身亲三木，仅属喘息。《明史》拟极刑，刑部尚书彭绍不判案，得免。《门人录》赖王端毅、何文肃、徐文靖诸公力持之。其《狱中》诗云：“人到白头终是尽，事垂青史定谁真。梦中不识身犹系，又逐东风入紫宸。”《辞朝》云：“云韶声转拜彤墀，转觉婵媛按，楚词《哀郢》云“心婵媛而伤怀兮”。《钦定四库提要》《列朝诗集》俱作“婵媛”，尤佳。《明诗综》作“心惊”，今校正不自持。罪大故应诛两观，网疏犹得窜三危。尽披肝胆知何日，望见衣裳只此时。但愿太平无一事，孤臣万死更何悲。”《明诗综》谪石城吏目

《明史》，抵任两月，职事修举。总督秦纮檄至省城修书。郝《志》闻陈献章讲道新会，往受业，自是学益粹。《明史》寓壮哉亭按，亭在新会城大西门内、勇敢祠后，即今三广公祠。顺德尹吴廷举迎之，《新会贾志·流寓》建亭奉智，曰“谪仙”。《顺德志·流寓》　《广府志·古迹》：“谪仙亭在鹿门。”按，鹿门在大良古楼堡汝愚道吾广，有司留馆坡山。《双槐岁钞》按，坡山即五羊城五仙观陈子《答汝愚阳江道中》诗云：“遗我数篇风格别，思君一夜鬓毛疎。”《门人录》宏治四年十月卒，年二十六。《明史》按，郝、贾二《志》俱云智与白沙为忘年交，白沙本集亦不云智为门人。　又，泊邹厓在顺德马宁，邹智曾泊此，有《寄吴廷举》诗，后人遂名其厓。《广府志·古迹》

广　西

［补］甘思忠，字秉直，苍梧人。《续广事类赋注》性至孝，母卒，庐墓三年。闻陈献章讲学，往从游。都御史林廷选荐授藤县丞。《清大一统志》　按，阮《通志·职官》：“正德五年，林廷选任总督。”

南　海

陈庸，字秉常。孝友力行，好古敦朴。成化十年举人。闻江门之学，往师之。与张诩、李孔修交。诩初见献章，庸为介绍。或询诩为人，献章曰：“余知庸，庸知诩，何问焉？”庸潜心理奥，罗伦、庄昶少许可，遇庸辄叹赏。踰五十，亲友强之仕，释褐补荆门同知，莅任五日，不能随时俯仰，拂衣归，隐居三十年，城市断迹。督学王宏请见，竟谢不往。阮《通志》引郭棐《通志》

友人谢祐卒，罄囊助葬。病革，沐浴，设陈献章像，焚香再拜而逝，年八十六。其徒多以科第显，伦文叙最著。《南海志》著《东峰语录》未见、《东峰诗文》一卷[①]。存阮《通志·艺文》罗伦《南海三峰记》："靓秀如静姝，远之可爱，近之不可狎者，东峰也。东峰在魁山之上，陈君秉常有之。"按，《记》详此卷后。本集《赠陈秉常》："远色霁初景，清风振遥林。子来入我室，弄我花间琴。正声一何长，幽思亦已深。愿留一千载，赠子瑶池音。"

谢葵山，名祐，字天赐。广府庠生，按，《门人录》《广府志》俱云"南海人"，郭棐《粤大记》"增城人"弃去，从游白沙先生。自林南川外，惟葵山独得其旨。曾从石翁游古劳葵根山，石翁诗曰："手拍昆仑歌泬寥，虹桥月下拜相邀。谢生卜筑葵根宅，才到葵根怕路遥。"[②] 天赐遂结庐栽茗为生，安贫乐道，糟糠不厌腹，布袜不掩胫。甘泉子诗曰"短袜度元冬"，其贫如此。生甲寅六月初八日，终丙寅九月二十日。一子宗濂，被人谋绝[③]。初，甘泉子不肯会试者将十二三年矣，天赐劝之驾，乃因母命赴礼闱，辱上第。天赐病，遗诗四首，中有曰："生从何处来，化从何处去？化化与生生，便见真元处。"甘泉子奉使安南为正德八年十二月，亲往葬之葵山。至嘉靖癸丑十月，甘泉子致南京兵部尚书，事已十四年矣。遣守墓古真福天祐代奠之。天祐者，少服侍白沙先生，七十以上，不忘旧也。甘泉子既龛神位，与陈清江按，名頀，详《番禺

① 广州图书馆编《广东历代著者要录（广州府部）》谓陈庸著有《东峰集》（同前，第 217—218 页），关于《东峰集》与《东峰语录》《东峰诗文》的关系，待考。

② 该诗本集题为《次韵谢天赐登三层顶望昆仑池作》，文字稍异，"谢生卜筑葵根宅"本集作"回头笑向玄真子"。

③ 按，湛若水《访故友谢天赐茶业为墓祭，帖付乡老古世祯》云："其子宗连被其侄谢炜谋没"。（［明］湛若水撰、钟彩钧主持整理标点：《甘泉先生续编大全》卷 23，第 1210 页）。

志》同祀于白云尚友堂，侍食于师侧按，白云山有尊师祠，塑白沙像，见嘉靖二十九年甘泉《新创白云书院记》，详《领海名胜》，今《甘泉集》不载，盖二君皆无后也。《甘泉文集·逸士谢葵山先生墓碣铭》与李子长称二高士。阮《通志》本集《寄谢天赐》："不了从兼病与贫，小庐峰里白头新。问谁肯我同精舍，垂老思君是故人。世事转头浑学梦[①]，烟花过眼可怜春。几时来伴江门钓，闲与诸孙讲旧闻。"

按，《鹤山志·地理》："邑庠蔡之柟再三至其地，三日夜遍访祐墓不可得，盖一望皆种茶树，而墓已湮没久矣。"

李祥，字元善，南海人。成化十四年进士，官至贵州布政。少陈子二十三岁。《门人录》雅有清操，一介不苟取，为白沙先生高弟。《南海志·循吏》附《梁廷振传》

黎潜，南海人。陈子《与黎、萧按，名伦，顺德人二生书》[②] 曰："某以衰疾执丧，气息奄奄，宾客知旧往来，记一忘十，独于潜也伦也，思之不置。二生之思我，可知矣。思之深，言之切，老朽何以答二生之拳拳？"送以诗曰："白发孤灯坐，青春二妙来。若无天地量，争得圣胚胎？至乐终难说，真知不著[③]猜。濛濛烟雨里，归思若为裁。"[④]《门人录》

罗冕，字服周，南海人。晚年尝馆白沙。陈子居丧，与书曰："比侍奉吉庆，徒以老朽旦夕往来，于心忧之深，言之切，

① "学"字本集作"觉"，"学"字在此不可解。"學""覺"字形相似，此处当为抄写之误。

② 本集题作《与黎潜、萧伦》书。

③ "著"字本集作"着"。

④ 该诗本集题为《赠黎萧二生别》。

有如吾服周乎？”[1]《门人录》本集《次韵罗冕》：“高笠短蓑吾不疑，白头真结两生知。……夜深自弄江门笛，惊起前湾白鹭飞。”《送罗服周解馆》：“看花肯续春来约，莫待黄鹂辞碧稍。”

潘汉[2]，南海人。国学生。《门人录》本集《九日小庐山示诸友》：“草屋肯留潘上舍，玉台还对古如来。赠潘上舍汉泛花[illegible]小潘郎醉，五羊潘汉击壤声高叶子歌。南海叶宏”俱自注 按，二诗疑在宏治元、二年间。［附疑］本集《与潘、徐二生书》：“去冬得二生书，半月置床头，日一展，展时一发叹，后生所急者何？后生所畏者何？转瞬来便都望三十四十，不自激昂自鞭策，将来伎俩又似拙者模样耳，奈何奈何！萧先生书报潘生近聘岳家甥女，可喜云云。”按，潘、徐原缺其名，故附疑于此。

崔楫，字希说，南海人。能诗。陈子与书曰：“来喻不忘在学，幸甚。进退未决，不立背水阵，终难胜敌。希说勉之，岁月固不待人也。”[3]《门人录》本集《与崔楫》书：“不意先府君顷逝，想孝履如宜。按，《前汉·地理志》：“‘伯益能仪百物。’ 注：仪与宜同。”弃礼从俗，坏名教事，贤者不为。愿更推广此心，于一切事不令放倒。名教，道之藩篱。不守其中，未有能独存者也，愿希说勉之！”[4]

---

① 该书本集题为《与罗冕》。

② 李承箕《潘氏族谱序》云：“《南海潘氏家谱》题秘书公者为一世祖，谓秘书仕宋仁宗朝，及高宗南渡时，始来广州居之。又谓秘书之子仕元为提举，顾其父子之间乃能阅岁三百余耶？……秘书九世孙曰汉天章者，属予序其谱。”（［明］李承箕：《大厓李先生文集》，前揭书，第595页）据此，潘汉字天章，与李承箕友善。

③ 本集题为《与崔楫》。

④ 此书为本集《与崔楫》第二书，此处有省文。又，“名教”本集作“名节”。

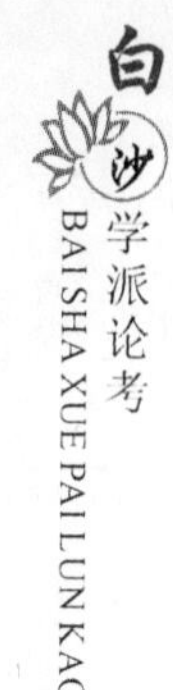

范规，字能用，南海人。陈子有《赠能用》诗。本集《东圃诗序》："南海范规从予游，尝闻规之父东圃翁朴茂，于人无怨恶。"《与范规》书："定山先生偶得右手足风痹之疾，欲求养生之术，非能用莫能尽之，以此相托。倘蒙金诺，乞至商量，切望!"

马龙，字文祥，南海人。郡诸生。按，本集《陈君墓志》"郡诸生马龙"，今补入尝从罗伦学。陈子有《赠马龙如湖西奠一峰先生》云："而师罗一峰，幸视我弟兄。"又，有《悼马龙诗》与"序"。本集《与张廷实》书："文祥兄弟继逝，甚可悯也。存者季弟诸侄能不坠其家业否？文祥始从湖西游，颇见意趣，后为仕进累心，遂失其故步，至不得一第而死，是亦命也。"[①]《马肇文惠油酒，并示哭一峰诗》："谁以三年报一峰，舒刚盖有古人风。一词亦到君亲地，何处无天覆马龙。"[②]《悼马龙》："道南诗卷出湖西，恨失当年马上携。高枕何如一峰好，夕阳回首万山低。"按，末二句即以一峰借鉴，惜其仕进累心也，语意高妙。

按，舒刚、肇文皆与龙名义相应，疑其别字。

以上罗、崔、潘、徐、范、马六人，各志俱缺名。[③]

冯载，字克任，号埜庄，初名祥，南海人。弱冠补邑庠，廉宪薛公器之，委币使于白沙。慨然有求道之志，遂弃举业，讲心性之学。秋试期迫，薛谕以进，引意不顾，遂留受业。比归，白

① 此处引文为本集《与张廷实主事》第二十二书。

② 本集题为《马肇文惠油酒，并录示哭一峰先生诗及送林缉熙掌教绝句，复以香一束，赋三绝见意》。

③ 今考《门人考》所录各志目次，贾《志》载有罗冕、崔楫、范规、马龙之名，《门人录》载有罗冕、崔楫、潘汉、范规、马龙之名，"各志俱缺名"之说不知从何说起。

沙赠诗称之。自是语言寡默，学问精诣，湛甘泉称为能隐居以求其志者。谨孝祀，敬父兄，礼恭言确，以严教子，以义睦族，虽拟之陈太邱可也。子教、徽同领正德庚午乡试，徽官按察佥事。曾孙良栋，乙酉乡荐，敦重有大器[①]。阮《通志》引《粤大记》

[补] 邝珙，游白沙之门，苦心笃学。年十四游于庠，白沙最期许之。尝病，白沙以诗问曰："邝生肺病今何如？献岁初惊得手书。我有丹方欲传与，小藜床上半跏趺。"[②] 南海潘《志》本集《与梁贞》书："戒邝珙之覆辙，念老朽之狂言。"按，书云"覆辙"，未详何事[③]。

吴向，　人[④]。

番　禺

张诩，字廷实，按，本集《与张廷实书》云"张君席珍足下"，疑一字席珍也号东所，《门人录》南海籍，番禺人。璳之子。南海潘《志》居羊城。阮《通志·古迹》："看竹亭在郡城诗书街左，通政参议张诩所居。"莆田彭韶见其少作诗，美之曰："岭南孤凤也。"黄佐《通志》成化十年举人。受业陈献章，不与计偕者十年。制府檄赴春官，《番禺志》二十年举进士，观政吏部稽勋司，从本集《送廷实序》补疏乞归养疾，归。总

① 冯载生平事迹见于湛若水《明故埜庄冯先生墓表》（[明]湛若水撰、钟彩钧主持整理标点：《泉翁大全集》卷63，第592页）。

② 本集题作《问邝珙病》。

③ 本集《与梁贞书》云："肺病外感则风，内感则烦，调摄之方，莫先虚静。秋举逼人，能置之否耶？戒邝珙之覆辙，念老朽之狂言，惟在贞。"从白沙劝告梁贞放弃秋举来看，所谓"覆辙"似指邝珙以病躯应举而病故之事。

④ 关于吴向里籍、事迹等信息，参见本书《潮州白沙门人考》一文。

督两广屠镛俾有司促之仕，遂北上，郭《志》授户部主事，寻丁忧归，隐居二十余年。按，廷实于宏治三年夏闻父丧归，至十四年，仅十一年而已，云二十余年误巡按御史黄铠按，南、番《志》及郝、阮《志·职官》俱作“黄铠”，《大清一统志》作“贾铠”疏诩“学问优长，操履端慎，杜门养高，不干时事”，部下有司促驾，诩以疾辞不起。正德中，御史程材、王旻前后疏诩“少从陈献章学，为岭南学者所宗，师友渊源，践履纯笃，可大用”，部书再下，诩再辞，继而吏部屡荐不报。正德七年巡按御史周谟、八年高公韶俱疏诩“学有体用”，有旨起用。焦竑《献征录》九年，召为南京通政司左参议，《明史》檄下，先具疏辞，遂抱疾赴南畿，焦竑《献征录》 按，以上四书俱本阮《通志》一谒孝陵即告归。献章谓其学“以自然为宗，以忘己为大，以无欲为至”①。卒年六十，《明史·儒林传》少陈子二十七岁②。尝语湛民泽曰：“廷实近多长进，但忧其甚锐耳。”③《门人录》 按，以《门人录》“少陈子二十七岁”考之，是即卒于正德九年矣撰《东所集》二十三卷，《南海杂咏》十卷④。《钦定四库提要》存目

［附录］东所先生授户部主事，复谢病归，按，起为主事以父忧归，非谢病归也辟所居为小西湖，闭户天游。佐为诸生时，按，阮《志》“黄佐正德五年解元”，是佐见东所时，乃在正德五年以前也尝奉郡候命往征文，获旅见焉。时传闻前星已耀，先生独向佐谓曰：“昔张子厚闻皇子生便喜，见饿莩食便不美。子素颖悟，试言其由。”佐对曰：“横渠学在《西铭》，德性所发，实能践之。是心也，乐以天下，

① 语出本集《张进士廷实还京序》。

② 据此，张诩生于景泰六年（1455），卒于正德九年（1514）。

③ 引文出自《与湛民泽》第十一书。

④ 除《东所集》《南海杂咏》外，张诩尚著有《东所诗集》《白沙遗言纂要》（又作《白沙纂要》《白沙先生遗言纂要》）十卷、《新会圭山志》（又作《圭门新志》《圭山新志》）十八卷等（广州图书馆编，《广东历代著者要录（广州府部）》，同前，第195页）。

忧以天下。”先生欣然曰：“得之矣。”自是佐乃知圣学必自其性情。始及乡试，后罹先考难，遂不复见先生。曾以荐起，即上疏辞归，遂考终于家。先生天资峭直，人有不韪辄斥之，或以为过于刚；当道诣庐致礼，未尝报谒，或以为过于静；接见亲宾，严威俨恪，语少涉私不复与言，或以为过于高。然尝读罗一峰《刚峰记》，而见其不堕于柔；读章枫山《与徐方伯书》，而见其不谒官府；观陈剩夫《心学图》，而见其不忘敬畏；诵庄定山《直沽诗》，而见其隐居复出。四子者，皆贤杰也，先生之行实兼之。当白沙倡道东南，先生首往从游，或以为吟风弄月，寻乐于黄云紫水之间，非知先生者也。先是，三峰高公韶为侍御巡吾广，首访白沙，为立祠，置田供祭，与先生最厚，其再起则三峰之荐也。佐不佞，尝侍先生，默自得，师，畀有言焉，不敢辞。黄佐《东所文集序》　阮《通志·艺文》

何瀞，字宗濂《番禺志》，番禺沙湾人。成化二十年来学。参《门人录》陈献章尝曰：“吾门如宗濂者，不可多得也。”《番禺志》本集《何宗濂书来推许太过，复以是诗》：“何地可攀文献驾，平生愿执菊坡鞭。”按，《门人录》分何瀞、何宗濂为两人，误①。

---

① 按，本集《李子高墓志铭》曰：“君与宗濂同邑里，世居番禺之沙湾。宗濂久从予游，实君之子婿也。”又，本集《渔读居士墓志铭》云：“何氏世居番禺之沙湾。……生子男六人：浩、瀚、淳、淑、瀞、沂。……成化岁丙申（1476），瀞始至白沙，从予游。”又，《广东历代著者要录（广州府部）》：“何瀞，字源清，东莞人。……著有《律学》、《何瀞奏议》。”（广州图书馆编，《广东历代著者要录（广州府部）》，同前，第171页）又，祁顺有赠送东莞同乡何瀞的诗《送举人何瀞南还》，中有“长才应拟早登科，迟速由天可奈何。莫向归途重惆怅，人间秋后月明多”之句。（［明］祁顺：《巽川祁先生文集》，四库全书存目丛书编纂委员会编，《四库全书存目丛书》集部第三十七册，别集类，据东北师范大学图书馆藏清康熙二年在兹堂刻本影印，济南：齐鲁书社，1997年，第472页）综合上述文献可知，广东当时有两个何瀞，一为番禺沙湾之何瀞，字宗濂；一为东莞之何瀞，字源清。前者为白沙门人，后者则非。《门人录》分何瀞、何宗濂为两人固然为误，《门人考》亦未言明其间关系。

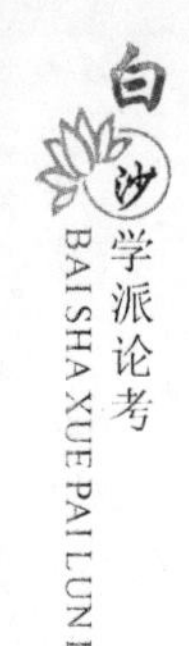

何廷矩[①]《番禺志》 按，廷矩谤师卖友，当从甘泉之言，不当复置于弟子之列，事详《丛考·字跋》。

陈昊元，字乾善，大岭人《番禺志》。受学陈献章。宏治五年举人，官陆川教谕。正德三年进士，知青田县。一意高蹈，留心濂洛之学，廷臣交荐，以科道召，辞归。阮《通志》引《番禺旧志》弟昊贤，昊贤子其、具俱举人。兄弟父子虽仕，而安于恬退，俱早归化白沙之教也。《番禺志》

陈頀，字宗汤。以学行称，事父兄最恭谨。宏治五年举人，为宾州教授，擢清江知县，后祀清江名宦。《番禺志》少陈子三十六岁。《门人录》嘉靖二十九年，湛若水奉谢祐与頀神位同配享于白云山白沙祠，以二人皆无后也。《南海名胜》及湛若水《谢葵山墓碣》本集《答陈宗汤书》："得宗汤书，作字太奇，老眼不识，服周读之告我耳。"

林高，字伯乔。少从白沙学，得闻性命之旨。宏治八年解元，官知县，有循声。《番禺志》 按，阮《志·选举》有传，《列传》无。

① 按，《广东历代著者要录（广州府部）》云："何廷矩，字时振，明番禺人。郡诸生，以文行，为督学胡荣所器重。弃举子业，师事陈献章。舍去秋试，不复出。著有《礼意大全》（一作《礼义大全》）三卷（一作二十卷）、《存羊录》十卷（失传）。"（广州图书馆编，《广东历代著者要录（广州府部）》，同前，第176页）据朱鸿林先生考证，白沙之称何廷矩及何氏同门之相称，皆称"时矩"，"何廷矩字时振"之误系源自《白沙学案》下《何廷矩传》何氏"字时振"的文字（朱鸿林：《〈明儒学案·白沙学案〉的文本问题》，同前，第138—139页）。

张天祥，字国卿，番禺人。陈子有《答张天祥（七律）》[①]。《门人录》

容贯，字一之，番禺人。《门人录》陈献章《至贯宅》有“敝衣寒露肘，破屋早知秋。家业凭觚翰，厨烟管去留”之句，乡里至今传之。《番禺志》本集《赠一之归番禺序》：“容生卓锥无地，从予游者十有一载，未尝对人作皱眉状，入京师见声利烜赫辄不乐，语人曰：‘古之仕者，将以行其志耳，徒食人禄而不知耻，吾不能以一日居。’贯之志可谓笃矣。”按，一之跋先生《庄节妇墓碑》云“古冈容贯识”，盖一之原籍新会荷塘，家番禺者也，亦见《荷塘家谱》。

叶先，番禺人。贯《志·白沙弟子传》

［补］李文，字彦博，一字鳌峰，波罗正心街人。时陈献章倡道学，文慕之，乃与湛若水至江门访之。因筑西台，请陈献章讲学。宏治十七年举于乡试，礼部得乙榜，例应官，不就，业太学。嘉靖间判泉州，清介自守，以直忤时，隐西台不出。《番禺志》

［附录］西台在鹿步，极扶胥之胜，过客登临多留题，别驾李文卜筑于此。《番禺志·古迹》

［补］屈群力按，《广东新语》作“群策”字子仁，号博翁，沙亭人。少从陈献章游，晚筑来薰书院讲学。献章尝过其家，书“背处从

① 按，本集题作《次韵答张天祥秀才》。

他冷笑，眼前任我清狂”，赠之时[1]。湛若水在翰林，劝之出，群力谢之以诗。郡有司三举乡宾皆辞。子青野亦高尚，尝结社于水门乡，东接虎门，献章题云：“凿开鱼鸟忘情地，展尽江湖极目天。”《番禺志》 按，“凿开”二句乃宋元宪庠《许昌西湖》诗，详蔡条《西清诗话》著《交翠轩集》。未见 阮《通志·艺文》

顺 德

梁储，字叔厚，号郁州，原号厚斋，伦以训撰《梁文康公行状》初字藏用据本集诗注补，顺德硝（硝）人。按，《郁州稿·嘉靖三年三月祭许世昌文》自称“石溪病叟”。按，(左从石，右从肯）字，字典无之，俗读若硬 景泰二年生，其明年，立县治。参订《行状》其先出宋丞相克家之后，有司库公者始迁南雄珠玑巷，某公者又迁南海县之石（硝）。《行状》为诸生时，提学胡荣选有异质者《门人录》受业陈献章，《明史》储与焉。成化十四年会元，授编修。《门人录》二十三年充会试同考官，黄《志》五月丁内艰，继丁外艰。宏治四年，进侍讲，改洗马。五年，主考顺天。十一年五月，册封安南，馈遗一无所视，十三年复命。《行状》久之，迁翰林学士。《明史》十四年，又主试顺天。十六年三月，黄《志》同修《会典》成，迁少詹，拜吏部右侍郎，《明史》充册封鲁藩。黄《志》正德改元，转左迁尚书兼学士。《行状》三年，主会试。黄《志》刘瑾谪《会典》小疵，坐降侍郎。《孝宗实录》成，复尚书，寻加太子少保。《明史》瑾憾不已。九

---

① 按，“时”当为“诗”字之误写，若以“诗”字解，其意为：白沙不但为屈群力书“背处从他冷笑，眼前任我清狂”，还相赠以诗。若以“时”字解，其意则为：白沙为屈氏书“背处从他冷笑，眼前任我清狂”时，湛若水在翰林。众所周知，湛若水于白沙去世后方才出仕，故第二情况不能成立。

月，黄《志》调南京吏部。瑾诛，以礼部尚书兼文渊阁大学士，《明史》本传寻晋太保武英殿。《明史·宰辅表》十六年四月，《帝王年表》上入继大统，有定策功，亲迎乘舆于藩邸。李时撰《墓志铭》五月致仕，加左柱国。《宰辅表》尝降敕褒之有曰："张九龄之忠荩而不究其用，崔与之之风概而不久于朝。"黄《志》嘉靖六年丁亥，杨一清在内阁，参《宰辅表》上命撰敕召用，而讣音至矣。阮《通志》引黄《志》三月二十五日卒，按，郝《志》"编年"作"七年九月"误寿七十七。《行状》赠太师，谥文康，谕祭九坛。已丑，葬番禺大观山。杨一清撰《神道碑》著《郁州遗稿》十卷[①]。是集储子次挹所编，后其孙孜官中书舍人，从内阁录其奏疏补入。储历事三朝，当武宗机陧时，乃能岳岳怀方，弥缝匡救。《集》中奏疏，如武宗自封镇国公，则上疏力阻；许给秦王关中牧地，则草敕为危言以动听，事遂寝；又力请回銮，疏至八九上；无非惓惓忠爱之忱，虽辞乏华腴，而义存规谏，亦可云古之遗直矣。胡维霖《墨池浪语》乃引杨慎之言谓："《明通纪》一书乃储弟梁亿撰，故以不草威武大将军敕归之储，其实写威武敕者储也，内阁有敕书稿薄，缀撰文者姓名，何可诬也云云。"其说独异，然稿薄果存，不应终明之世无一人见而言之，《明史》本传亦无明文，置之不论可也。《钦定四库提要》

［附录］宸濠未反时，多内交士夫，凡所馈遗皆有籍记。濠诛后，馈籍惟厚斋梁公、晋溪王公按，名琼无受馈迹，世人犹指此疵二公。厚斋自入仕至归老，负郭不增寸土，家无余财。尝见一匠人何，云公归日议建先祠，计匠直曰需八金。匠何六往曰未有给也，盖少需八往不能给，祠竟不克建。按，此"何匠"一段当有伪文

① 按，据《广东历代著者要录（广州府部）》，《郁州遗稿》又名《郁州集》《郁州稿》（广州图书馆编，《广东历代著者要录（广州府部）》，同前，第 382 页）

公在位日，王御史溱请典刑公，田给事中赋请没公之赀，代天下输租之半。上御极，言官劾公假宸濠兵卫，公不辩，曰："余只致仕去已矣。"久之，知与宸濠卫兵者，实石斋杨公，按，名廷和当制正德九年三月十五日也。旧制，凡阁下当制，拟旨人亲署衔著笔迹焉，故不得诬移之他。公惟引罪，连三上疏乞致仕，无片言自辨，然后知公之大也，难能也已，足法也已。《郁州集》附霍韬《梁厚斋公传》

［又附］《白沙集》有《示藏用（七律）》十首，诗注："藏用，梁文康初字。先生门人。"又，查《郁州集》与《行状》，俱未说从学白沙。此本系顾迁客重修，必有所本，且初字藏用，别本亦不多见。观此诗，先生倾倒于文康亦至矣。《五山林志》　按，先生代容珪作《丁知县行状》并张子《白沙行状》俱云"梁储，先生门人"，罗偶未考《全集》并《明史》，故有是疑也。　又按，藏用与储名相应。又，东莞门人袁晖亦字藏用。

梁文冠，字华卿，鼎新人。《顺德志·隐逸》最先从陈献章游，因率其二子景行、景孚学焉。阮《通志》引《粤大记》予闻石翁陈子之学始乎静，终于自然。先生首与李伯温兄弟从之，翁馆先生于家，训其诸孙。按，本集有《戏赠馆宾梁文冠》，原注云"尝馆白沙"翁居碧玉楼，尝与先生极论名理，知其大有得也，乃号先生曰"见玉先生"。与李世卿、吴献臣厚善。石翁赠诗曰："得雨花畦润，随风鸟韵长。公来诗不少，排日两三章。"[①] 不嗜酒，武人强引一杯酌之，病两月而差。少号鹤山，晚居古谷种梅，号古谷。《洹词·梁古谷先生墓志铭》著《鹤山集》[②]。未见　阮《通志·艺文》

---

① 按，该诗本集题作《与梁文冠》。

② 按，梁文冠尚著有《古谷集》（广州图书馆编，《广东历代著者要录（广州府部）》，同前，第385页），《门人考》缺载。

景行，字宗烈。弘治二年举人。知崇明，多善政。《门人录》弃晋江令，返壶山。吴公疏荐于朝，嘉靖初起为镇江同知。大学士杨一清，其族子留者干官府，害里人，宗烈独治之，鞭其奴。改王府按，《顺德志》作“寿王府”长史[①]。《洹词·三仕集》附见《吴尚书廷举传》杨廷和假子杀人论死，杨一清时寓镇江，为请减一等罪，不听。《大清一统志》湛若水见白沙，景行为之介绍。若水曰：“白沙不作功名声利，往往而是；宗烈超然世外，未老而死，岂天不欲白沙之绪延哉?”《顺德志》著《壶山集》十卷。未见 阮《通志·艺文》

景孚，字宗正。陈子有《和景孚游山诗》。《门人录》景孚聘妻，献章助谷三十斛。《顺德志》

梁奎，字文燦，大良人。弱冠补诸生。从陈白沙游，沉毅醇谨，白沙雅重之。居家以孝友闻，赵督学扁其堂曰“爱日”。弘治二年举人，通判袁州，阖郡称其廉平，中丞部使者交移檄劳之。值桃源洞贼数十万薄城，武将悉皆怯伏，奎独拔剑斫案誓曰：“不与此贼俱生！”遂上马率众出战，大败之，俘获甚众。益转战深入，矢竭援绝，遂遇害，贼亦大创遁去，不敢复向袁州。郡人谓：“微奎以死拒之，则城不保矣。”事闻，特旨晋秩二级，祀名宦，荫子世衡八品官。参《顺德志》

梁贞，字惟正，据本集补南海人。以父赘室桂州，因家顺德。少游郡庠。师事陈献章，笃志向学。参《顺德志》居父丧哀毁踰礼，服除不入寝所。《广州志·儒林传》弘治二年举人。陈子《奠贞文》云：“馆中之士，求如惟正者守一而没，盖亦希矣。”《门人录》

---

① 按，湛若水《工部尚书吴公神道碑文》作“寿府长史”（［明］湛若水撰，钟彩钧主持整理标点：《泉翁大全集》卷64），与《顺德志》同。

黄泽，字曰雨，按，阮《志》“字若雨”顺德石硝人。宏治五年解元，六年进士。陈子有《闻泽发解》诗。《门人录》泽性豪举，博学工诗，善真草书。初，计偕同举人何钦按，阮《志》：“钦，番禺人，泽同榜举人，官教谕。”病疫，童仆尽死，泽独负钦至省治，踰月而愈，人义之。《顺德志》

赵善鸣，字元默，《广东诗粹》顺德碧江人。《谢山存稿》每诵陈子诗辄向慕，宏治十二年拜门下。十四年举人，仕至南京户部员外郎，《门人录》云南曲靖知府。《诗粹》性豪举，博学工诗，善真草书，《顺德志》为世珍宝，称丹山先生。《西樵游览记》著《朱鸟洞集》。未见　阮《通志·艺文》

《甘泉集·别后与赵元默言怀》：“桃李默不言，流莺语春风。语默各有性，此理谁能穷？羁靮不由人，圣人有天工。岂无神化术，能使蛇为龙。”《西云梅花盛开，用元默西云韵》：“梅花清太极，雪月与通灵。老树从心折，春花就手迎。”［附录］赵善鸣，字元默。与同年湛元明俱出白沙①。前因元明识某人，甲午以户部员外郎公差过豫章，出许司徒函谷所刻《辨论》为惠，始得尽见一时贤俊论学之说。《豫章漫钞》　按，《明史·七卿表》：“嘉靖十三年甲午，许讚为户部尚书。”

胡旦，贾《志·弟子传》字达明，补号养蒙，顺德白藤人，南海

---

① 按，湛若水《赠地官大夫丹山子赵君迁曲靖太守诗序》云：“昔与丹山子初相见于石翁先生之门，迄今四十年矣，翁时已在病，举赵子以属水，曰：‘可哉！秀子，子其与语之。’自兹相契好。丹山以兄事予，相期志道。筑场之后，相与游罗浮，居西云舒啸。扶胥出庾岭，渡彭蠡，访白鹿，历金陵，登歌郭隗之台，咸与之俱。及予官词林，丹山守泮州，入赞都督府南郎地官，往往见于事功，称才能，而予职不任事，徒以不忘区区之学，托诸空言，莫得少见于事业。然回视一时及门游从诸子，而予与丹山子及邓子贲斋幸存，又同官南都，交义不替益亲。”（［明］湛若水撰、钟彩钧主持整理标点：《泉翁大全集》卷45，第431页）可见，赵善鸣与湛若水之间亦师亦友。

籍，岁贡。性纯笃，与弟曼同胎生，俱游白沙之门。有《次马默斋，送白沙先生应召》诗。曼，字子缨，号养源，皆以文行高尚为时所称。《胡氏家乘》

萧伦详南海《黎潜传》

萧立贾《志·弟子传》

邓德昌，字顺之，水藤人。从南海潘《志·金石》补　按，顺之，顺德水藤人，非南海盐步之水藤 贡生，官应天训导。《门人录》居西樵，筑铁泉精舍，读书其中。湛若水极相推重①。晚年以其学授傅明应，称贲斋先生，《西樵游览记》读书鹿洞，复授史惺堂桂芳。桂芳，番阳人，按，原《录》作番禺人，今改正 官两浙盐运使，得白沙之传。参《门人录》

［附录］宏治己未秋，予与张傅②之、邓顺之、赵景凤按，景凤疑丹山初字 约游西樵，而五羊李子长者闻之，偕李天秩先候予，邓氏未及面，赋诗而去。《甘泉集·游西樵记》　南海伦以谅《游铁泉精舍，赠邓顺之》诗："我爱铁泉子，迂疏不作家。尊空方乞酒，鼎沸施沽茶。囊贮春山药，楼深石径花。时携九节杖，天外挂名霞。"　远志楼在铁泉精舍中。嘉靖间，邓德昌建。俱《西樵游览记》。　按，白璜《西江志·吴与弼传》"案语"云："甘泉、东所、惺堂受业于白沙之门。"按，此语误也。盖白《志》见《明儒学案》惺堂与东所附于"白沙条"下，故遂误以为门人耳。此犹周蕙、薛敬之皆薛河东再传三传门人，故《学案》俱附于"河东条"下，同一例也。又按，本集有《与邓胜之》书，未详邑里，岂即顺之昆从耶？［附录］望沙台，邓德昌治。甘学书刻在西樵望沙台南石壁。德昌，水藤人。

---

① 按，湛若水《赠张柏山出山诗序》："畴昔游于白沙……虽弗睽弗居，弗睽胥居于樵，惟予、邓子、张子。惟兹二人，胥居秉志迪德，惟予之勖。"（［明］湛若水撰，钟彩钧主持整理标点：《泉翁大全集》卷16，第178页）

② 按，张希载字博之，与湛若水相善。"傅""博"字形相近，"傅之"当为"博之"之误。

潘《南海志·金石》　按，望沙者，望白沙也，犹汪提举之怀沙亭也。　《钦定四库提要·惺堂文集》："史桂芳，字景实，号惺堂。嘉靖癸丑进士。其《语录》称陈献章'未分无极源头在，谁画先天样子来。碧玉楼中闲隐几，十千川绕又山回'之句，谓'数十年不似今夕了悟'，其宗旨可想。"

邓翘，字孟材，顺德龙江人。善墨竹。以正德岁贡教谕浮梁。陈子有《答翘送晚菊诗》[①]。《门人录》

邓珙[②]贾《志·弟子传》　按，阮《通志》"案语"："以明《新会志·弟子传》有邓珙无邓翘，《顺德志》有邓翘无邓珙，疑珙即翘。"榕以为非也，各《志》缺漏者多矣，庸独二人哉？

张希载，字博之，号柏山，顺德龙山人。宏治五年，同邓珙从游。陈子诲之曰："君子之心，常存恐惧于善未迁、过未改，恐生懈怠，于静曰惺惺，于动曰惺惺，恐生冥醉。"湛若水曰："昔游白沙，惟柏山学有端绪。"正德间，以贡生教谕攸县。参《门人录》性和蔼而不肯诡随，士薰其德，不严自化。《湖南通志》　［附录］甘泉居西樵，东所、柏山诸人往来于大科烟霞云谷间，迭主讲席。《西樵游览记》"玉泉涓涓流，恍如仙邃弄。道人掬泉饮，惊起蛇龙梦。"柏山张希载　右刻在西樵喷玉岩。张希载，白沙弟子，诗无年月。《顺德志》称柏山与湛甘泉处西樵[③]，霍文敏《樵云出岫，送柏山序》称："柏山冲云出樵，甘泉子送之。"南海潘《志·金石》　张在瑗，字蘧度，顺德人。希载元孙，有祖风，学宗白沙，足迹半天下，鼎革后不出，

---

① 按，该诗本集题作《龙江邓翘送晚菊》。又按，邓翘著有《归客集》（广州图书馆编，《广东历代著者要录（广州府部）》，同前，第30页），《门人考》缺载。

② 按，李承箕《崇本堂记》云："广东顺德龙江邓公讳英，游邑庠，不有其生利，退而家居，整肃其家政。构祠宇前后若干楹，祀厥考妣。考讳某，能济人于急，不信浮屠、老子法。黄贼之乱，以术活死者六七人。识与不识，聚而至者皆衣食之。英子珙曰：'予祖予父懿行，如此其祀后宇不得迭毁。'"（［明］李承箕：《大厓李先生文集》，前揭书，第571页）据此，邓珙为顺德龙江人。

③ 按，湛若水《练塘记》云："张子、邓子与湛子居西樵之墟。"（［明］湛若水撰，钟彩钧主持整理标点：《泉翁大全集》卷26，第251页）

有《绿树山房集》，侍儿青郎、香奴均能诗。《粤东诗海》

康沛，顺德人。按，《顺德志》："龙江、龙山、甘竹俱有康姓，沛疑亦龙江康佥事麟之族。"陈子《喜康沛至》诗曰："三年念游侣，奄至庐冈曲。睍睆枝上莺，相呼入幽谷。平生真淡意，至老方耻独。"沛之言曰："先生之教也，文章性道，因人而传，未尝言易，亦不语难。沛游门下十有四年，教我静坐，静而匪禅，日用之间要见鸢鱼，寂然之中天机常动，如洪钟在悬，不扣而鸣，未尝或补息，此乃先生之教之全也。"《门人录》

李瑜，字伯温[①]，鼎新人。年二十进邑庠，补廪。从学白沙，笃志有为，改过不吝，虽淡薄自甘，而志切济人，白沙推重之，特以吴康斋所书《雪竹赞》赠之。与湛甘泉友善，同处上游庄凡十年，年八十二卒。甘泉临墓致祭，有挽诗藏于家，大司农张泰、少司成周贤宣各有表铭刻于石。《顺德志·隐逸》[附疑]按，《洹词·梁古谷墓志》云："李伯温兄弟从石翁游。"考贾《志·弟子传》有李由、李方、李同三人，俱缺爵里，不知何人为伯温兄弟也？

李孔修[②]，字子长，号抱真子。侨寓广州高第街。《顺德志·隐逸》 按，顺德佘语山赐纯《跋严大昌过花基访李子长故居诗后》云："《志》称子长侨寓广州，几忘其为顺邑之大良人矣。邑城东南曰花基，李氏多聚族于此，谒其祠，子长主在焉。" 按，今顺德古粉村亦有李子长祠。白沙《本集》云："偕顺德李子长游李村山。" 《大清一统志》云"南海人"误。

---

① 按，据湛若水《明故雪竹李先生墓表》，李瑜号雪竹（（[明]湛若水撰、钟彩钧主持整理标点：《泉翁大全集》卷26，第251页）此当与白沙所赠吴康斋《雪竹赞》有关。又按，李瑜著有《李雪竹诗草》（广州图书馆编：《广东历代著者要录（广州府部）》，同前，第123页），《门人考》缺载。

② 按，李孔修著有《抱真集》（广州图书馆编：《广东历代著者要录（广州府部）》，同前，第129页），《门人考》缺载。

大明高士抱真子李子长先生之墓

通议大夫詹事府詹事翰林院学士南海霍韬渭厓撰

乡进士南海陈中诚元白书丹

礼部儒士番禺甘学于槼题篆

甘学曰："世道日下，势利交征，挟寸能片长者，罔弗投合于时；黜智守分，笃志尚友，于古者无几。抱真李子孔修子长，少从白沙游，飘然鹤思，不伍于世，破庐薄产，蔬食不继，未尝作皱眉状。作诗写字，不履律于前，自为一家，或观眺山水，归而图之，见者争爱，而酬之曰李子长画云。平居管宁帽、朱子深衣，入夜不违。近二十年足不越城域，惟攻《周易》。城中儿童妇女，皆称曰子长先生云。间出庐户，远近环视，以为奇物。今年病卒，无子。

学又曰：惟孔修有古之林逋、魏野、种放、孺子、云卿之风，诚皇明一代之高士。于是，宪使李先生子庸、少参王先生崇教，闻学之言，皆高李子之风，遣赀之经治之葬。谨案：李孔修子长行履，世人称述多过其实，今摭其可传信者如左。李子长有庶母，父殁，母改适民家，诬讼子长没夺之产。县官系鞫之，子长无言，抑迫之输供，按，钞本有供字。《南海志》及《西樵游览记》俱脱去操笔供曰：'母告委是情真。'县官疑之，为之覆鞫，得其情，乃知其贤，礼敬之。世人由是诮子长曰'痴汉云'。子长少年输粮于县官，县官按，《南海志》脱去"县官"二字，今据《西樵记》补异其容止，询姓名不答，惟一拱手，县官斥曰：'何物？百姓乃尔，拱手耶！'呵之。退又再拱手，县官怒笞之五，竟无言以出。白沙先生知之，戏之诗曰：'如何叉两手，刚被长官笞。'盖实录也。子长少游白沙之门，白沙先生抗节振世之志，子长独得真传，若东所张诩、葵山谢祐皆于师门无垢云，是故子长之诗曰'月明海上开尊酒，花影船头落钓蓑'，白沙先生亟称之，曰：'后二十年恐子长按，钞本及《西樵记》俱有“子长”字，《南海志》缺无此句云。’谢祐之诗曰‘活水引龙归后洞，古松搂鹤上高枝’，志嘉遁也。又曰‘看花得意流连舞，坐竹随阴次第移’，言自得也。按，《鹤山志》“《葵山诗集》今无传”，此是葵山《归山》诗，其起结云：“春风春雨入山时，便借清流浣旧衣。踪迹往来无捉摸，此中疑有白云知。”东所之诗曰‘人才似宝真堪惜，宇宙如家合要扶’，全仁之量也。孔修于东所、葵山为久要云。

又曰：白沙流风之远，东所、葵山、子长不失其真云。或问于陈秉常庸曰：‘子长废人，有诸？’秉常曰：‘如子长诚废，则颜子诚愚。’盖秉常于子长同师白沙，故相知信如此，君子以为知言云。后学霍韬不能加片言，惟为之铭曰：‘呜呼子长！去矣子长，逖矣子长，后世于何望古风子长、古节子长？逖矣子长，后世于何臧古貌子长、古心子长？逖矣子长，后世于何彷？按，《广东文献》作“仿” 嘉靖十年十一月十一日。’按，碑原作“十一月”，《南海志》作“十月”，漏“一”字也。右碑在西樵云路峰。潘尚楫《南海志·金石》

按，阮《通志》所引《顺德志》、郭《志·李孔修传》皆删改霍氏此表者，榕虑后世不究其原，故破传志体例，全录之。 道光二十年春，予仲弟韭龄持钞本霍公《子长墓碑》归潭溪，云古粉重建子长祠，友人某请为祠碑，予疑钞本有伪文。是年十月八日，适与方君石琴、梁君朴山游西樵，得谒李子长墓，墓在翠林中，故碑未有残勒，兹因取《南海志》与钞本校订，各有伪异，乃悟此一钞本与一游览皆奇缘也。

本集《次韵李子长抵江门》：“江门之水流千里，玉台之山多白云。此山若解留人住，此水应须与客分。云谷丈人终不老，舞雩童子又成群。去时若问来时路，寻乐斋前对此君。”① 《送子长还五羊》：“津头看水坐成痴，天地闲人我却知。此日江山初见子，向来风韵更因谁？春波浩荡舟②难系，晓树啼莺枕欲欹。江上明朝空引望，白云何处久支颐？”《俱与张廷实书》：“云谷老

① “里”本集作“春”，“路”本集作“见”。
② “舟”本集作“柳”。

人、李孔修，非吾廷实，吾安知吾郡有二贤哉？得手书，喜而不寐。云谷已老，将不可得见，独孔修妙年，如廷实所称，非俯首当世之人也，万一他日往来之便，庶几接其绪论，以信吾廷实能善取友也。”“子长病小愈，曾见之否？子长服黄柏不死，且以黄柏为有功，诸君为子长忧黄柏也。九月十三日。”按，子长与廷实俱居羊城，故书问子长必于廷实。　此书疑在成化二十二年。“子长在馆中已半月，梁贡士告行，奉此。”按，宏治二年春，廷实入都。是年秋，先生门人梁景行、梁贞、梁奎皆领乡荐，因其入都，故告之。“子长怀集之行，恐未免内顾之虑，能照之否？”《与崔楫》书：“子长落水罗汉，吾辈皆旋涡佛耶，何故无一人救之？”《送子长往怀集取道谒张梧州（五绝）》二首。按，此行在宏治五、六年，详《年谱》。《寄子长（五古）》：“仙城李子长，短发不及寸。家有觅粟儿，时无郭元振。”《题李子长画》二绝之一：“青山影里人家少，绿树阴中石径微。偶出洞门回首望，白云何处有柴扉？”［附录］白沙字、李子长画，皆粤东之所贵也。《广东新语》

《金竹集·题李子长先生骑驴图真迹》：“传神问为谁，亦复向何之？应是白沙路，独寻黄叶时。低头斜点点，轻策下迟迟。感激导先在，将思穷相追。自注：东坡譬用劣笔作字如穷相驴赏心方一笑，满眼足悲辛。画主印文在，诗家笔迹真。自注：画为伍重驹家藏，上有高望公陈元孝题诗无非前日友，谁是此时人？坚久不如纸，悲哉七尺身。”《石缘诗钞·香山茂才陈官题抱真子自题小影》：“抱得天真乐可寻，春光澹荡墨痕深。还将有象征无象，想见先生太古心。”

［附录］湛若水《祭李抱真文》：“维嘉靖二十六年，岁次丁未，二月癸未，朔十五日丁酉，友人前南京兵部尚书湛某，谨以庶羞果酒之奠，昭告于故友李抱真之灵曰：‘嗟乎抱真！少游江门，互四十年，人曰学圣，笑而不语。嗟乎抱真！溟涬自居，美质天成，不降其志，不辱其身，不慕富贵，不厌贫贱。上漏下湿，歌声彻邻，不离城市，气凌烟云。混迹尘世，行希古人。诗画寄傲，梅雪精神，时出别调，林逋其伦。讬体云路，峨峨高坟。敬奠一杯，表此平生。尚飨！’”《甘泉文集》　按，张子《白沙行

状》："成化辛丑见我先生于白沙。"先生之识子长实由于张子，先生与张子诸书可考也。考子长之来游白沙，大抵在宏治元年，是则子长之从游仅十余年而已，而甘泉云"互四十年"，与《行状》及《白沙集》迥异。若自子长从游之年计，至子长之卒，四十四年矣。　又按，阮《通志·职官》："按察李中嘉靖十年任参议，王洙嘉靖九年，凡二年。"是子长卒于嘉靖十年，故李、王二公为之治葬无疑也。　又，《广东新语》云："子长年九十余卒。"按此，则子长当生于宣德初，与先生年相若。今考先生《与廷实书》云"独子长妙年"，又云"定山岂可辄寄以诗？子长后生当存谦退"云云，当宏治初称为"后生""妙年"，况霍《表》又两言"少从白沙游"，是子长卒于嘉靖十年，年仅七十而已，《广语》所云类多无据，故所载与甘泉从游之年，俱未考本集，故有此误也。

陈交甫《门人录》："子长画之失传无论已，乃诗句流传亦竟无一语。今市坊伪刻鄙俚，谬为子长诗，此不待辨。至生平亦无可考，流俗污云'以事诣县，拱手无言为所笞，致有痴骇之目'，此种无稽真是可恨。异日续修《粤志》，当改正此传，毋令英豪受诬地下也。"　按，陈解元僻处海隅，故于霍《表》及子长真诗未能遍考，故有是言。　又，嘉靖间，顺德罗君学鹏录市坊所售子长《贫居百咏》，刊入《广东文献》，以为子长真诗，鄙俚殊甚，诚有如陈交甫所云者。即知其真，犹当选录，况未必真耶？其中句如"眼中怪怪奇奇事，都让他人做出来。等闲更唱无腔曲，醉卧门前乱草堆"，竟似诗中无赖子，如此类层见叠出，罗君"凡例"乃曰："子长《百咏》，约道德为诗，不谶不腐，理确情真。"此等品题误人殊甚。且子长善画，有霍《表》可按，胡为《百咏》中无一字言及画者？罗君此刻，殊非阙疑之道，当亟删之，毋令嗤大雅于千秋。

附子长诗　顺德文学李孔修《春日游西樵》："扶病涉江还上岭，寄情飞跃有高深。翠濛烟树微通路，红乱花枝正满林。禅语本无生处像，圣功流出静中心。暮春全好风坛在，明月堪来属杖寻。"《岭海名胜》《游西樵》："奇花不尽留春久，宿雨才收月色新。阁外凌云高去鸟，山中问道远邀人。"《广东诗粹》　《卧愚亭》："带雨寻公到日西，野塘风景对君迷。便安亭下供吟咏，且爱花阴得杖藜。乐地焉知无洞府，淡心我亦任招提。百年意绪痴迷在，也未乾坤放眼低。"《广东文献》三集　按，亭在大良，详《诸友考》成化丁未，豸南公卫自北归，遂坚志不仕，友人李子长赠诗云："华阳昔日夸宏景，少室当年羡李公。山腹雾深藏锦豹，潭心春

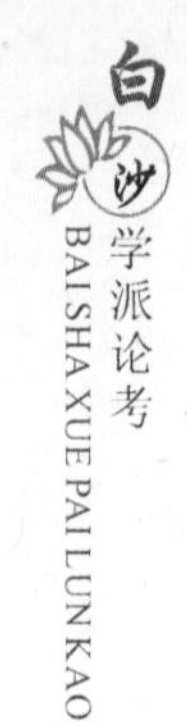

暖卧骊龙。数金澼统封侯重，三尺侏儒宠泽隆。芦月渚烟能子北，一竿谁识紫溪翁？”《古冈梁氏家乘》　按，此诗当作于宏治元年以后。梁公详《门人考》《送湛甘泉迎侍》：“大孝古来儿傍母，一官今日母趋儿。八千里路波涛险，饭是胡麻亦可悲。”按，此诗以《甘泉传》考之，当作于正德元年。《咏龙眼》：“封皮酿蜜水晶寒，入口香生露未干。本与荔枝同一味，当时何不进长安？”《杂诗》：“竹屋三间隐薜萝，红尘绝少白云多。客嫌巷陋悭来驾，燕为门低懒结窝。年老渐休题凤字，更深犹放《饭牛歌》。人间雪月风花景，休问狂夫占几何。”子长诗多不留稿，故流传甚少。俱《五朝诗选》。　按，此首即《贫居百咏》之第三十九，最稳雅者。盖黄氏从他书贩稗而出，不然，既见《百咏》，何以云流传甚少也。　《题老女桥》：“四百年来事可寻，石桥遗迹古犹今。秋宵惟有龙江月，照见当年老女心。”《西樵游览记》　按，老女桥在龙江、龙山交界，湛若水有《宋贞女吴妙静墓表》，见《甘泉集》《顺德志》《龙山志》。

《王中秘文集》有《与李伊令书》云：“吾乡李子长先生，醇谨端悫。闻其亦有妻，每食必举案齐眉。按，原本缺“齐眉”二字，不可通，今补入酷肖伯鸾之为人，吾因辑其诗歌以继《五噫》。按，中秘所辑者，今罕传雷更爱子长，当家无事时。天子三年一举，士之贤者皆得试之。有司坐大门左，诸生头伏足，缘行被发，缨冠听点。子长年少，奋然曰：‘朝廷至大，士至小，至以不肖相视耶？’即弃砚去，后有司闻其贤，乃于贡院旁筑掷砚亭。按，掷砚事或有，筑亭事疑虚传，俟考今伊令，子长曾孙也，行端悫，有祖风。时天步艰难，已弃儒冠不仕。仆去年春交伊令，因怀子长《约游黄山三十六峰，结庐其上》。”天尺曰：“吾乡皆传子长先生无妻，今阅中秘书，乃有伊令，闻孙，其非无后人可知。”又曰：“子长从白沙先生讲学，得无欲之旨，操行廉洁，人不可得而衣食之。布政使朱英按《明史》、阮《通志》，朱英前为广东右参议，后为总督，未尝为广东布政。为参议时，子长尚未生，此或彭韶之误饷米二十余石，固辞不获，乃悉举所有瓶盎盘匜之属，才容一二石许，余则不受。遇空辄画猫卖之，毛骨如生，鼠见惊走。其山水、翎毛亦精绝，人皆宝重，然皆不肯多画。平居，人希见其面。间出，择地乃蹈。遇雨，辄拱手徐行，人曰：'先生何不趋?'曰：'前路岂无雨耶?'人皆笑之。晚于道深造，年九十余，无疾卒。今西樵祭社以子长配为社师云。"《五山志林》 按，先生《寄子长》云"家有觅粟儿"，可证其有子矣。然霍《表》又云"无子"，盖有子而夭也。中秘所交伊令者，别支入继耳。又，榕昔寓大良，谂诸李友人云山，云山云今亦无嗣矣，是伊令之后又绝矣。

抱真先生李子长墓在云路峰前，霍文敏公为设祭田，以附祀于社。樵人祭社，每尸祝焉，有像在社学，山中童子入学必先谒之。水旱疠疫，祷之辄应。尝有奸民夜斩坟木，一村鸡狗皆鸣，自后无敢在坟前樵采者，其灵异如此。何梦瑶《谒子长墓诗》："九原容我寻高士，三疾如公是古民。" 处士龚成王失贵："先生坟在社长存。" 《西樵游览记》

东　莞

林光，字缉熙，东莞人。为诸生，读吴澄论学诸书感悟，建得趣亭，读书其中。阮《通志》引黄《志》成化元年举人。阮《志·选举》五年会试，拜陈子于神乐观，从归江门，曰："吾得师矣。"已而筑室揽山，往来问学者二十年。按，缉熙于成化五年从归江门，十五年丁外艰，适十年矣。先生有《林彦愈墓志》可考，此云"二十年"误丁外艰，服阕，母强之出。二十年，会试中乙榜，授平湖教谕，勉学者反身修行，士习丕变。二十二年，主考福建。宏治二年，主考湖广。五年，同考顺天试，升兖州教谕。黄《志》丁内艰。起复严州府教授。《门人录》升国子监博士，三载，乞致仕不允，升襄府长史，致仕。竟日危坐，手不释卷。陈子曰："从吾游，得此道而能践

履者，惟缉熙耳。”湛若水亦曰：“白沙夫子崛起南方，得其门者，南川一人而已。”少陈子十三岁。黄《志》白沙之门，见道清澈，尤以林先生光为最，所上白沙书得力过于甘泉。《广东新语》年八十一卒。黄《志》著《南川集》十卷[①]。存阮《通志·艺文》子时衷[②]，嘉靖七年乡荐，仕镇南知府，有廉惠声。阮《志》引《东莞志》

林时嘉，字子逢。光族子，尝从光游白沙门。自律甚严，入邑庠规行矩步，不习流俗。提学魏校尝选为西隅社学师。初聘妻李，未娶，而瞽母欲改聘，时嘉坚执不可，竟娶之，相敬终其身不衰，时高其义。阮《通志》引《粤大纪》本集《紫菊吟，寄林时嘉》：“怀哉种花人，杳在江一曲。遗我盎中金，南窗伴幽独。”《送林时嘉》：“南川梦里旧青湖，何处青灯一榻孤。留取幽禽守花月，隔林还与尽情呼。”

林时矩，东莞人。本集注云“白沙门人”本集《与时矩书》：“禅家语初看亦甚可喜，然实是笼侗，与吾儒似同而异，毫厘间便分霄壤，此古人所以贵择之精也。”《与张廷实主事》：“时矩语道而遗事，秉常论事而不及道。时矩如师也过，秉常如商也不及，胥失之矣。”[③] 按，此书作于成化十八年，《与林友》书：“时矩可与共话，

---

① 按，林光尚著有《浙藩宪庙实录》《茶园林氏族谱》《晦翁学验》（民国东莞志作《晦菴学验》一卷）、《教胄子解》《南川冰蘖集》十卷，修有《嘉兴县志》（广州图书馆编，《广东历代著者要录（广州府部）》，同前，第253页），《门人考》缺载。

② 按，甘泉《明故襄府长史南川林先生墓表》云：“先生讳光，字缉熙。子二人，长时表，医学训科；次时衷，乡进士，能继家学，从予游。”（［明］湛若水撰，钟彩钧主持整理标点：《泉翁大全集》卷62，第586页）据此，时衷为林光次子，曾从学湛若水。

③ 据朱鸿林先生考证，《门人考》所录上述两条之“时矩”皆为番禺何时矩（也即何廷矩），而非东莞林时矩。（朱鸿林：《〈明儒学案·白沙学案〉的文本问题》，同前，第138—139页）。

吾兄但降心气，受之则有益。”按，时矩亦光侄辈。

林揆，或曰光族，字秉之光之族。阮《通志》诸生。据本集补本集《悼林揆（七律）》二首：“扶胥早寄坐中身，晚入黉宫忽四春。”又，“闻道平湖归渐近，相逢空有泪沾巾。”按此诗意，是秉之进庠四年而卒。卒之岁当在成化十二年，时光为平湖教谕。《寄袁晖林敬》：“岁首诗缄寄草梅，路傍先倩秉之开。而今两眼西风泪，谁解传声到夜台。”按，本集《林彦愈墓志》：“生二子，明，光弟也。”又，《伍氏族谱序》“林光谓其弟揆云”，是揆光从弟也①。

林敬，字子翼，东莞人。阮《通志》本集《寄袁晖林敬》：“颇忆江湖林子翼，小斋留饭更袁晖。”按，以上四人《东莞志》缺载。

袁晖，字藏用。十岁丧父，时往墓下号泣。家贫，业香柜以养母，夜则读书。陈献章过访，大称许焉，晖遂游于其门。其学务力行，不事章句。新会令丁积见之，叹曰：“不意布衣贫窭，卓立如是!”献章尝曰：“林缉熙称袁晖决非泛泛者，伍光宇从余游，余甚爱之，亦以其不泛泛也。伍光宇死，乡曲未有如光宇者，晖其光宇之俦与?”后辞归，终身不求仕，以孝友仁让教乡间，时俗为变。年七十三卒。《东莞志》　本集七绝《拟于精舍旁结小庵以处袁晖》

按《东莞志》，始称袁晖者，林光也。称“光宇从游，今光宇死者”，先生称伍光宇也，原是两人。考黄《通志》，林光少陈子十三岁，年八十一卒，是光卒于正德十六

---

① 按，《广东历代著者要录（广州府部）》云：“林琰，光之族。一作林揆，字秉之，号野菴，东莞人。林光族弟（康熙新会县志作族子）。幼时学于林光，后又师从陈献章。明成化间（1465—1487）诸生。三十岁后纵情诗酒，因酒诖误下狱。出狱后应乡试，不中，遂死，年四十二。著有《野菴诗稿》二册。”（广州图书馆编：《广东历代著者要录（广州府部）》，同前，第255页）

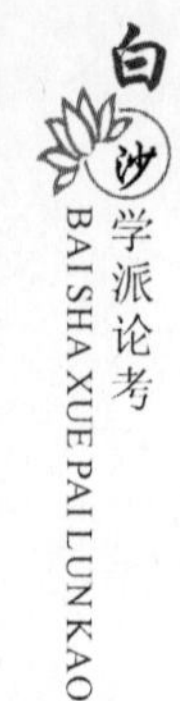

年，卒在先生之后。《广府志·儒林传》改云“昔光从余游，今光死”云云，误甚。

［附录］袁金蟾，陈白沙门人袁晖仲子，少好学仙，终身不娶，独坐卧一室中，发结成毬，生平不盥洗。尝宗白沙诗，有“夜深山色静，明月满西川”之句。年八十四卒，后有人见之增城山中。《广府志》

［补疑］祁顺，字致和，东莞人。阮《通志》引黄《志》名儒陈献章高弟。《石阡府志》天顺四年进士。成化十一年建储，赐一品服使朝鲜，凡舆马、金缯、声伎之奉，一切麾却，三韩君臣骇异，为筑却金亭。未几升江西左参政，以诖误。阮《志》引黄《志》十九年，知石阡府。《石阡府志》其地偏陋，至则谨斥堠，开屯田，广储蓄，流散日复。士人素不知学，自开郡来无贡举，乃集儒生，亲为讲授，数载而擢科者数人。宏治六年，升山西右参政。八年，升福建右布政，寻转江西左布政。按抚交章特荐，王恕在吏部亦疏引之，内阁邱濬、刘健皆欲荐顺，顺辞甚力。其生平邃学问，持大体，用公币一毫不妄费。在江西积金数千，将易箦，闻人言可私为归计者，即戒妻子曰：“若私此金，吾目必不瞑，宁归而饿死也。”乃悉归于公。卒，年六十四。著《石阡志》十卷阮《志》引黄《志》、《巽川集》十六卷，末附张元正所作《墓志》、贾宏所作《墓表》，各为一卷，《钦定四库提要》　按，“贾”字疑“费”字之误①《宝安杂咏》一卷，《皇华集》二卷②。存。阮《通志·艺文》　按，巽川为先生弟子，仅见《石阡志》，各书未载。

---

① 今检《明故江西左布政使祁公墓表》，落题确为“费宏”（［明］祁顺：《巽川祁先生文集》，前揭书，第581页），《门人考》误。

② 按，祈顺尚著有《东莞祈氏家谱》一卷（一作十卷）、《名臣录》《使东稿》一卷（一作十卷）、《心交倡和集》（又名《冷庵倡和集》）一卷（与陈冷庵合著）、《西游倡和集》（又名《翠渠倡和集》）一卷（与周翠渠合著）、《宝安诗录前集》《宝安诗录后集》等（广州图书馆编，《广东历代著者要录（广州府部）》，同前，第101页），《门人考》缺载。又按，祈顺为白沙友人而非门人，参见本书《〈白沙门人考〉考订、补遗》一文。

〔补疑〕陈猷[①]，字公远，东莞人。少即励志，动循矩矱。领成化戊子乡荐，读书太学。侨居神乐观，猷从讲学。终日澄心静坐，充然有得。《广府志》

〔补〕刘拭，字君范，香山县人。有笃行，乐推解。尝及白沙先生门，与李子长、杨淑廉友善，有《刘杨唱和集》。筑室马头山，吟啸自适，编辑族谱，乡里称贤。卒，年九十三。《香山志·耆寿》引《刘氏家乘》

增　城

湛若水，字元明。初名露，字民泽，避始祖讳，改为雨，后定今名。其先莆田人，元有讳露者，为德庆路总管府治中，卜居甘泉都沙贝村先是，成化二年丙戌，中星明越之分野，先生适以是年十月十三日巳时生，参罗洪先《甘泉墓表》两耳旁各有黑子，左七类北斗，右六类南斗。年十四始入小学，十六学为文。游府庠，抚台视学，教官肃诸生以跪迎，先生执不可。宏治五年壬子秋闱中式，甲寅二月往学江门。参洪垣《甘泉墓志铭》陈子称之曰："民泽远到，器也。日用随处体认天理，著此一鞭，何患不到古人佳处？"按，"日用"以下二十字见本集《与民泽》书、《书与李承箕》曰："楚云台自湛雨来始放胆居之，冷焰迸出云台之上，晚景得渠真有益。"《门人录》十二年己未，《赠江门钓台》诗云："皇王帝伯都归尽，雪月风花未了吟。莫道金针不传与，江门风月钓台深。"按，本集《江门钓濑，与湛民泽

① 按，陈猷著有《金台集》《兰陵集》《吴兴集》《崆峒集》，以上诸集合称《陈公远诗稿》（广州图书馆编，《广东历代著者要录（广州府部）》，同前，第220页），《门人考》缺载。

收管（七绝）》三首曰：“江门钓台，病夫衣钵也。兹以付民泽，将来有无穷之祝。”庚申，白沙没，为之服衰。

甲子，佥宪徐君纮劝驾，按，阮《通志》引黄《志》，于“劝驾”之下云“过南昌，谒庄定山”，考宏治甲子，定山没已五年矣。《甘泉集》有《祭定山文》曰“癸丑谒先生于定山”，此语可证，“南京”又误作“南昌”，故删之乃入南京，国子监祭酒章懋试“睟面盎背论”，奇之。黄《志》十八年会试，学士张元正、杨廷和为考官，抚其卷曰：“非白沙之徒，不能为此。”置第二，授编修。时王守仁在吏部讲学，按，俞璘《阳明先生年谱》：“宏治十八年，先生三十四岁，是时为兵部主事。湛若水为庶常，一见定交，共以倡明道学为事。门人始进。”《明史·王守仁传》：“始授刑部主事，后补兵部。”至此《湛传》又作“吏部”，误也与若水相应和。《明史·儒林传》正德七年壬申，《墓志》出使册封安南国，王馈金，却不受，赠诗有“白沙门人更何人”之句。黄《志》　按，《明史·安南国传》：“正德七年，晭受封。”疑甘泉往安南在七年，归在八年。十年，丁母忧，庐于墓侧《墓志》三年。《明史》产瑞瓜九，实相连，人以为孝感所致。《粤大记》十二年，服阕，《墓志》筑西樵精舍，士子来学者《明史》日给钱米。开礼舍，必斋三日，黄《志》先令习礼，然后听讲。

嘉靖元年壬寅，升侍讲。三年，升南京祭酒。七年，升南京吏部侍郎。八年，转礼部侍郎。十年，转吏部侍郎。十二年，升南京礼部尚书。十五年，南京吏部尚书。十八年，南京兵部尚书。置新泉三山二庄田，讲学于新泉书院。江都县西有甘泉山，立甘泉书院，由是书院遍于天南。《献征录》南京俗尚侈靡，为定丧葬之制，颁行之。《明史》禁火葬，毁淫祠。《献征录》十九年庚子，疏请致仕，《墓志》年七十五。取道钱塘游武夷，构精舍于罗浮朱明洞，建书院青霞谷。李默撰《传》二十三年九月，登祝融峰。十一月朔，作《白沙先生新祠祝文》。《甘泉集·岳游纪》建白沙书院，置田五顷。复取白云山为白沙祠。自其祖江以来，田连阡陌，世为土豪。若水尽增田宅，岁入数千，而性好食宿肉沙饭、居漂摇危楼，营建岁无虚日，人皆异之[①]。黄《志》年九十按，《广东新语》作“年九十二三游南岳”，《甘泉集》未载，俟考犹为南岳之游。过江西安福。邹守益，守仁弟子也，戒其同志曰：“甘泉先生来，吾辈当宪老而不乞言，慎毋轻有所论辨。”《明史》三十九年《甘泉集》庚申四月廿二日戌时，一星如斗，其光烛天，声如雷，举城皆惊，殒于文院，按，黄《通志》：“有大星殒于广州河南，卒于所居小禺洞。”即终于正寝，《墓表》年九十五。《墓志》　按，《广语》云“卒年九十六”，《皇华纪闻》云“卒年九十九”，皆误阖城奔哭者以万计。《墓表》讣闻，赐祭葬。黄《志》隆庆初，赠太子少保，《粤大记》谥文简。《大清一统志》撰《甘泉文集》三十二卷[②]。《钦定四库提要》　按，洪垣《墓志》：“著述凡二十余种。”长子东之，次子柬之，按《墓志》，“长子东之”原作东西之东，“次柬之”作柬贴之柬，二字最易混，故阮《志》引《粤大记》混称，今考《甘泉集》，别白之萌知

---

① 按，《门人考》所引黄《志》文字，与尹守衡《明史窃》所言近似，其文曰：“若水自蒙祖父故业，田连阡陌，益增置，岁入数千金，及门士皆受其廪饩，而自好宿肉沙饭、居漂摇危楼，人皆异之。”（［明］尹守衡：《明史窃》卷75，《四库禁毁书丛刊》史部第64册，第479页）。

② 按，湛若水一生著述甚丰，洪垣《墓志》云“凡二十余种”，《门人考》仅举《甘泉文集》三十二卷，缺载甚多。据《广东历代著者要录（广州府部）》，除《甘泉文集》外，湛若水著有《诗厘正》二十卷、《仪礼补逸传测》一卷、《燕礼纲目》、《射礼纲目》、《三礼订疑》五卷、《二礼经传测》六十八卷、《春秋正传》三十七卷、《古乐经传全书》（一作《古乐经传》三卷）、《古圣学格物通》一百卷、《古小学》六卷、《尚书问》、《心性书》（一作《心性图说》）一卷、《遵道录》八卷（一作一卷）、《问辨录》六卷、《杨子折衷》六卷、《甘泉新论》一卷（一作十卷）、《甘泉明论》十卷（一作一卷）、《约言》二十卷、《献纳篇》二卷、《二业合一训》一卷、《樵语》一卷、《雍语》一卷（一作五卷）、《大科训规》（一作《大科书院训规》）一卷、《白沙诗教解》十卷附《诗教外传》五卷（又作《白沙诗教》十五卷、《白沙先生诗教解》十五卷）、《白沙子古诗教解》二卷、《陈子至言》十卷、《修复古易经传训测》（一作《古易经传训测》）十卷、《古本四书训测》（一作《四书测》）十九卷、《古大学测》（又作《古本大学测》、《大学测》）一卷又《难语》一卷、《中庸测》（一作《古中庸测》）一卷又《难语》一卷、《二礼测》四十卷、《新泉问答》、《圣谟衍》、《补乐经》二百七十四卷、《补乐经传》三卷、《湛子使南集》十二卷、《甘泉前后集》（又作《甘泉集》、《甘泉全集》）三十二卷。辑有《增城县志》十九卷，此外，尚编有《精选古体诗》。（广州图书馆编，《广东历代著者要录（广州府部）》，同前，第411—412页）

府。三涞之，生遗腹子恭先，《墓志》最贤，生八子，敏学競爽，盛德之后必昌云。《粤大记》

明兴，白沙起，当时来学者至倾天下，甘泉扩其绪而大之，南海潘《志·杂录》相从士三千九百余人。《墓志》其门人最著者，有永丰李怀、德安何迁、婺源洪垣、归安唐枢《明史》、吕柟、蒋信。郝《通志》　按，《明儒学案》"泾野吕修撰在南都与甘泉共主讲席"，是从游者与之游处讲学耳，非弟子也。又，《学案》云"常德蒋佥宪两次从游皆在甘泉游南岳时"时王守仁倡道东南，若水与之并驾，四方名士翕然宗之。贾《志·弟子传》

［附录］甘泉翁官至上卿，服食约素，推所有以给家人、弟子。小宗、大宗有义田，有合食，《广东新语》相从士三千九百余。于其乡有甘泉、独冈、莲洞馆谷，增城龙门有明诚、龙潭馆谷，于羊城有天关、小禺、白云、上塘、蒲涧馆谷，于西樵有大科、云谷、天阶馆谷，罗浮有朱明、青霞、天华馆谷，南都有新泉、同人、惠化馆谷，溧阳有张公洞口、甘泉馆谷，扬州有城外行窝、甘泉山馆谷，池州有九华山、中华馆谷，徽州有福山、斗山馆谷，武夷有六曲仙掌、一曲王湛会讲馆谷①。先生以兴学养贤为己任，所至咸有精舍赡田，以馆谷来学，故所造士皆有得于先生之学，以淑其身，以惠诸人。罗洪先《甘泉墓表》孟氏以得天下英才教育为乐，如先生者可得其乐也已。吾人为孔孟之徒，贵而有位者，当以先生为法。《广东新语》

刘璥，字宗信，增城人。《门人录》太学生。本集《刘氏祠堂记》本

---

① 按，阮氏所引《广东新语》文字与原文有出入，第一、"有合食"原文作"有合食田"，洪垣《湛甘泉先生墓志铭》亦作"有合食田"；第二、罗浮、南都之间，原文尚有"曲江则有帽峰，英德则有清溪、灵泉馆谷"十六字；武夷之后，尚有"南岳则有紫云馆谷"八字。据《广东新语》原文，湛若水资助的馆谷有三十二所，阮榕龄所引缺载帽峰、清溪、灵泉、紫云四所馆谷。

集《雨后示刘宗信、林时嘉（五绝）》二首，《送刘宗信还增城（五绝）》四首。

陈暕，按，阮《志》引《粤大记》作“林晖”，日旁，从东西之东，误字子觉，增城仙村人。少倜傥，读书南海庙，大书于门曰：“白浪起时浪花拍天山骨折呼吸雷风，黑云去后云芽拂渚海怀开吐吞日月。”御史见而奇之，欲召见，暕请士相见礼，御史重其才，竟礼之。御史后谒白沙，语及暕，叹曰：“斯人诸葛俦也。”陈子《忆旧游南海祠，因怀陈暕》诗①云：“子觉饶英气，携书话此宫。清词无厉鬼，大水有真龙。过客愧诸葛，论诗病长公。往来三十载，美恶迸成空。”《门人录》

按，陈暕、林栋，姓名字形相似，故本集及《通志》《门人录》皆相混。本集碧玉楼本卷九《悼林栋》从日，从东西之东云：“一日之雅亦为哀，钟淑相随入夜台。按，淑新会人，详下此生未了男儿事，也向扶胥打坐来。”“扶胥打坐”即此增城陈暕，字子觉，寓南海庙事。按，先生有《扶胥口借浴日亭韵》诗，是扶胥即南海庙之证又，考“暕”，日部，九画，从柬帖之“柬”，明也。陈暕字子觉，“觉”与“暕”名义相应。日旁从东西之东，字典无之，盖写刻者微误耳。是陈暕，暕字音简，字子觉，增城人。林栋栋梁之栋盖即陈暕之误，决知其同一人者，以其同用“扶胥事”也。又，先生诗云“辞宾子觉刚”，即谓陈暕寓南海庙辞御史事也。

陈东渊，增城仙村人。《门人录》本集《处士陈君墓志铭》：“郡诸生马龙为其友陈东渊乞铭其祖父处士忍庵之墓，处士陈东渊承其父永荣君之命来谒白沙，馆之小庐山精舍，自冬徂春，按，

① 按，本集题作《枕上偶忆旧游南海祠，因怀故友林暕》。

事见宏治元年《年谱》恋恋不忍别予。游匡山，请执杖屦以从。东渊既朝夕侍我侧，略无一言及于铭，予益重之。处士于予初无一臂之交，予之铭，以一马生之言犹未也，岂不曰东渊在白沙馆能谨子弟之职事先生，于厥祖有光耶？”

尹凤，字舜仪，增城人。性孝友。连丧二亲，泣血六年，腰绖不去身，遇所生日，不御酒肉，闭门悲思辄逾日。阮《志》引《增城志》行古道，有古风。与湛若水同游陈子门，筑万竹台于九龙岩，按，岩在西樵相与讲学，屡宾于乡。卒，年八十二。《门人录》湛若水表其墓。《增城志》　按，《墓表》，《甘泉集》缺①。［附录］“竹石元来不必分，竹精神是石精神。若教万竹论封爵，可配当年万石君。”《甘泉集》：“万竹尹先生为人孝谨，有似万石君建，故诗表之。”

三　水

陈冕，字子文，三水白泥人。生员。雅负气节，陈子甚重之。参本集并《门人录》补本集《至陈冕家（五律）》、《赠陈冕（七古）》，《次韵陈冕》：“西游笠顶是青天，每爱前村酒处眠。秋雨闭门人不见，依稀犹记下江年。”按，先生于成化十八年往梧州经白泥，《至陈冕家》疑即此时，曰“下江”者，自梧州回也《陈冕墓铭》：“伯道有子刘蒉登科，责报于天所得几何？迈迈子文，蹈此高坟。我铭为子，显于千春。”按，本集《城隍庙记》：“宏治癸丑冬，郡守命生员陈冕来征记。”疑同

① 按，《明故乡先生万竹君墓表》收入《泉翁大全集》卷63。甘泉与尹凤关系极为亲近，湛氏称为“布衣交”“道义交”，为尹凤所作诗文计有：《万竹轩记》《再书送万竹》《题万竹台在九龙洞，为尹翁舜仪也》《题陈继宗所赠万竹尹先生画》《尹万竹乡宾诞日拜寿，官名凤》等，可知，尹凤号万竹。

一人。

陆之，三水清塘人。陆宣弟。按，《肇庆志》："宣，天顺六年举人。"澄心理学。尝应弟子试，已入选，督学欲易名为宜之，曰："君子已孤，不更名。"辞不愿充，归从陈子游，陈子雅重之。《门人录》 阮《志》云："本高要籍，嘉靖五年始割置三水。"

新　宁

林樟，字挺之，新宁人。按，原隶新会。《新宁志·选举》："文章、人，《人物传》缺载。"云南蒙化府经历。陈子有《送樟入京（七绝）》①。参《门人录》

清　远

［补］李辅，字芝松，清远人。陈献章高弟。品甚高，一时台省咸重之。《广府志·儒林传》是时，陈献章倡道东南，从游者最盛，皆乐恬退，故门人李辅、子长多以隐终。《番禺志·张诩传》"附"著《芝松诗集》。未见 阮《通志·艺文》按，芝松赠先生赴召诗见成化十八年《年谱》。又按，阮《通志·李辅传》"案语"云："《白沙集》有《赠李司训诗》。"按，是五律。《清远志·选举》称李辅为正德十年岁贡，任蒲城训导。榕考此诗题，是当先生时已为训导，若《清远志·选举》之李辅，其岁贡在正德十年，时先生卒已十五年矣。阮《志》以为即《白沙集》之李司训即白沙门人，前后矛盾。盖《白沙集》之《赠李司训》别是一人，或正德二字乃成化、宏治等字之误，均未可知。

① 按，该诗本集题作《林樟贡士入京，告行于白沙，赠之》。

［补］杨宪臣，初名敷，清远人。以兄没袭清远指挥，从学陈献章。《广府志》 辨详“江西条”

高要

［补］邓崇德，字子修。由乡举按，《肇庆府志》：“正德十一年举人。”授沙县知县，俗狡诈难治，崇德作十事谕民。尝决疑狱，活一家死罪者三，民称神明。未几卒，百姓如哭其私。《高要志》尝游陈献章门。卒，私谥古廉先生。阮《通志》引《高要旧志》

开平

［补］冯殷，字质夫，开平人。宏治二年乡荐，游白沙之门，究心濂洛，得其大旨。尝与李江、罗素读书薛公岩。《肇庆志》引《旧府志》

鹤山

施用，字以政，竹荫人。遗腹子也。少嗜学，太母惜之，则瓮其灯，候太母寝乃默诵。尝游白沙先生门。宏治五年举人，知太平县，著廉能声。有兄弟争讼者，赋诗示之，感泣而去。以不得郡守意，议左迁，百姓遮留泣别。家萧条，犹好施。友人林捷之贫，月给资粮，既卒，犹馈不绝。卒，年七十五。第五子应岳

拔贡。《鹤山志》

易元[①]，字德元，号南峰，玉桥人。《鹤山志》为郡学生，有文名。尝与陈庸、容珽谒罗伦于永丰，伦赠《三峰记》参贾《志·弟子传》："风骨巉岩，气度轩豁，如神人异僧，使人望而敬者，南峰也，易君德元有之。"罗伦《南海三峰记》

［补］易镛，字用之，按，先生《与易赞》书亦作"庸"。庸，用也，故字用之。庸、镛古通，诗曰"镛鼓有斁"是也玉桥人。少从白沙游，慕古学，以礼自守，不屑治家产，邑令徐乾请赴宾筵，谢以诗。旷情逸致，山川自娱。年六十卒。《鹤山志》

易彬，字公学，玉桥人。与弟才游白沙门。《易氏族谱》本集《易彬讣至，乞书铭旌》："群贤半逐春云散，老泪还随暮雨飞。"

［附录］梁储《与易公学》书："久不奉诲言。李长源回，曾致一书，亮达左右。春来起居何如？具庆下，惟读书全有多福。储居此讬庇无恙，惟元气未充，精力未觉强健，故自此日加保护，以为后图。人事苦烦，莫得如愿，亦不敢怠忘也。余无可为吾兄道者，企以时为师门珍重。丁大尹，名积，字彦诚，赣州宁都人。盖欲励清操而爱民者，数以新会事之宜理见问，储曰余无所知识，无已，其惟得人咨访乎友人。易公学清和有识，倘得而商確之，当有以称盛意者，但恐其不易致耳。丁曰当不忘公言，濒行遂求书道意，仅具说如此，惟吾兄裁之。不具，公学兄执事辱知。梁储再拜。"[②]《鹤山志》　按，丁、梁二公成化十四年进士，同年，此书当作于十四、五年丁公初任新会时，似当录附《新会名宦·丁公传》下，一以资考镜，一以存公臣佚事。

［补］易才，彬弟。与兄彬游白沙之门。《易氏族谱》

---

① 按，易元著有《一峰文集》（广州图书馆编：《广东历代著者要录（广州府部）》，同前，第265页），《门人考》缺载。

② 按，《与易公学》书未收入《郁洲遗稿》。

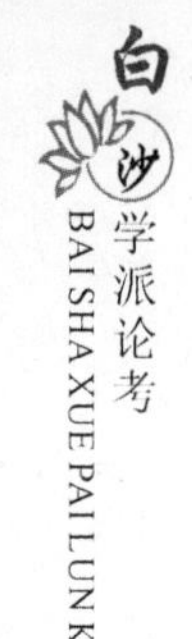

〔补〕易赞，字翼之，别字菊主，玉桥人。白沙先生门人。女适白沙孙贡生畹。白沙有《留菊主饮酒》诗、《题菊主诗卷》文一篇。《鹤山志·杂记》　诗见《补遗文》，详宏治十二年《年谱》。

易龙，字体乾，按，阮《志》云“新会人，今隶新宁”误。坡山人。博学强记，性端洁。岁贡，为郴州训导。其教人必先明义利，严课程，而徐讲古礼以维之。州人郎中何孟春曰：“吾党弟子，不知根本工夫，未仕而行己治家可观，君之教也。”艰归，丧祭尽礼，率其族建祠堂，作家训，立宗子，以统祭祀。常曰：“宗子不能修身，庶子不敬宗子，皆为不孝。”服阕，补汀州府训导。按，《门人录》作“江州”误从子逵登科，年少，事之最谨。新会王《志》　按，《鹤山志》：“龙，一字宜秋。区越，其门人也。湛若水、方献夫、区越皆有《赠汀州广文易宜秋》诗。”

〔补〕易允，字秉信，号隐求，坡山人。庠生。《易氏族谱》本集《书易隐求铭旌后，感作（七绝）》三首之一：“半雨半晴莺乱啼，溪边丈人还杖藜。不见旧时游走伴，白头冲雨更冲泥。”《答易隐求》书

新　兴

〔补〕梁玠[1]，新兴人。由贡入太学，授衡州府训导，升永福教授，未至任卒。性孝友。早游白沙先生门。冠婚悉从《家礼》，

---

① 按，据湛若水《演比赠梁仲爵》，梁玠字仲爵（［明］湛若水撰，钟彩钧主持整理标点：《泉翁大全集》卷31，第290页）。

居丧不事浮屠。捐俸置田遗石鼓书院。还，家橐无余赀。《肇庆志》引《新兴志》

［补］李元杰，新兴人。性朴实。父直，举人。按《肇庆府志·选举旧志》，“真”作“直”，正统甲子举人。今属鹤山。按《鹤山志》，西园人，误作戊午科既丧，按，“丧”下当有“元杰”二字，今补入元杰服阕，慕白沙先生，往请作《墓志》，按，《墓志》本集缺载遂师事焉。先生嘉其诚，号之曰习隐。平生口不道虚言，足不履公门。寿八十二。知县胡尧时旌曰“处士”。《肇庆志》

博 罗

何宇新，字子完，博罗人。性至孝。父滔早卒，每忌日，辄泣不食。母卒，水浆不入口者七日。独居中门外，不盥栉，不炉扇。阮《通志》引戴璟《通志》母死，贫不能葬，乡人感其行，争赙之。引发致奠，至七十余筵，遇积雨不止。及輀车届道，随在辄晴，雨若为迁避者。既葬，缚草庐墓侧，夜有虎蹲其门。宇新曰：“罪恶之人，孤哀万死，盍早食我？”穴壁窥之，二虎也，旦去，夜辄至。每浃旬，则易二新者，犹瓜代然。宇新忽得疾，乡人舁归。其家在城，虎亦尾之去。疾愈还墓，则虎又来。家畜黄犬，三五日辄候墓所，宇新有所需，即书纸系其颈，家人见之，具备系还。有旨旌其门。后宇新第乡贡，入南监，苏人钱士宏与之友善，见其近体衣尚结衰绞，带牢不可解，以示终身之丧云。宇新尝求李西涯诸名公为作庐墓诗，白沙封其卷，题诗有“直凭天地闭秋冬”之句，惜其自暴也。《双槐岁钞》尝游陈献章之门，献章书“卓行”二字，并遗诗曰：“绕舍乌成阵，终年虎卧门。山

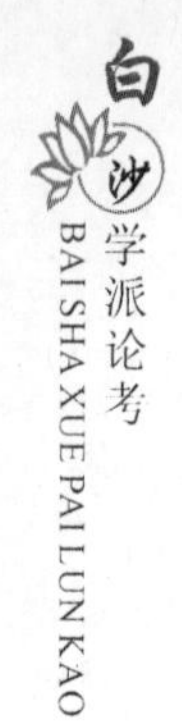

梅初并蒂，冬竹又生孙。耿耿天公识，明明国典存。千秋何孝子，不愧史官言。”宏治二年举人，仕至宗人府经历，请告展省墓，卒于家。阮《通志》引黄《志》　［附录］总督阮元撰《赠监察御史何迓衡墓志铭》：“君五世祖宇新，明举人，旌表孝子。君以次子南钰贵。”阮《志·冢墓》　按，本集有《与光禄何子完》书：“不知署正抑典薄也。”又按，本集《何孝子庐墓诗卷（七律）》：“春夏谁开发育功，直凭天地闭秋冬。”本无惜其自暴之意，《岁钞》恐误会诗意。又，阮《志》引《岁钞》亦多倒错，故检《岁钞》移补之。又，考子完来从学当在成化二十一年。详《年谱》

曾确，字子鲁，博罗人。宏治十七年举人。正德间知尤溪，俗佞鬼，确毁淫祠，黜浮屠，建义仓十七所。寇犯境，擒其渠率。《福建通志》升湖州府通判。致仕。以荐为南京刑部主事。卒，年八十。尝受学白沙。《博罗志》俱阮《通志》仕工部员外郎，陈子《赠确还博罗》诗：“风袂飘飘过五羊，五仙遮道问行藏。庐山莫道无分付，领得春风古桂香。”《门人录》

潮　州

龚日高[①]，字志明，潮州人。陈子有《晓枕示湛雨、龚日高》诗。《门人录》

杨琠，字景瑞，海阳人。师事陈子，与王守仁善。正德三年进士，授监察御史，弹劾不避权贵。按江南，全活冤狱百余人。病归，族有规，乡有约，化行于乡。潮久苦堤溃，具奏建筑，潮人赖之。入祀乡贤，海、揭二邑皆有专祠。参《门人录》　按，阮《志》

① 龚日高以下五人生平信息，参本书《潮州白沙门人考》一文。

缺传。《选举表》云："潮阳人，揭阳学。"

［补］余善[①]，潮阳人。师事白沙。贾《志·弟子传》由岁贡为广州训导。母老乞归，家居倡明四礼，邑中号道学先生。附父《余真传》 阮《通志》引《潮阳志》

［附录］《鹤山志》："易准，字淑衡，坡山人。邑令罗侨敦请为都老，《书》云：'前治丁大尹，乡贤则有陈白沙，相行四礼，民淳俗化。'" 本集撰《丁知县行状》云："民穷于侈且僭，侯为申明洪武礼制，参之文公冠、婚、丧、祭之仪，使民有所据守，每乡择老成者主之。" 按，此四礼能行，亦富教之一助。赘此以志，存羊之概云。

［补］林岩[②]，揭阳人。今隶澄海尝从白沙讲道江门。居家有礼，恤孤周贫，积善行义，不替父风。附父《林希萌传》 阮《通志》引黄《志》

［补］赵日新，潮阳人。宏治五年举人，罗城教谕。成化五年举人赵相子阮《通志·选举》。本集《与赵日新》："久不见生，一日得生手书，如语予馆中，不知其在罗城也。去白沙几年，味生之言，欲再见白沙而不可得，甚矣！生不忘白沙也，忧病之余，泯泯默默，无可为他人言者。念生忠信之人，可与共学，然问之者甚切，告之者无序，生虽有求于我，其何补于日用乎？宾阳陈掌教可人也，可一通之。余不具。"《赠赵日新还潮州》："考德每劳依讲席，临流亲为泻椒浆。"按，日新本门人，各书俱缺载。

---

① 按，薛侃著有《余土斋传》，见氏著：《薛侃集》，同前，第254—255页。

② 《广东通志·艺文略一·经部》云："《家礼》，明林岩撰，未见。《潮州府志》：'岩，字廷俊，揭阳人。从白沙先生讲道江门。'"（［清］阮元修，陈昌济等总纂，《［道光］广东通志》，清道光二年刻本，据广东省立中山图书馆藏本影印，第3153页）

乐 昌

邓球，字俊圭，号东川，乐昌人。父容按，阮《志·选举》误作“子容”，盖倒错死难，谥忠毅。兄瑗，举人，官佥事。从阮《志》补 按，先生《慰邓俊圭丧兄》① 云“碧玉三年空枕块”，是诗作宏治十年，时先生亦丁艰也球，成化十年举人。从陈子游，赠诗云：“忠臣有子堪传后，古道无人仅见君。”李世卿还楚，陈子拟邀球共游衡山，不果。少陈子二十二岁。参《门人录》方伯吴公东湖 按阮《志·职官》，正德十年至二十年，吴廷举为左右布政司称以冰雪肝肠，及卒补吴公建祠祀之。阮《通志》引《乐昌志》

吴 川

林廷瓛，字公器，吴川人。受业白沙。宏治三年进士，令永嘉，迁建昌同知，以廉明著。未几，以两艰去，寻补苏州同知。参黄《志》禁绝陋例，大苏民困。郝《通志》生平笃志理学，功名富贵淡如也。《高州志》俱阮《通志》 按，《苏州府志》引王志坚《府志稿》云：“由永嘉知县陞苏州同知，勤敏有才，奉身廉约，甫三载以忧去。”与黄《志》异。

新 会

［存疑］伍云，南山人。本集《伍光宇行状》：“君讳云，字光

① 按，该诗本集题作《邓俊圭丧兄，慰之》。

字。自少轩整有志于世，人有善，好之若出诸己。己所欲为，必欲强人为之。垂四十，始交于予。南山之南有大江，君以意为钓艇，置琴一张，置供具其中，题曰‘光风艇’。遇皓魄当空，水天一色，君乘艇独钓，或设茗招予。君赋诗，予亦扣舷而歌，不知天壤之大也。君以夙疾未除，其为学也，不能无日暮之忧，便杜门，危坐竟日。别于白沙筑草屋三间，号‘寻乐斋’。自成化庚寅冬至明年首夏凡四阅月，无日不在寻乐。始与家人约云：‘吾不可去白沙。吾其斋戒有事于家庙，吾疾作须扶吾乃归，小健吾当返，慎无以家事累我。’学主力行。前此惟务意气胜人。至是痛自惩艾，尝厉声曰：‘云不自树立，不如死。’君笃于事死之礼。月旦十五日，君以夜半起，衣冠拱立祠下，以俟尊卑男女咸来，无敢不虔。辛卯秋，为祠。语人曰：‘吾息奄奄，惟是祖考所栖未有定处。吾虽存一日，不敢怠。’语未毕，痰出不绝。卒前数夕，焚香烛，招予与诀，云：‘云薄命，负先生。’数日遂卒。年四十七，实辛卯十月十八日也。无子。以兄裕子秉中为后云。”[①] 按，先生作《伍光宇行状》在成化七年，先生年四十四，伍子卒于是年，年四十七，是长先生三岁。贾、王二《志》俱云“少于先生七岁”，误也。先生《怀亡友光宇》云“先生英骨葬蓬莱”，以先生称之，本在朋侪之列，况长于先生也。且考先生于诸门人，何尝以先生称之？或伍子以师礼事先生，所谓有道德者不问其年，而先生退让自谦，此可以理推也。昔蔡西山先生以师礼事朱子，朱子与之语，惊曰：“此吾老友也，不当在弟子之列。”《广东新语》云：“甘泉讲学天关时，有简翁年百又三岁，来执弟子礼，甘泉弗受，延翁南向，谓翁所养纯一，吾当师事之。”是伍子之于先生也，不必弟子，不必不弟子[②]。

容珪，字彦礼，号到轩，荷塘人。父恪详《诸友考》命珪与弟

---

① 按，该诗此处所引文字为《伍光宇行状》节文。

② 按，伍云确为白沙门人，详细考证见本书《〈白沙门人考〉考订、补遗》一文。

珽、璇、玑俱从游白沙。年五十五卒。白沙《挽珪》诗曰："四雏一母乳按，珪、珽、璇、玑，皆母阮氏出，故云，见先生《容处士墓志》，衎衎东山岑。二雏羽翼长，一去无遗音。母哀二雏小，中夜哀莫任。感此骨肉别，悄然伤我心。萧萧暮色起，脉脉春江深。百年会有尽，泪下雍门琴。"此《挽珪》诗第二首又曰："容氏多兄弟，西良此白眉。"第三首又有《祭彦礼》文。

珽，字彦昭，号两峰。成化十一年夏，白沙命珽与陈庸、易元谒罗伦于永丰，为《五古赠别》曰："远行会离索，四顾仍低迷。羡子意气豪，别我无一凄。"至永丰，伦赠《三峰记》曰："盘踞广博，意气端重，如赪玉者，两峰也。两峰在东良，彦昭有之。"年四十一卒，白沙有《奠彦昭》文。

璇，字彦潜，号清轩。白沙《与珪》书："某小恙，不足虑，旦夕耿耿，正为璇耳。"无何，璇卒。有《奠彦潜文》、《感彦潜卒（七律）》二首。

玑，字彦贞，号半溪。

《彦礼率诸弟同在馆下，彦昭、彦礼、彦贞相继卒，感作》云："水光山色两依然，不见当年载酒船。老我交游疎后进，君家兄弟散朝烟。两峰脚迹今安在，自注：两峰尝谒一峰定山彦礼碑诗久未镌。自注：某欲为彦礼《墓志》，未刻莫道江门空识我，千秋遗话及玑璇。"

容璘，字彦文，号虚白。父慎详《诸友考》。白沙有《与彦文》书、《答彦文见访》诗。

球，字彦辉，号北溪。珪从弟。白沙有《北溪容球来访（七律）》二首，有云："看君迥出诸容右，问我何如十载前。"俱《容氏家谱》及本集

容钦贾《志·弟子传》 按，钦未详，疑亦珪族也。 按，一门昆从，从游见于先生诗文者，以容家为最。今以拘于篇幅，不能多录。阮《通志》但沿《门人录》

诸书，于诸容多混且略，今据《容氏家谱》分列之。

钟淑。陈献章尝曰："所居之旁伍云、钟淑、陈暕，此其人皆可共游。"新会林《志》《悼暕》诗云："一日之雅亦为哀，钟淑相随入夜台。"《门人录》

按，《潭墪族谱》："钟玠，字廷重，号宜勉。生景泰六年四月初十日，终正德六年，年五十七。从游白沙先生，先生曰：'伍云、钟淑，其人可以共游。'后曹郡长辟为都埠长。按，郝、阮《通志·职官》《宦绩》俱云"曹琚正德三年知广州，巡行七邑，征鸭埠以充军饷"。林侯造庐劝驾，固辞弗就。"又云："嘉庆六年，宋知县准入忠孝祠。"榕按，《钟谱》以淑即玠，考先生《悼暕》诗云"钟淑相随入夜台"，是淑亡在先生之前明矣。今按《白沙集》与《钟谱》，淑与玠分明两人。新会林《志》误据草《志》混为一人，以未尝考《钟谱》之故。《钟谱》以淑即玠，又以未考《白沙集》之故。

［补］陈容，正统三年举人。长沙教谕。附见《小冈梁氏家乘·梁潜传》 按，陈名上从禺下从页，今敬避 ①庙讳改作"容"。 按，略以容年三十乡举之年计之，是时先生年才十一，是先生约少于容二十许年矣。

陈魁，事陈子最久。贾《志·弟子传》本集《与旧生陈魁》书："生仰给岁月于铅椠，瓶无赢粟以畜其妻子。年几六十，益以疾病，困以盗劫，士一穷至是哉？昨望见生，如东田老人，稍就之，疲顿与石翁异者几希。"

陈瑞，字德贞。豪迈不羁，善写山水。成化中有名艺圃，授直仁智殿锦衣卫镇抚。师事白沙，力于学。尝以非其罪罣名缧

① 按，原文缺文。

继，白沙救释之。后于逆旅楼中，客有议白沙之学者，遂力辨之，大呼坠楼折肱①，其笃信如此。阮《通志》引《粤大记》本集《与陈德贞②》书："闻近被系郡狱。计今当道多明察，想不加害于无罪之人。且安心顺命，善调摄为祷。"

陈绍裘，字仲冶，外海人。宏治八年举人。仕浙江布政司都事。陈子有《寄仲冶金台诗》。《门人录》

陈谦。按，先生《复李世卿》书："昨陈伯谦过白沙。"疑"伯谦"即谦字也张诩曰："先生精神尝与神明通，居外海陈谦宅，有异人来见云。"阮《通志》引《弟子传》　按，此事见何家本《白沙集》、张子撰《先生行状》，碧玉楼本缺。　按，新会林《志·古迹》："白云书楼在石头云厦里，明宏治间陈伯谦建，伯谦号白云，有李世卿《碑记》，陈献章撰楹贴云：'半亩宫成堪老白云居士，一瓢酒熟时来紫府神仙。'"疑即"在外海有异人来见"同一事，但与石头异地耳。岂伯谦初家外海，后徙石头耶？世卿碑今尚完好在云厦里，榕尝请陈氏子孙拓此碑，碑高二尺八寸，题曰"陈氏承先裕后堂记"，末署"宏治庚申九月壬戌李承箕书"，书法亦仿白沙。

陈[囟+儿]，字君敬。贾《志·弟子传》

潘松森，字季亨，潮连坦边人。性孝友。从陈献章游，少献章五岁，事之如父。病革，献章亲送之归。及没，亲临哭之。《新

---

① 按，湛若水《问闻人谤师当如何谤师嘲师者如何有自负圣学而犯之矣》云："吾在庶吉士时，闻梁厚斋公道乡人谤石翁之言云云，吾怒之，述陈远峰画士京师时，有乡人谤石翁亦云云，将其人打踢落楼，公默然。"（［明］湛若水撰，钟彩钧主持整理标点：《甘泉先生续编大全集》卷 8，第 923 页）该说为《白沙丛考·诬语》引述，阮氏于文下注曰："陈远峰当即新会陈瑞。"如此，则陈瑞号远峰，坠楼者乃谤石翁之乡人，而非陈瑞。

② 按，"贞"本集作"祯"。

会草志》本集《代简潘季亨》："四野狼烟一夕消，归装已度白云桥。江门忽值携琴使，寄语闲来话寂寥。"《诔潘季亨诗序》："季亨之交于予十六载，意笃而业不光，一旦弃我而死，不塞望矣，吾所以不能不为之恸，而追憾于平日也。呜呼，季亨尚能闻此言否？季亨死，有子才五岁，四女皆幼，揭而委之一寡妻，是可哀也。诗曰：'毅卿希大虽倾谢，此外宁无二子真。一傍江山埋汝骨，几回天地哭吾人。'其生癸丑，卒于成化庚寅六月，年三十八。属纩之秋，适林缉熙来白沙，览予诗而哀，故亦同作。附林光诗"西席频年留老眼，北邙何日遂深期。平生未浪垂双泪，惜汝还能赋此诗。一死合留终不死，他时料理及今时。野烟残照离离在，谁把从前与论思。"明年某月日葬某所。马广生请勒诸石为墓铭。"按，贾《志·弟子传》以季亨为姓李，《门人录》因之，俱误。　又按，先生《与缉熙》诗并《序》今并存墓上。考《潘氏家谱》，今潮连潘氏近千人，季亨所出者十之九。自明以来至今，登科者亦皆季亨公出云①。

关中，字时中，谈雅人。官岳州沅江训导。参《关氏家谱》《门人录》宏治十八年贡生。少游白沙之门。凡持身教人，一以端严为宗。由湖广宜章宣导至按察副使。《肇庆志》　按，《肇志》以为开平人，或其祖籍也。

黄佐，字希颜。工诗文。成化十九年举人。官广西太平府推官。陈子有《赠希颜春试（五律）》诗。

黄在，字子察。成化二十二年举人，官蓬州学正。陈子有《喜黄在登科（七绝）》诗　俱参《门人录》。

---

① 按，该诗序本集题作《诔李亨诗序》，无中间诗文，文字亦稍异。点校者孙通海先生于"李亨"下注曰："李亨，碧玉楼本作'潘季亨'。"

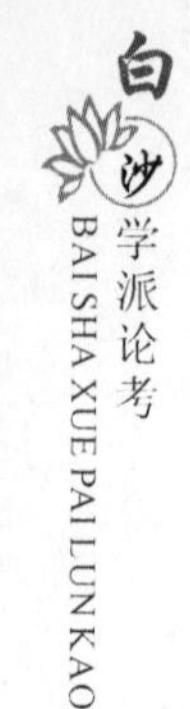

黄元，字克仁。按，“元”当是字，“克仁”详宏治八年《年谱》宏治五年举人。陈献章门人。龙岩知县，改江南武德经历。新会王《志·选举》

黄彦，杜阮人。正德五年举人。宜黄知县。陈献章门人。新会王《志·选举》

黄寿，字叔仁。陈子《感事，示黄生叔仁》诗：“亲老需甘软，家贫乏囷仓。卖文应不免，为恨故难忘。挥俗黄生激，辞宾子觉刚。尔曹虽得罪，无愧在门墙。”《门人录》按，子觉，陈暕字，详上“增城”。

黄球，字元海，邑城人。徙白沙陂头以就学。子子正，字梅所，俱从学。子正性仁厚，年九十卒。参《门人录》

黄昊，一作昦字公覆。陈子《示昊》诗云：“高明之至，无物不覆。反求诸身，欛柄在手。”按，贾《志》分黄昊、黄昦为两人误。昦，古昊字。

黄子贤，水南人。以孝致甘露之祥，洁行好吟，无愧陈子之门。

黄忠，字景臣。

黄鹤年，俱贾《志·弟子传》字一彭，紫泥人。邑庠。《採访册》本集《同周文都宿黄鹤年宅》：“看山从我不斋粮，闻说葳蕤满道旁。草阁塘边邀饮罢，青灯同宿有周郎。”

［补］梁卫，字国镇，一字豸南，小冈人。成化二十二年举人。明年南旋，遂坚志不仕。同门李孔修赠诗云：“芦月渚烟能子北，一竿谁识紫溪翁。”《梁氏家乘》本集《送梁国镇》：“盖有藏器人，我病原非果。徘徊思远道，欲往悲足跛。梁生千里驹，东西无不可。飞辔入长安，垂杨春婀娜。”

［补］梁潜，字永崎，小冈人。贡生。颖悟博学，与戴敬、陈容同受学白沙。一日诵程明道诗“富贵不淫贫贱乐，男儿到老是豪雄”句，叹曰：“大丈夫当如是矣。”容致仕归，语潜曰：“以子之才，乃不赴考，何也？”答曰：“斯道也，使得抱真信如漆雕，此是真禄，奚以名为？”遂绝意科举。号桥东钓者。《梁氏家谱》

梁大厦，邦冲人《泷水梁氏家谱》。宏治十一年举人。官丰城教谕。尝言：“先生经世之心，始终欲行。作圣之功，垂老不息。但修下学之常，谁觉上达之力？厦与教中所见者，饮水曲肱之乐，温厉恭安之容，自然语默之教，宛然孔子之风。若夫规圆矩方，而有光风霁月之趣；天挺人豪，而诣混然天成之区，初非一长之诣，是又先生之余。”《门人录》

汤霱，北到人。与兄云、弟霓皆从陈献章游。霱字民悦，号九山。尝延献章至其乡八仙井山中从学。与湛若水友善。年七十尚以诗寄区越，自悔进德之迟。正德末，与若水改葬献章，若水因留霱云家，为霱兄弟置田百亩而去。参新会贾《志》《甘泉集·赠汤子九山还古冈》：“圣人训三益，直谅与多闻。予友九山子，何讵非其伦？同业因伯氏，识君弱冠前。古心称古服，言动夙驯

驯。亦同江门游，亦钓楚台春。子昨归沙堤，访我铁江滨。今秋携公孙，自注“陈畲” 按，即白沙先生孙来浴新泉云。何以养其直？丝毫了不存。何以养其谅？心口无间然。何以养多闻？蓄德归渊泉。行矣各努力，相约朱明天。”［附录］霭与若水同处西樵广朗洞乐尧庄，霍韬赠诗《次甘泉韵》云云。《西樵游览记》

张璧光，字纯卿，淩涌人。尝从陈献章游。宏治十七年举人。母黄氏，年至九十二，每食必亲供，自少至老无怠容。初知慈溪，俗多溺女，璧光立保甲严禁之，所活甚众。再知怀集，归，年八十一卒。新会王《志》

［补］张不已，水南人。庠生。父友梅，与白沙先生友善，命不已从学。先生有《不已赴秋闱（七绝）》。先生卒，建白沙祠、置祭田诸事，多不已经理之。《张氏家乘》

［补］张栱，字子材，中乐塘溪人。少时业举，屡弗售，遂谢去。折节力学，以白沙贤而师事之。生成化二十二年，终隆庆四年，寿八十七。门人冯万经撰《子材墓志铭》。 按此《志》，子材生成化二十二年，是当先生卒之年，子材年才十五耳，疑十许岁即从游矣。此碑罗孝廉芳携以视榕者，惜其事迹稍略耳。

周镐，字文邦，麻园人。陈子尝与镐为云潭之游，作《云潭记》。及卒，悼以诗曰：“何人摆脱浮生事，得似周郎易箦时。”《门人录》本集《悼周镐》：“一双玉树出东溟，岂意先随晓露倾。三十六年惟一女，老夫垂泪写铭旌。”“里巷三年六七坟，老年无泪哭交亲。数声愿借辽阳鹤，唤醒人间未死人。”①

① 按，此处所引为《悼周镐》五首中的第二、第五首。

周京，字文都。镐弟，幼孤，事母、兄以孝闻。成化十三年举人，以母老藏修十余年。筑曝日台，习静其上。参新会王《志》从学白沙先生。先生《三赠文都》："小住江门五十年，按，京成化十三年乡举，先生时年适五十，今本集作"四十四"，"四"字误。阮《志》作"五"是也。隔坡相应荷相怜。窗开四面客通刺，酒覆三杯月到船。身上紫袍知有相，画中碧眼亦真传。明朝庾岭高回首，万里晴波正接天。"据本集正德三年，铨应天府通判，廉明公慎，吏畏民怀。擢治中，未闻命卒。子必诚，白沙有《赠童子久住侍父入京（七律）》，后登正德十一年乡试，仕至衡府长史。新会王《志》 按，本集有《过东涌，周贡士抱乳儿久住出迓（七绝）》，久住必诚乳名。

周正，字天统。宏治十四年举人。顺天通判，宝坻教谕。《门人录》

周俭，字用中。贾《志·弟子传》本集《与周用中兄弟》书。

［补］周端，麻园人。白沙门人。《周氏世谱》

区越，字文广，潮连人。八岁丧母，哀慕切至，事继母以孝闻。从游白沙。宏治十八年进士，知嘉善县，升主事郎中，历知建宁，皆以廉慎称。丁艰服阕，补宁国府。前府喜峻法，故入人罪，越悉为申理。尝夜寝觉寒太重，亟索衣出脱荷枷者，曰："罪止小惩，倘冻死，其若之何？"迁浙江副使、江西参政，分守湖东，平。积年逋寇，以老致仕。新会王《志》著《西屏集》六卷。阮《通志·艺文》本集《慈母石，为门人区越作》："慈孝相感激，天机谢人力。谁来石下歌，见母不见石。"

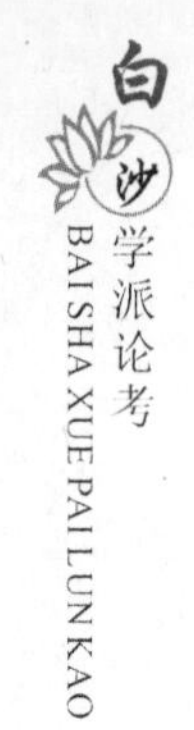

林绍光，字一荣，沙冈人。少从陈献章游。博通群籍，得献章律吕之学。成化间举明经。邑御史邓文宪少贫，资而训之，士出其门者甚众，皆有白沙之风。督学林廷玉雅重之。今称学行志古之士，必曰林一荣。祀乡贤。新会王《志》　按，王《志·选举》："汤绍光，成化七年岁贡，江南泰兴训导。"考《列传》作"林绍光"，"学校乡贤"条云："庠生，林绍光。"　又按，《甘泉集·正德丙子新会县重修子城记》"诸生林绍光等进曰"云云。榕考，正德丙子距成化七年已四十许年矣，未知是同一人否？今沙冈仅林姓无汤姓，岂昔有今无耶？

［疑存］林栋本集作"𣗋"，详"增城"。

谭以贤，字希圣，瑶步涌人。陈献章门人。立志行己，不愧古人。贡生，会同训导，尝注陈子律诗。按，阮《通志·艺文》："三卷，原注未见。"陈子《九日下庐山示》诗云："瘦藤扶上小庐山，东望何州觌面难。衰鬓插花秋意思，浩歌挥珓酒波澜。山中云气方迷昼，草际虫声渐逼寒。知我倚松长啸罢，江门水月正宜观。"[①] 贾《志》著《玉峰集》二卷[②]。佚　阮《通志·艺文》

以良，字士直。以贤弟。宏治二年举人。定省温凊，有古人风，以亲老不赴春官。游陈献章门。学先主敬，行敦本实，凡邑中孝子节妇，亟为表之。当时同门李世卿、顾勉斋、李子长、湛民泽咸推重之。新会王《志》并《选举》及卒，白沙奠之曰："于乎，士直遽至于此耶！天不与之年，与之才，将谁咎耶？彼碌碌者老

① 按，该诗本集未收录。

② 按，谭以贤尚著有《白沙律解》六卷（一作《白沙诗律解注》三卷）（广州图书馆编：《广东历代著者要录（广州府部）》，同前，第433页），《门人考》缺载。

而无闻，又何贵于年耶?”据本集《奠谭士直文》著《玉楼稿》二卷[①]。未见　阮《通志·艺文》

［补］谭有莲，天河礼村人。从白沙先生游。尝为白沙孙田择昏，见《白沙集》。为人朴诚好学，先生尝书楹贴于其祖祠曰“千秋俎豆将诚地”，书未毕，先生得家书报母病，遂辍笔去，此可以见先生之孝矣。《谭氏族谱》

谭绶，庠生，游白沙之门。寿九十三。新会王《志·耆寿》

［补］李昇，字广辉，阮《通志·选举》石步人。陈献章门人。成化元年举人，不仕。新会王《志·选举》［订误］陈献章《送李昇之京》诗：“歌声谁放晓江干，万里舟航眼界宽。短棹已随烟浦外，此溪遥接白云端。行藏手上惟三尺，名利场中总一官。夹径莺花春未老，为君传送到平安。”《鹤山志·杂记》　又，《鹤山志·选举》：“李昇，古蚕人。宏治十四年举人，石埭知县。”按，既云“宏治十四年举人”，时先生已没，焉有送之京事?考新会王《志》：“李昇，石步人。”是此诗送石步之李昇，非古蚕之李昇。《鹤山志》误也。　此诗本集缺载。

李翰，字文卿，潮连人。宏治五年举人，六年会试副榜第一。官怀集、上海教谕，转国子监学录，升山西道御史，未任卒。少陈子三十五岁。陈肃谓“操心律行，风韵潇洒，似吾白沙夫子云”。参《门人录》

李九渊，字深之。《门人录》本集《寄李九渊》：“嗟我与君同甲子，镜中谁让长霜毛。”《问李深之病》：“竹林花埭酒旗风，秋

① 按，谭以良尚编有《选黎贞遗稿》二卷（萧端升为之序）（广州图书馆编：《广东历代著者要录（广州府部）》，同前，第433页），《门人考》缺载。

赏春游事事同。伏枕六旬犹未起，相思红日满帘栊。”《吊李九渊》：“夜台无起日，春草自流年。”

李鸿，字从正。陈子有《寻梅饮李鸿宅（五律）》。参《门人录》

马国磬，潮连人。父默斋。国磬童子时受知于陈子《门人录》，本集《饮马氏园，赠童子马国磬（七绝）》二首。

马贞，字伯干。磬从弟。《门人录》本集《与马贞》书：“贞父不幸蚤世，贞卒成立，贞有母也。”① 又云：“伯干病至此，当为一场大休置。”《甘泉墓铭》 按，甘泉，贞别号。

［补］赵思仁，字寿卿，号厓山，三江人。祖安郡王必迎勤王厓山。思仁乐善好施，尝游白沙之门。《赵氏家谱》本集《与廷实》书：“顷者，东山刘先生至厓山，慨然欲表慈元之义，又不欲干诸有司，乃有里后进赵寿卿愿出二百千，可谓义举。”②《与马元真》书：“寿卿助建丁明府祠，又舍田十二亩。”

［补］宋容重，字子敬，潮连社边人。成化二十二年举人，贺县知县，白沙门人。《宋氏族谱》

戴球，字汝强，号息斋。长子恩，次子泽，俱庠生；三子参，字君惠，俱陈子门人。陈子《吊球》诗：“开元一日雅，来往到如今。若问斯文契，湘江恨未深。”③《门人录》 按，本集有《戴惠

① 按，阮氏所引为本集《与马贞》第二书。
② 按，阮氏所引为本集《与张廷实主事》第四十八书。
③ 按，本集未收《吊球诗》，当为逸诗。

书》，惠即参也。

戴昭，庠生。　戴辑　戴弁字仲俨。俱贾《志·弟子传》俱陈献章门人。由阳春学岁贡为山东禹城教谕。新会王《志·选举》

［补］戴敬，白沙门人。《梁氏族谱》“梁潜传附”　按，诸戴俱天台人。

谢慈昱，字德明，号半江，城西沙堤人。陈子《半江十咏，为谢德明赋》。《与张廷实》书：“谢德明居邑之南郭，畴昔有桓温少年之习，嘉其勇于改革，闭户不出与俗交者四年矣，乡曲往还忠于门下者也。《半江十咏》示接引意，求东所为作一跋。”[①] 参《门人录》　按，先生云“忠于门下”，当是门人。《草志》云“先生之友”。

谢文信，字伯倚。曾让田于叔。贾《志·弟子传》　按，本集有《谢伯倚得孙送姜酒》诗云：“七十一年云水中，半江老隐旧知侬。一杯引满为君喜，伯倚今朝又作翁。”伯倚或半江儿侄与？

［补］谢君章，丹灶人。白沙门人。《采访册》

［补］邓谷隐　邓澹乐，新会林《志》二人缺名，俱新昌人。二号皆从游白沙时白沙所赠。参《邓氏世谱》

［补］陆辇，陈献章门人。江西苹乡县丞。新会王《志·选举》

麦岐，字秀夫。《门人录》　本集《秀夫于城南小渚中结茅居之，容一之、马伯干取酒共醉桃花下，各赋诗为乐，秀夫谒余同

① 按，此处所引为本集《与张廷实主事》第四十八书。

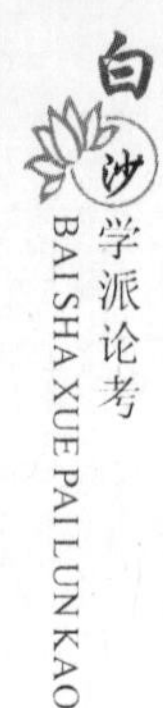

作，附其韵十首》："我梦桃花何处寻，水清苹白一篱金。美人家住红云岛，欲往从之江水深。"

［补］聂元会，字时嘉，号淇波，荷塘人《聂氏家谱》。陶鲁第五女婿。《世烈录》、宋端仪《三广公墓志》　本集附录何维柏《改创白沙祠碑》："白沙先生门人。"

［补］阮善宗，字世绪，号雪岛，潭冈人。容琴月婿，与内兄弟容璘、球辈从游白沙先生之门。《阮氏族谱》笃好古道，白沙是师，有前哲风。番禺通政司李鸾《雪岛祭田碑》

［附录］缺姓名及县名者列后

瑜。　　璠按，名瑜者疑即顺德李瑜，详上。李由。李方。李同。俱贾《志·弟子传》徐潘二生本集《与徐潘二书》按，以生称之，似皆门人。考南海门人有潘汉，已见上。徐生未详。

［补］顾勉斋按，王《新会志·谭以良传》："当时同门李世卿、顾勉斋咸推重焉。"按，顾勉斋疑即顾勉庵。

按，先生之门，名臣、廉吏、隐逸之士固多，又有孝子十二人，曰何宇新、陈茂烈、甘思忠、湛若水、梁贞、袁晖、尹凤、黄子贤、周京、区越、张璧光、谭以良。忠烈一人曰梁奎。呜呼，德化之感乎者，远矣哉！

[附]

南海三峰记《鹤山志·易元传》

南海之滨有三峰焉。盘踞广博，意气端重，如赪玉者，两峰也。风骨巉岩，气度轩豁，如神人异僧，使人望而敬者，南峰也。娟好靓秀，如素女静姝，远之可爱，近之不可狎者，东峰也。烟销霞敛，风清日明，薰溶和畅，万景妩媚，眺此一段佳气，则精爽飞动，神情怡悦。及夫云雾歘起，雷电晦明，则神没鬼出，骇目惊心，悠忽万状，此三峰之所同也。两峰在东良，容君彦昭有之。南峰在玉台之西，按，易君鹤山玉桥人，地在新会县东北，“西”字误易君德元有之。东峰在魁山之上，陈君秉常有之。三峰之外，在番禺者，何氏有矩峰；在东莞者，林氏有熙峰。三峰齐之白云，九曜、石鼓、大奚诸山皆俛伏其下，不敢抗视。五峰脉脊皆发昆仑，按，皆字下疑漏“发昆仑”三字，今补入昆仑在白沙南，按，昆仑在白沙西稍北六十里，《记》云在“白沙南”尤误世传颍川公甫白龙所宫，天下文明则见。南海诸山，昆仑最高，蒙泉润泽，可被千里，屯云肤寸，可雨天下，与罗浮相望，群峰列岫，层峦叠巘。凡出昆仑者，皆磊落奇诡，特异众观，虽跨州越邑，横河绝海，而端严环抱，尊面昆仑，如弟子之服先师，无违背者。武夷之西，云谷之东，按《朱子文集》卷八十三《跋刘叔通诗卷》，自署“云谷晦庵老人”，此类甚多蔡氏有九峰，胡氏有五峰，诚二山之伟观。此五峰者，不亦重白沙昆仑之伟观乎？客有好奇者曰：“子知南海之昆仑矣，知西海之昆仑乎？吾能言之，其大蟠天地，其高蔽日月，阆风之苑，元圃之墟，宫天地而馆神人。其入中国者，北纪则嵩、华、恒、岱，南纪则岷、峨、衡、庐，小天下，块三山，杯五湖，皆昆仑之支脉为之也。子欲尽天下之大观，吾与子其偕往。”三峰主人

同应曰："善，吾将由南海之昆仑泝西海之昆仑矣。"遂仗剑长歌，浩然前往。

成化十一年乙未七月后二日永丰罗伦书

订误

何维柏

《钦定四库提要》卷一百七十七："《天山存稿》，何维柏撰。维柏尝从陈献章游。"

榕按，何公《创白沙祠碑》云"得私淑而终身服膺"，此碑后署"万历十二年"，自称后学，计是年距先生之卒已八十四年矣。《粤大记》云："何端恪卒，年七十七。"是先生卒后而端恪乃生明矣。阮《通志》亦引《提要》此语，皆偶误也。阮《志·何维柏传》："嘉靖十年举于乡，不第，复入西樵，日读《白沙集》，发明白沙宗旨，后编《陈子言行录》。"

周瑛

《钦定四库提要》卷一百七十一："《翠渠摘稿》，周瑛撰。"张诩作《陈献章行状》，称瑛为献章门人，其八世孙成《跋》力辨其非。以二人之集考之，盖始合而终暌者。诩与成之说皆各执一偏。《明史·儒林传》亦称瑛与献章友，献章之学主于静，瑛不然之，谓学当以居敬为主。《明史·儒林传》："周瑛，字梁石，莆田人。成化五年进士，知广德州，以善政闻。历官布政使，尤励清节。与献章友善。献章主静，瑛谓学当以居敬为主。" 《明儒学案》："翠渠与白沙、医闾为友。" 《明诗综》："周瑛《咏古送白沙归南海》云：'东都事娇激，西晋尚清虚。一时意自适，社稷随邱墟。譬彼门户开，转运由其枢。大势一倾倒，力救将何如？君子阅世多，立说慎其初。择中而守固，孔氏有遗书。'"

本集《与邱苏州》书："承谕翠渠守广德有声，因记向岁周侯《赠贺克恭》诗云：'黄门仙客归辽左，少室山人忆岭南。我亦尘埃难久住，木兰溪上浣青衫。'周侯后以进士留京，以书来番禺，仆次韵戏之按，此次韵诗本集缺。本集卷十有《次答周太守瑛（七绝）》二首，其韵异，其时亦异，未及寄去，周侯寻受广德，而窃喜周侯之有为。"又，《与邱书》："梁石、克恭皆平生所深望，便中声意为感。"《与林春官》书："阁下以六品居部官，天下共责望。周先生为广德得人□心稍稍，前此邱苏州书来，亦谓如此，可贺可贺！往者京师与广德步月闲谈，异日或出或处，必相料理。今因记'木兰溪上浣青衫'之句，不觉呵呵，遂成拙诗：'梁石终为广德州，木兰溪上水空流。诗中往昔三人共，海上如今两鸟囚。给事按，谓贺黄门易为清静退，山人按，先生自谓真脱罗网愁。如何皂盖不归去，应为苍生未肯休。'以为使广德见之，当发一笑。"又，《与林蒙庵》书："梁石、时可之忧，在己者而亦为人。"按，蒙庵名雍，时为礼部主事，故曰春官。《苏州府志》："邱霁，字时雍，鄱阳人，成化八年以刑部主事任，十一年罢去。"按，贺钦成化二年进士，周瑛成化五年进士，先生所赠贺黄门仙客之作与广德步月事，此成化二年、五年间，先生皆在京也。按，略考以上诸诗文，则"始合终睽"之说似非，且以先生称之，乃谓门人益非矣。

潘见龙

《鹤山志·地理》："潘见龙，字翔甫，号桧峰，顺德冲鹤人。为白沙弟子。万历间，广东提学张邦翼采其诗入《岭南文献》。墓在云堆村后茶山。"《冲鹤潘氏族谱》："九世见龙，字翔甫，号桧峰，义官。生正德三年戊辰四月初四日戌时，墓在新会茶山。"按，今隶鹤山。按，《潘谱》详明如此，是先生卒后七八年而桧峰乃生，则非弟子明矣。

欧阳回

《篁庄欧阳氏族谱》："回，白沙门人，自号溪南钓叟。"《篁庄遗稿》欧阳建著《赠溪南（七绝）》："溪南老大兴何如，散诞琴书乐海涯。多病几时堪策马，风花吟遍始还家。"《篁滨子传》欧

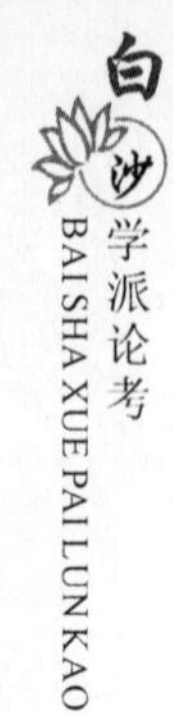

阳希周撰："溪南者，白沙弟子。隐处篁溪之南，无仕进志，嗜酒耽诗，识高今古而若愚，行敦孝友而不羁，谓篁滨子曰：'松而死，何如栎之生？子聪明太露，又好直言，吾惧匠人其斧斤尔矣。'"

欧阳小韩孝廉赠《篁庄遗稿》一帙，内载溪南为白沙门人。因晤小韩询其事迹，复出《欧阳氏族谱》《篁滨子传》相质证，余得其详，编入《白沙门人考》之末。夫发潜阐幽，吾先兄志也，安尽为搜罗以继兄志哉？戊午孟秋韭龄志

《白沙门人考》终　胞弟阮韭龄紫蒲校字

白沙从考

［清］阮榕龄编

咸丰元年秋八月新会阮氏梦菊堂雕

目　次①

① 原目次无编号，为眉目清晰起见，点校者对原目次进行了编号。

生卒

《广东新语》卷一："斗牛与中星明，则其地儒道大兴。中星在正南，又吾粤所宜候者。洪武、永乐间，五星两聚斗牛，占者谓'黄云紫水间当有异人'，已而白沙先生出。成化丙戌，中星明于越之分野，而甘泉以是岁生。"《明史·天文志》："洪武十八年二月乙巳，五星并见。二十四年十一月，岁星合于斗。二十五年正月，荧惑、岁星合于斗。永乐元年五月甲辰，五星俱见东方。"榕按，天道元远，或可知，或不可知。人事或验，或不验。或占者有精与不精，姑附存其说于此。

张廷实撰《白沙先生行状》："宏治庚申二月十日，先生顶出白气贯天，竟日乃息。"

[附录] 洪垣撰《甘泉墓志》："嘉靖庚申四月二十二日戌时，有星如斗，其光烛天，其声如雷，举城皆惊，殒于文院，即终于寝。"

德容

按，先生之德量教化，略见于《行状》及门人康处士沛、梁孝廉大厦之言，兹于各见诸书者，随所见补入。

《门人录》："姜麟既见先生，出谓人曰：'吾阅人多矣，未有如先生者。'至京师，有问之者，则称'活孟子'云。"□□□□□章枫山懋尝曰："当时人物，以陈白沙为第一流。学者做诚未至，动不得人，惟白沙动得人。”本集附录诸友赠白沙诗，华沈钟云“培塿之中见泰山”，建安周源云“人物明时第一人”。

［附录］洪垣撰《甘泉墓志》：“会阳明讲学于金台，阳明叹曰：‘吾求友三十年，未见此人。’”按，先生左颊有七黑子，甘泉两耳旁各有黑子，左七右六，此皆师弟之相同者。

《金台纪闻》卷 [①]：“友人王瑄，字莹中，江浦人。与定山庄孔旸同里，尝往来定山之门，为余谈白沙陈公甫来访定山，定山拿舟送之。有淮阳按，《宾退录》作“维扬”士人素滑稽，是日极肆谈尽衽席亵昵事，人不堪闻，故以是为二老病。定山恕不能忍，几至厉声色，迨明日余恨犹未已。白沙则当其谈时若不闻，及其既去，若不识其人，定山大服之。”按，此条与《粤东名臣录》引《俨山外集》及赵善政《宾退录》皆同。《金台纪闻》《俨山外集》皆陆深所著，《纪闻》源本大有根据，故特录之。陆深，宏治十八年进士。赵善政，万历十六年为广东按察。《宾退录》盖稗贩于陆者。又按，此可与大程“目中有妓，心中无妓”事分先儒雅量等差。

［附录］本集《与贺黄门》书：“接人待物，不可拣择殊甚，贤愚善恶，一切要包他。到得物我两忘，浑然天地气象，方始是成就处。”又，《赠刘萧二生》诗：“若无天地量，争得圣胚胎。”

学行

本集《与罗应魁书》[②]：“伊川先生每见人静坐，便叹其善学。此一静字，自濂溪先生主静发源，后来程门诸公递相传授，至于豫章、延平二先生，尤专提此教人，学者亦以此得力。晦庵恐人差入禅去，故少说静，只说敬，如伊川晚年之训。此是防微虑远

① 按，原文此处缺文，疑忘卷数。

② 按，本集题作《与罗一峰》，阮氏所引为《与罗一峰》第二书。

之道，然在学者须自量度何如，若不至为禅所诱，仍多静方有入处。若平生忙者，此尤为对症药也。”按，先生《和杨龟山》诗曰：“吾道有宗主，千秋朱紫阳。说敬不离口，示我入德方。”可与此书互相发明。

项乔迁之《白沙集序》：“观先生《全集》，先生心术之光大具见矣。然有疑其近禅者，乔尝与三洲李先生论之，三洲曰：‘禅儒之辨，惟达天德者能知之，否则，徒呓言也。’”阮《通志》：“项乔，永嘉人。嘉靖三十年任左参政。”

《白沙语录》（下卷）：“庄定山谓汪文光曰：‘吾闻南海之山名玉台者有巨人焉，静而无欲，深知所谓潜之道，子能不勚万里而往问焉，当必有说。’”又，沈度《送马立夫游岭南》曰：“陈氏倡学而游从数千指，声光殷殷，戛摩霄汉，天岂虚生此人耶？今士气凋丧，浮华是习，名是实非，言从行戾，意者天其复彝伦之序，假此人以兴孔孟之道，否而泰邪？而正其数，亦当斯时乎？”

《松窗寤言》卷[①]：“贺医闾钦笃信渊雅，确乎不移，亦管幼安之流，教人惟主小学达序矣。陈白沙谓其无所见，劝读佛书。岂名教之外，犹有别传乎？”按，本集《与贺黄门》书凡十首，有云“归去辽阳可取《大学》《西铭》，求古人为学次第云云”，无“劝读佛书”之文，崔文敏此言，盖风闻之正嘉间忌谤者之口云[②]。

《半舫斋偶辑》卷四：“宋景濂、陈白沙、钱牧斋，古文全引禅说，几于儒墨不分。”按，先生之学，人疑其涉于禅者固有之矣。今《白沙集》具在，曷尝全引禅说耶？若夫仙佛僧道、金丹蒲团，先生尝借用之，此是诗文家比兴寓言，如“漩涡佛不能救落水罗汉”“老夫衣钵”云云，此类尚多。若附会为禅，

---

① 按，原文此处缺文，疑忘卷数。

② 湛若水《明故医闾先生户科给事中贺公墓表》云：“独记忆往在江门，白沙先生道公父子之美。又云曾劝公读佛书，公久不答，士谘则有书疑辨，先生亦未之答。余问焉！白沙先生曰：‘公笃信谨守人也，别三十年，其守如昨。’又问，则曰：‘吾子不闻程子‘谨礼者可令读庄、列’之说乎？”（［明］湛若水撰，钟彩钧主持整理标点：《泉翁大全集》卷62，第588页）。据此，白沙诚有劝贺钦读佛书之事，阮氏考之未周。

则古今词人无人不学仙入禅矣。本集《答陈秉常询佛儒异同》诗："青天白日照无垠，我影分明傍我身。自古真儒皆辟佛，而今鬼怪亦依人。蚁蜂自识君臣义，豺虎犹闻父子义。贤辈直须穷到底，乾坤回首欲伤神。"按此诗意，其伤心痛绝于禅也至矣。崔公、夏君盖未稽《全集》耳。

《明史稿·儒林传序》："学术之分则自陈献章始，至王守仁而别立宗旨，显与朱氏枘凿。宗献章者，江门之学，孤行独诣，教未宏而弊亦少。"按，江门诸徒诚不及姚江之盛，至姚江末流，多不尊师门绳矩，故为世訾謷。谨按《钦定四库提要》下《学尝剳记》云："萧企昭至詈阳明为贼，何小人无忌惮一至于此?"

《钦定四库提要》卷九四："《读书偶得》。雷宏，字贯一。是编以朱子为宗，然能不争门户，如云：'古人心最平，孟子谓夷惠隘与不恭，君子不由也，而又谓其百世之师是也。后世如子静、阳明、白沙，论学术者必辨之，谓其非孔孟程朱之正派也，然其砥节砺行，以之针砭卑鄙，夫不亦百世之师耶。'其持论较平，较诸讲学家为笃实。"

《文竿汇氏》卷八："白沙曰：'胡居仁执守甚坚，洒落不及庄孔旸；林缉熙气质甚平，果决不如沈真卿。惟洒落，有壁立万仞之志；惟果决，有真金百炼之刚。担当斯道，惟孔旸、真卿。'"按，沈潜高明，各随所禀，惟各有所独得，然过犹不及，故曰："刚柔相济，因病下药，不可偏胜。"此评犹是一偏之论。

《明儒学案》卷二《胡敬斋先生居仁》："其言静中之端倪，尤为学者津梁。斯言也，即白沙所谓'静中养出端倪，日用应酬，随其意之所欲'，宜其同门冥契。而先生必欲议白沙为禅，盖先生近于狷，白沙近于狂，不必以此疑彼也。"

卷五《白沙学案》："有明之学，至白沙始入精微，其吃紧工夫，全在涵养，喜怒未发而非空，万感交集而不动，至阳明而后

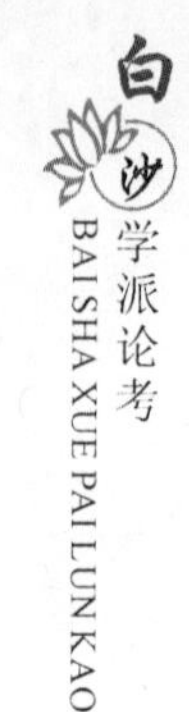

大。两先生之学最为近。不知阳明后来从不说起，其故何也？薛中离，阳明之高弟子也，于正德十四年上疏，请白沙从祀孔庙，是必有以知师门学问矣。罗一峰曰：‘白沙观天人之微，究圣贤之蕴，充道以富，崇德以贵，天下之物，可爱可求，漠然无动于其中。’信斯言也，故出其门者，多清苦自立，不以富贵为意，其高风之所激，远矣。”

卷八《吕泾野》：“《语录》：黄惟因问：‘白沙在山中，十年作何事？’先生曰：‘用功不必山林，城市也做得。昔终南僧用功三十年，尽禅定也。有僧曰：“汝习静久矣，同去长安柳街一行。”及到，见了妖丽之物，遂心动，一旦废三十年工夫。可见亦要于繁华波荡中学。故于动处用功，佛家谓之消磨，吾儒谓之克治。’”

卷十二《王龙溪》：“《霓川别语》：‘问白沙与师门按，阳明，龙溪之师，下同同异’。曰：‘白沙是百原山中流传，亦是孔门别派，得其环中以应无穷之景象也。缘世人精神撒拨，向外驰求，欲返其性情而无从入，只得静中一段行持，窥见本来面目，以为安身立命根基，所谓权法也。’《与颜冲宇书》：‘我朝礼乐[①]开端是白沙先生，至先师而大明。’”

卷二十《王塘南》：“《瑞华剩语》：‘阳明之学，悟性以御气者也。白沙之学，养气以契性者也。此二先生所从入之辨。’”

---

① “礼乐”原文作“理学”（参见［清］黄宗羲：《明儒学案》卷 12《浙中王门学案二》，前揭书，第 259 页）。

卷二十二《臬长胡庐山直》："《寄唐仁卿》书：'夫阳明不语及白沙，亦犹白沙不语及薛敬轩，此在二先生自知之，而吾辈未臻其地，未可代为之说，又代为之争胜负，则凿矣。历观其评中，似为白沙立赤帜，恐亦非白沙之心也。古人之学，皆求以复性，非欲以虚见立言相雄长。故必从身心磨练，由壮逮老，用多少功力，实有诸己，然后敢自信以号于人，是之谓言行相顾而道可明。若周子则从无欲以入，明道则从识仁以入，既咸有得，而后出之。白沙先生一坐碧玉楼按，当作"春阳台"十二年，久之有得，始主张致虚立本之学，一毫不徇于闻见，彼岂谩而云哉?" 按，罗念庵洪先《与吴疎山》书："白沙致虚之说，乃千古独见。"又按，唐伯元字仁卿，潮州澄海人，详《明史·儒林传》。

卷二十六《襄丈唐荆川顺之》："《答吕沃州》：'白沙静中养出端倪，此语须活看。盖世人病痛，多缘随波逐浪，迷失真源，故发此耳。若识得无欲为静，则真源波浪，本来无二，正不必厌此而求彼也。'"按，沃州名光洵，甘泉门人。《甘泉集》有《玩爻轩记》，为沃州作也。

卷四十二《文选唐曙台先生伯元》："《答郭梦菊大参》：'江门别传，盖出濂溪、尧夫之派，然无愧于诚者也。与其明不足也宁诚。'"按，郭棐有《梦菊集》，详后《议祀》。

卷五十八《端文顾泾阳先生宪成》："《小心斋劄记》：'问：本朝之学，惟白沙、阳明为透悟。阳明不及见白沙，而与其高弟张东所、湛甘泉相往复。白沙静中养出端倪，阳明居夷处困，悟出良知，良知似即端倪，何以他日又辟其勿忘勿助?'曰：'阳明目空千古，直是不数白沙，故生平并无一语及之。至勿忘勿助之辟，乃平地生波。白沙曷尝丢却有事，只言勿忘勿助。非惟白

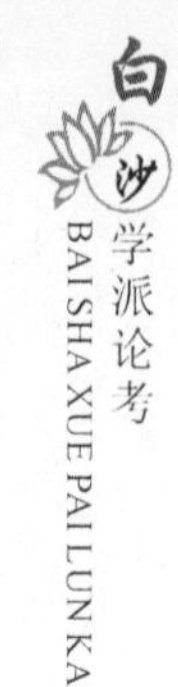

沙，从来亦无此骇语[①]也。'"

卷五十八《忠宪高攀龙》："《论辛复元》：'说者谓康斋不及白沙透悟，盖白沙于性地上穷研极究，以臻一旦豁然，康斋只是行谊洁修，心境静乐，如享现成家当者然。其日渐月摩，私欲净尽，原与豁然者一般。'"按，复元名全，此因论复元而并及康斋、白沙也。以上俱《明儒学案》。

《甘泉文集》卷二十二《语录》："陶鲁由新会丞讨贼，驯抚两广，声称隆重，或质以所能。先生曰：'白沙先生称其治民如治兵，因应随机，初无定体。其治兵也如文士作文，奇生笔端，无事蹈袭，故能使人畏之，率以取胜。'按，此语见白沙本集《书思德亭碑》此犹非其至者，其至者乃得之白沙先生'言忠信，行笃敬，蛮貊可行'，一诰而佩服之，按，见本集《辅城记》遂为人所敬慕如此，盖事功可以才辨，而得人必有所本也。"

《广府志·儒林》："郭元，字宗确，新会人。得蔡虚斋《易》学之传，尝曰：'学贵守分，白沙先生严干谒之戒，此第一义也。'从游甚众，家无恒产，澹如也。"

《震泽长语》卷[②]："近世有厌朱学之繁、乐象山之简者，始于吴与弼，继以陈公甫。公甫每谓今世不当复有著述，以文字太多故也，至有'再燔一番'之语，其亦有激也。"

---

① 按，"骇语"今本《明儒学案》作"呆议论"。（参见［清］黄宗羲：《明儒学案》卷58《东林学案一》，前揭书，第1391页）。

② 按，此处有缺文，系忘卷数，阮氏文后有说明。

《洛闽源流录》卷□[1]："白沙虽尚静悟，喜简佚，而极守规矩，厉廉隅，以躬行心得为务，从未敢放肆一言，诋贤侮圣。其为教，能使一时学者敝履功名富贵，以自致于君亲之间，可狂可狷，必不屑为乡愿，清风高节，何可及也！"按，此录乃邑荷塘李广文有芳录以寄榕者，故忘志卷数。

《性理会通》卷三十《王畿南游记》："或问'白沙教人静中养出端倪'何如？先生曰：'端即善端之端，倪即天倪之倪，人人所自有，然非静养则不可见，宇定泰而天光发，此端即所谓有欛柄方可循守，不然，未免茫无所归。'"

《诗人征略·青门集》："道学之有异同，自朱陆始也。异同积而为门户，自姚江始也。夫圣人之道大，故曲成而不遗，如愚之回、多言之赐、师之过、商之不及，皆得与闻孔子之道。后世诸儒，惟不得孔子以为依归，故纷纷至是耳。假令吴康斋、陈白沙、王阳明与薛文清、胡敬斋诸先生并游孔子门，必皆为孔子之所许。夫诸先生学圣人者也，其流离虽分，其源则一，彼学有非耶？吾守吾是而已，奚争为？"

受官

《广东新语》卷九："白沙先生受官而康斋不受，一以处士，一以监生也。先生每题碑碣，必书翰林苑检讨官衔，盖不敢忘之赐，其不出而就职，非为高也，以终养也。"

---

① 按，此处有缺文，疑忘卷数。

诬语

《甘泉文集》卷七“书谤师”条：“昔先师石翁闻康斋公之弟谤康斋，而斥曰：‘吾二人数千里闻先生高风来从学，尔在家庭之内乃如此。’以手挥之曰：‘尔再不必说。’何等英气！同行何潜在榜默默，后竟以放浪纵酒而废。”按，此当即先生从学临川时事。又，白沙本集何潜有二，一南海人，一新会人，未知孰是。又，“吾在庶吉士时，按，当在正德元年闻梁厚斋公按，厚斋，梁文康公储初号道乡人谤石斋之言云云，吾怒之，述陈远峰画士京师时，有乡人谤石翁者，将其人打踢落楼，公默然。”按，陈远峰当即新会陈瑞，此事与《粤大记》所载小异，详《门人考》。

《野获编》卷十四：“陈白沙在先朝与薛文清同议从祀，忽有谤。大珰李芳，广东人，与陈同乡，为之奥主，议遂止。陈在成化被召时，为邱文庄肆谤，亦同乡也。至甲申之得祀，言者又云司礼掌印首珰张宏，故产粤中，私其里中先达，特下俞旨并祀，此祖子产立公孙洩故智也。盖陈死生皆以桑梓受累。”《明史·宦官传》：“李芳，穆宗朝太监。帝初立，芳以持正见信任，是时，诸阉滕祥者导帝为长夜饮，芳切谏，帝怒，杖八十下狱，充南京净军。”

《明儒学案》卷五“白沙”条：“尹直《琐缀录》谓先生初至京师，潜作十诗讼太监梁芳，芳言于上，上乃得受职。《明史·宦官·梁芳传》：“芳，宪宗朝内侍，贪黩谀佞，劝帝废太子，会泰山震，帝惧乃止。孝宗立，下狱死。”及请归出城，辄乘轿张盖，列槊开道，无复故态。邱文庄采入《宪庙实录》，谓可谓遗秽青史。薛方山应旂《献章录》

则谓采入《实录》者张东白也。按，东白问学之书以‘义理须到融液，操存须到洒落’为言，按，详见白沙本集《与张东白书》又令其门人馈遗先生，深相敬慕，寄书疑其逃禅则有之，以乌有之事阑入史编，理之所无也。文庄深刻喜进而恶退，一见于定山，再见于先生，与尹直相去不远矣。”按，张廷实《先生行状》：“祭酒某先生，同省人也，素忌先生名。及至京，邀先生主其家，已而先生僦居德庆寺，某后因修述，阴令所比诬先生，学士见之不平，为削去。”今考“学士某”即张东白也。先生与东白平素最称石交，见于诗文者，故多可稽。先生卒之前一年，东白寄先生书尚有“在山远志”之语，语见《年谱》。观《学案》此辨，益有明证，若潜讼太监等事，稍知廉耻者弗为，况先生乎？

《池北偶谈》卷十：“骆两溪文盛《南埜杂谈》云：‘吴康斋、陈白沙，卓然一代人物，即有所短，亦白璧微瑕，而尹直《琐缀录》肆其丑诋，所谓丑，正恶直小人而无忌惮耳。’可见，公论自在千古。”

逸　事

《皇华纪闻》卷三：“三水陆之游白沙之门。先生一日晨起，谓陆曰：‘子有喜色。’对曰：‘某家报至，昨举一子。’先生欣然援笔，命曰阳和，字蔼然。复命三名曰阳开、阳升、阳泰，以次字之。后之果连举四子。盖白沙精河洛数学，故前知耳。”

《泰泉集》卷五十四《翰林院待诏衡山文公墓志》：“予出白沙墨迹，即叹讶久之，因曰：‘吾初入学，梦一老人告曰：他日出处与陈献章同。已而命天下，擢公翰林待诏，白沙亦以荐为检讨，适相类也。’”

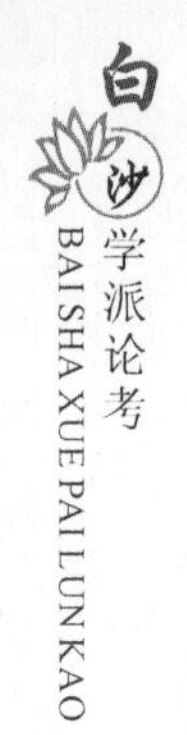

《续太平广记》卷六："陈德胜，按，白沙本集作德雍自号龙潭老人，耕隐不仕，吴康斋雅重之。"《渊鉴类函》卷一百九十六《吾学编》："《吴与弼传》：'白沙尝以《周易》疑义相质，与弼曰：过清江可叩龙潭老人。白沙往谒，适龙潭雨中蓑笠犁田，延至其家，与之对榻，信宿辨析疑义，白沙叹服而去。龙潭语儿辈曰：吴康斋非爱我者。'"按，"龙潭"以下十三字从《续太平广记》补。

本集《与陈德雍书》："清江之去白沙几山几水，一夕恍惚与德雍先生葛巾青藜相值于宝林，拍手笑语，坐佛灯前，促膝嬉戏若平生，不知其在梦也。德雍老矣，颇复能忆宝林昔日之言否乎？"按，龙潭曰"吴康斋非爱我者"，此言似龙潭不求知于人，悔为白沙所物色。今按白沙本集有《与陈德雍》书。又，《七绝诗序》云："得陈德雍书，年九十余矣，犹有愿学之志。"据此，则"非爱我"之言与"愿学"之书似相矛盾，或《广记》误也。

《人谱》(上卷)："陈白沙尝舟行遇盗，尽劫同舟财物，白沙据舟尾，呼曰：'我有行李在此，可取去。'盗问为谁，答曰：'我陈白沙也。'盗讶曰：'小人无知，惊动君子。舟中人即公友也，忍取其财乎？'悉还而去。"

按，焦竑《玉堂丛话》："陈公甫自京师还，与族弟同至广东阳江遇盗云云。"即同此事，而记有小异耳。考自京师归新会不由阳江，盖阳江非县名，乃地名相同耳。

《岭海胜》卷全《白沙先生传》："先是彭韶数致书邀往，不肯通半刺，韶高其行，称为'活孟子'。一日屏驺舆，从一小仆驾扁舟至江门访焉，会与二三友人小酌，因请韶就席，韶随通姓名，作而揖曰：'原来藩台老大人。'命家童添一菜俎，共饮竟日。"按，此传《序》"陈公炜修白鹿院"，谓来聘先生在授检讨之后，非也。且《传》仅六百余言，于先生行事太略，而邝日园曰："载白沙事详悉无遗，仅得此《传》。"嘻，陋矣。彭布政来白沙，本集与《行状》不载，林君此《传》或有所本，录之以俟考。

《广东新语》卷九：“白沙先生尝戴玉台巾，扶青玉杖，插花帽檐，往来山水之间。有诗云：‘惟有白头溪里影，至今犹戴玉台巾。’[①] 按，翁山《寄王蒲衣诗》“自注”：“白沙巾象玉台山为之。”又云：‘拄地撑天吾亦有，一茎青玉过眉长。’[②] 又云：‘两鬓馨香齐插了，赛兰花间木犀花。’[③] 又尝披藤蓑垂钓，云：‘风吹不尽寒蓑月，影过松间千丈来。’其风流潇洒，油然自得，身在万物之中，而心出万物之外。”按，先生诗云“插花帽檐”乃寄兴寓言，又如“黄花簪破小乌巾”[④]“日尽千瓢舞破蓑”[⑤] 之类，与前人之“菊花须插满头归”皆寄兴常例，而遽按以为实事，是以词害意，失诗家妙趣矣。

诗

《麓堂诗话》卷全：“陈白沙诗极有声韵，《厓山大忠祠》[⑥]云：‘天王舟楫浮南海，大将旌旗仆北风。世乱英雄终死国，按，本集作“义重君臣终死节”，胜于初稿多矣时来胡虏亦成功。身为左衽皆刘豫，志复中原有谢公。人众胜天非一日，西湖云掩鄂[⑦]王宫。’和者皆不及。余诗亦有风致，但所刻净稿者，未之择耳。”按，此诗史笔也，通体起结，俱臻绝顶。先生为都宪朱公作《认真子诗序》曰：“诗之工，诗之衰也。率吾情盎然出之，无适不可。有意乎人之赞毁，则媚人耳目，若俳优然，非诗之

---

① 按，此处所引为本集《清溪道中》二首之一诗句。

② 按，此处所引为本集《次韵奉答李方伯介轩潮连见寄》二首之一诗句。

③ 按，此处所引为本集《插花》诗句。

④ 按，此处所引为本集《谢九江惠菊》四首之四诗句。

⑤ 按，此处所引为本集《送柑答之》诗句。

⑥ 按，本集题作《吊厓》。

⑦ 按，“鄂”字本集作“岳”。

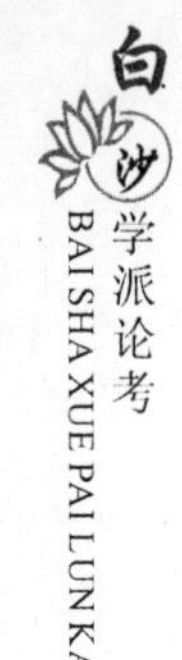

教也。”按，此言似主持太过，盖为后人徒以诗猎较浮誉者下针砭耳。夫三百篇曷尝不工？读者勿以词害意。

《凤洲笔记》卷十一：“公甫襟度潇洒，神情充豫，发为诗歌，毋论工拙，颇似风云间瘦语，如禅家呵骂击杖，非达摩正法。”

《明诗综》卷二十：“王元美曰：‘公甫诗湛若水取为诗教，妄加笺释，真目中无珠者，固知陈氏之忠臣必将鸣鼓湛氏之罪矣。’”

《明儒学案》卷四《夏东岩集》：“甘泉注白沙诗，曲为回互，若商度隐语，多非白沙之意。”

《明诗综·静志居诗话》：“成化间，白沙诗与定山齐称陈庄体。然白沙虽宗《击壤》，源出柴桑，其言曰：‘论诗当论性情，论性情先论风韵，无风韵则无诗矣。’故所作犹未堕恶道，非定山比也。其云‘百炼不如庄定山’，盖谦辞尔。”

《古今诗话》卷下《香泉偶赘》：“诗以舂容大雅淡远入化为工，雄奇，其次也。陈白沙诗潇洒自得，有似康斋先生。《晨起寻梅》[①] 云：‘朝烟细雨按，本集作“横野”犊鸣陂，倚集作“索”杖山斋睡起时。渔集作“田”父许留今日酒，梅花不欠去年诗。冲寒索笑来何处，带病寻香出每迟。彷佛西湖梦中见，水边篱落忽横枝。’”

---

① 按，该诗本集题作《晨起将出寻梅》，凡四首，此处所引为第一首。

《陇蜀余闻》卷一："予尝喜陈白沙诗'恰到溪穷处，山山枳殻花'，杨梦山诗'常记任家亭子上，连翘花发共衔杯'。"

阮《通志·顺德列女》："指挥佥事程富妻钟氏，成化间适富，未期而富卒，钟年十七葬夫。服阕，舅姑怜其无子，欲令改嫁，钟哭誓死。孀居四十余年，有司题旌。陈献章吊以诗曰：'风流当年坏一丝，直到于今腐烂时。欲论千古纲常事，除是渠家节妇知。'"自注："钟，狂客女。"又，阮《志》"按语"云："黄《志》'此即顺德程富妻'，而白沙云佚其夫名，或别为一人，故仍著于此。"

榕按，白沙未尝自云佚其夫名，阮《志》又以白沙之《咏程节妇》疑以为新会人，列入《新会列女》，皆误也。榕虑贞魂不安，故别白于此。张子撰《先生行状》云："程节妇钟氏，孀居二十七年，贫甚。先生嘉其节，表以诗，复岁遗以绫布。""狂客"详成华十九年《年谱》。

《广东新语》卷十三："白沙先生诗往往漏洩道机，所谓'吾无隐尔'，盖知道者见道不见物，不知道者见物不见道。道之生生化化，其妙皆在于物，物外无道。庞弼唐云：'白沙先生诗心精，于是洩矣。'然江门景春来便多，除却东风花鸟，若无可答者，何耶？盖涵之天衷，触之天和，鸣之天籁，油油然与天地皆春，非有所作，而自不容已者矣。吾粤人以诗为诗自曲江始，以道为诗自白沙始。天道不言，四时行、百物生焉，往而非诗之妙用，此白沙诗之教也。"

《楚庭稗珠择录》卷三："黄淳谓白沙至都不见邱文庄，为文庄所沮，而引《西山驿晚望》按，本集作《西南驿》。西南驿即今三水县西南埠，改作"西山"非也、《荼蘼将开值雨》二诗明白沙之不尤人。《晚望》云：'晚来花雨湿诗囊，独上邮亭望大荒。南望海旁诸郡浅，西来天上一江长。渔歌落日还孤艇，树隔啼莺背短墙。料理凭高

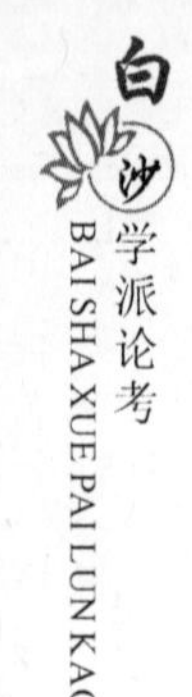

非一事，樽前谁与共平章？’《值雨》云：‘相看无语只沈吟，蓓蕾枝头已簇金。山雨不来昏昼景，东君容有妬春心。较量花品终何益，茫昧天机亦自深。明日阴晴还未定，一尊何急对花斟。’味其诗，未必果为文庄作也。惟南归时《途中寄诸乡友》诗云‘荔子不将梨斗美，沙螺休与蟹争衡’，则不能无芥蒂耳。”按，“何急”，“何”字未妥，且与上“何”字重，盖“可”字之误。按，黄公谓此二诗为文庄作，实附会也。

《列朝诗集》丙集“第四 陈检讨”：“林俊称其涵养完粹，脱落潇洒，独超造物牢笼之外，而寄兴于风烟水月之间，盖有舞雩、陋巷之风焉。余视先生为人，志节激昂，抱负奇伟，慨然有尧舜君民之态，而限于资地，困于谣诼，输困结辖，发为歌诗，抑塞磊落之志，旁见侧出于笔墨之间。”

附录 《竹潭续考》

白沙先生赠人诗云：“谁将儿女浪千情，春雨来时草又生。梦亦是真真亦梦，石泉槐火对清明。”按，阮公《广东通志·杂录》引《柳亭诗话》云：“有士人不得志，讬梦于灵山神，以‘石城怀果对清明’之句示之，莫知所谓。越十年，成进士，得石城令。宿县界，见四山灯火灿然，顾问寺僧，以清明祭墓对，其字额乃怀果也，因成诗曰：‘眼前儿女莫关情，春若来时草又生。梦亦是真真亦梦，石泉怀果对清明。’”榕按，此诗仅易数字，词意皆同，岂灵神改白沙诗以示士人而传者，遂讹为士人诗耶？

贾公洛英《新会志》于“黄云山”下引白沙《游上游黄云山》诗，而删“上游”两字。又，诗原曰“系艇”，顾谓新会之黄云山下不可系艇，遂改为“系马”。榕考《白沙集》，此诗之上有《游黄云山，示民泽》[①]，又有《黄云左右关》诗。又，《送民泽》诗[②]“黄云山人风韵奇”，自注：“黄云乃民泽所居之洞也”。盖增城上游庄有黄云山，民泽读书于此。贾《志》乃误以为新会之黄云山，而又妄为删改，盖以未尝细考之故。又，先生《送李世卿序》有“登大厓山”之语，若以为新会之厓山，岂不谬甚！夫一乡一邑之间，地名、人名雷同者多矣，况邻壤乎？

先生《正月二日雨雹》自注“是日雨水节”，又云“后二日雨霰”。《正月五日雨霰》诗曰：“北风卷长云，晨光坐来灭。映空絮忽飞，谁谓越无雪。元气塞天地，万古常周流。闽浙今洛阳，吾邦亦邹鲁。星临雪乃应，此语非谬悠。”不知何年，当以长历推之按诗，先集为霰，是霰在雪之先。《说文》：“稷，雪也，埤雅。”闽俗谓之米雪，所谓稷雪者，义盖如此。道光十二年十月，榕泝湘江游桂林，所见之鱼眼雪，与米雪无异。吾广州雨雪自来罕见，后于十五年腊月二十二日寅卯间，雨雪约时许，老少皆以为大奇。邑城有老人李圣厚者，年九十七，亦以为生平所未睹。榕故有《粤雪考》，盖吾粤人不识雪，每呼冰为雪，遂今古相沿。作郡邑志者，每以水之凝冰者为大雪，皆误也。夫李之于梅，楂之于梨，犹可云相似，乃若冰与雪，迥然有上下、动静之别，判然易辨，顾混而一之，何也？先生以此诗可为吾广雨雪之证，故志之。

先生诗如“打乖正坐不尧夫”（《次汝愚韵》[③]）、“可能筋斗打

① 按，该诗本集题作《卧游黄云山，示湛民泽》。

② 按，该诗本集题作《民泽自白沙馆告还谒母，故以归为望》。

③ 按，该诗本集题作《次韵邹汝愚阳江道中见寄》。

虚空”（《早饮》[①]），如此等句，几与“太极圈北大，先生帽子高”[②]同，雅笑端然，此亦读者未善于持择也。其佳者固多在五古，其余各体亦多佳构，不能一一标录，其一二佳者略附于《门人考》。此外，绝句仅录其尤者于此，是亦与隅之义也。

感　事

人间骨肉薄秋云，一事朝来不忍闻。何处青山封宿草，欲将衰泪洒孤坟。

平生交态如兄弟，此日悲歌不忍闻。欲寄秋风两行字，九原无雁独怜君。

落　花

落花半落流水香，鸣鸠互鸣春日长。美人别我隔江浦，欲来不来空断肠。此当是怀庄定山，江浦人。

秋　日

山河一望仲秋前，枫叶初黄水半川。路上行人不归去，北风吹尔过残年。

木犀未发盎莲空，小女来方剪丝工。不信衰荣是天道，觅花无处怨西风。

招讼者归

越王城里尘随马，刺史衙前吏喝人。此日王孙不归去，旧游

---

① 按，该诗本集题作《早饮辄醉，示一之》。

② 按，“北”当为“儿”，“太极圈儿大”为道学家诗句，如《四库全书总目提要·薛文清集》云：“考自北宋以来，儒者率不留意于文章。如邵子《击壤集》之类，道学家谓之正宗，诗家究谓之别派。相沿至庄之流，遂以‘太极圈儿大，先生帽子高，送我两包陈福建，还他一疋好南京’等句，命为风雅嫡派。”

芳草可怜春。

古耶[①]道中有怀

翠烟浮陇麦初齐，社树青青独鸟啼。何处相思不相见，木棉花下水门西。

春　寒

清明天气如初腊，雨脚云头枉是春。阶下荼蘼开自晚，不随红紫怨东君。[②]

梅　花

老树眠江水啮之，茫茫水月浸花枝。暗香卷入沧溟去，不是渔翁那得知。

沙笼寒月树笼烟，香彻龙溪水底天。斜隔竹林窥未得，更寻西路上渔船。

南枝照水忽先开，渔父湾头有钓台。罢钓归来溪路暝，暗香几度倩风媒。

日日花边唤酒船，梅花开处酒家眠。青山一片无人买，谁与先生办酒钱。[③] 先生诗多及梅花，元遗山诗所谓“乾坤清气得来难也”，金竹胡氏诗注亦云“白沙咏梅凡六十三首”。

题袁氏如[④]归卷

鸟在苍岑鱼在渊，水深林密保生全。秋风莫怨茅茨破，白首

① 按，“耶”字本集作“椰”。

② 按，此处所引为该诗第一首。

③ 按，此处所引为该诗第二、第三、第四、第九首。

④ 按，“如”字本集作“知”，盖二字字形相似，刻写者偶误。此处所引为该诗三首之一。

眠看榻顶天。

得萧文明寄自作草书至[①]

束茅十丈扫罗浮，高榜飞云海若愁。何处约君同洗砚，月残霜冷铁桥秋。

即 事

照眼春光烂不收，江亭一雨欲成秋。道人不是闲莺蝶，肯为阴晴一日愁。

谪仙亭

迁客一亭眠海滨，当时谁号谪仙人？花汀柳市无疆界，尽是乾坤一样春。

得张廷实书

洗竹添花张户曹，忽抛闲散事煎熬。东门春水无人钓，又长溪头几尺高。此诗当作于宏治三年。

赠宗兄汝学使广西还

匹马行行西复东，一鞭腾破雪千重。寒梅初放一枝白，间破江南无数红。此比汝学之清也。按，陈经纶字汝学，邑城浐湾人。成华十九年解元，成化二十三年进士。纂修《成化实录》，以采访事奉使广西，详《新会志》。此诗当作于宏治元年。

偶得示诸生

① 按，此处所引为该诗三首之三。

江云欲变三秋色，江雨初交十日秋。凉夜一篷摇艇去，满身明月大江流[①]。

访山家[②]

清泉贳蕨爱山家，夜饮西岩望月斜。涧底白云留不住，半随红雨落天涯。

文

《明儒学案》卷四十六：“蔡虚斋先生清极重白沙，而以新学小生自处，读其《终养疏》，谓：‘抄读之余，揭蓬一视，维北有斗，其光灿然，可仰不可近也。’其敬信可谓至矣。”按，白沙本集附录庄昶赠先生诗云：“凤凰气象终千仞，北斗光芒共九州。”

《番禺志》卷十五：“刘裕文，汀州人，少贫，爱读书。其妻陈氏，最贤内助，事亲称克孝，聪敏知书，好《白沙集》。子达成方在抱，陈氏口授白沙《此日不再得》诗并《乞终养疏》，达成耳熟之，人以为是母是子，后以子贵。”按，此《疏》胜于李令伯、沈初明多矣，先生诗文亦以此为最。陈氏以先此训子，可谓知所本，能见其大者远者，异矣哉，其贤也！

字

按，字之有年月者已入《年谱》，无年月者附此。茅笔附

① 按，此处所引为该诗二首之二。

② 按，该诗本集题为《访山家次韵（二首）》，此处所引为二首之二。

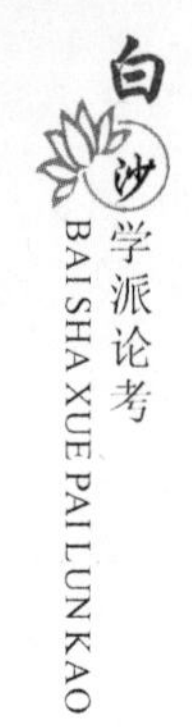

《甘泉文集》卷二十二《跋何于逵鸿进士藏石翁真迹》："此吾师石翁病革时笔以付水者也。失之于水，得之于水。于明翁传予，予传何子也，何子其慎之哉！齐人失之，楚人得之，乃失也。齐人失之，齐人得之，乃不失也。况斯文一脉者哉！字书模糊，目废精存，神之所为也。黄云山人谓水也，梅月雪月，则吾岂敢？斩缠而归，葫芦无藤矣。以江门为归，内我也。呜呼，非夫子，吾谁与归？敬书于右方，以归于逵，于逵其珍重之哉!"

《跋周氏家藏先师石翁初年墨迹后》："此吾师石翁初年墨迹而周生荣未所藏也，时已得晋人笔意，而超然不拘拘于形似，善学晋者也。今观其笔势，如天马行空而步骤不凡。及乎晚年，造诣自然，曰熙熙穆穆焉，则超圣入神，而手笔皆丧矣。此与勿忘勿助之间，同一天机，俱要人人神圣耳。因书以归周氏，使知因书入道，以得夫自然之学焉，不徒役身于翰墨之间而玩物丧志也。"按，《广东新语》"白沙善书"后段，盖取此《跋》而没原书之名，故舍彼录此。

《跋李味泉家藏石翁手贴》："此数幅皆白沙先生真迹也，其精神犹感人于千载之下。其首一副与何廷矩，所谓顶门针也。针下而不动，是无生理矣。何廷矩其天资悍锐人也，予昔见之禺山，当其弃去举业，不就文场，有脱屣名利之势。白沙先生亦高之，而推之于圣贤之域，然而非其器矣。一日与林缉熙同坐函丈，缉熙闻言会意，翁喜之，好向之语。廷矩惘焉，谓翁之于缉熙，只多我一名举耳。遂怨翁畔去，拜游方头陀杨晓为师。翁恶其害教，语番禺高知县瑶逐头陀，廷矩益生怨。故其诗有曰：'我在栾盈禁锢中。'言逐其邪师也，乃作诗谤翁，名曰《存羊录》，按，《番禺志·廷矩传》："著《存羊录》十卷。"谓翁空头学问，言徒有头而无四肢，譬有体无用也。又谓颜曾冉闵不得圣人传，而得真传由求耳。黄进士若雨云："廷矩所谓事求可功，求成取必于知谋之术，乃敢大言，非古贤哲，谓周、程、张、朱宋诸生可诛，于是处士横议之风起。”此廷矩背师之实也。诚孝刘都阃大勋者，遂与之拜绝交焉。既而又以地理自雄同门。谢天赐苦节甘贫人也，然惑于廷矩之言，止田十亩易银三十两，与市地，地师云非吉，还之。廷矩不偿。此廷矩卖友一也。使廷矩也稍灵，受此顶门之针，岂至流至此极哉？夫背师卖友之人，非圣从邪之学，不知者与受人惑者，以其小者信其大者，冒置乡贤祠。若遇高明君子处之，又不知当何如？《记》曰：‘惟仁人流之，迸之四夷，不与中国同。’况可污乡贤之流哉！按《番禺志·学校》，何廷矩未入乡贤祠，或后人因甘泉此言，故褫出也使背师之人，不得与师同牢而血食也。予久嫉之，因李味泉以所藏石翁手贴示予，首读《规何廷矩》一贴，感慨于幽明之际，不能不为之掩卷太息，因书所闻于后，以归味泉，或观采风者采焉。”[①] 按，《明儒学案》“白沙弟子”条下，自甘泉以下凡十二人，廷矩其一也。盖黎洲未见此跋也。

《广东新语》卷十三：“白沙晚年用茅笔，奇气千万丈，削峭槎枒，自成一家，其缚管作擘，窠大书尤奇，诸石刻皆亲视工为之，故慈元庙、浴日亭、庄节妇诸碑，粤人以为宝。”按，本集有《赠镌者何侃》及《赠何侃如潮州刻三利溪记》（俱七律）、《送米与何侃》（五绝），先生诸碑疑多是何侃镌也卷十六：“白沙喜用茅笔，所居圭峰其茅多生石上，色白而劲，以茅心束缚为笔，作字多朴野之致，白沙尝称茅君。”按，石上何能生茅？茅处处有之。白沙在圭峰十五里，何必专取若此之远。屈氏每附会妄语，往往类此。［附录］《格致镜源》卷三十七：“《拾遗记》：‘任末削荆为笔。’《南史》：‘陶宏景以荻为笔。’《孔六帖》：‘于阗以木为笔。’”按，以茅为笔实自白沙始，与荆、木、荻俪诸古而为四矣。

① 按，此处所引为节文，原文参见［明］湛若水撰，钟彩钧主持整理标点：《甘泉先生续编大全》卷23，第1223页。

《鲒埼亭集》卷三十八《跋慈元庙碑》："宋杨太后殉厓山之难，至明宏治中，而布政刘公大夏始为庙，陈先生献章始为之碑。先生书法最工，其所用为江门茅笔，尝称为茅龙，其书慈元庙碑尤加意，相传上石时，先生亲临视刻工，故毫发无遗憾。按，此言本《广东新语》昔予谒祠下，搨其碑，跋以诗曰：'高曹向孟皆贤后，尚有芳魂殉落晖。一洗签名臣妾辱，虞渊双抱二龙归。'窃自以为工，足附陈先生之碑以传也。"

《南海志·金石》："陈白沙'忍字赞'。"在平洲堡，无年月。

画订误

《野获编》卷二十八："英雄与圣贤俱非肉眼所能尽识，前代名臣能临池者多矣，鲜有以画名者。本朝陈白沙，理学名儒，其诗传世已如宋广平之《梅花赋》，乃盘礴之妙，与宋元丰手几齐驱，信乎非常之人，其余技尚可了数子也。"

《南窗闲笔》(忘卷数)："白沙善画梅，求之者众。白沙戏题座侧曰'马昔人又来'，人不解，问之，白沙曰：'白画，白画。'众为绝倒。"

《冰山录》第二百二翻："陈献章《梅图》二轴。"按，此是知不足斋珊本，原作"宪"。

《钦定书画谱》卷五十六引《画史会编》："陈献章，字公甫，号石斋，广东人，隐白沙讲性命之学，征授简讨，善墨梅。”

《书画缘》卷三：“陈录，字宪章，工画梅。陈献章，字公甫，善墨梅。”

按，愚于道光十年季冬寓阙里，过访孔广文、广烈，广文出其尊人松江太守雩谷传榉即《随园集》所云雩谷亲家也所藏诸画目录，中有《陈献章梅一帧》，注云“宣德癸丑九月写”，予请一观，广文曰：“画藏吾兄滕县家中。”榕曰：“是年白沙先生方六岁，疑赝本也。”又数日，广文谓榕曰：“陈宪章，号如隐，会稽人，画梅与王牧之齐名，非白沙也。”且出《图绘宝鉴续编》，相视良然。盖献、宪二字同音，故诸画或多混用，今《明诗别裁》于先生名“献”混作“宪”，亦一证也。榕又误信《野获编》诗书，而二人又颇同时，故益相混耳。且稽诸先生诗文与夫弟子同俦之记载，亦未尝言及先生善画梅，献、宪之误也审矣。广文号梅壑，父子皆工画梅。又按，游潜《梦蕉诗话》：“陈献章书法得之于心，随意点画，自成一家。”按，游君所言“点画”乃言书之点画，非读去声，而《画史汇编》引游君《诗话》，遂以为白沙善画亦。

琴

林联桂《见星庐稿》十九集《题书农二友居》诗自注：“书农官南海时，得陈白沙琴，刻‘龙吟’二字，号为韵友。”

曾宾谷燠《赏雨茅屋诗集》卷十一《横琴图，为郑萱坪作》：“江门片石苔土封。”自注：“白沙石琴遗在江门。”按，先生尝梦抚石琴，事见《行状》，曾方伯乃以为真有石琴在江门，盖其误本于《广东新语》“石琴今在江门云云”也，斯真痴人说梦矣。

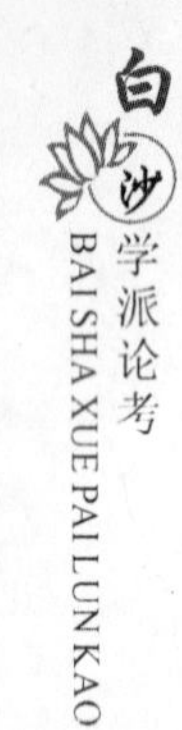

号

碧玉老人、玉台居士、江门丈人、江门渔夫、黄云老人、紫水归人、南海病夫

本集《病中》“碧玉老人天性直”，《山斗，为罗一峰作》“碧玉先生敛衽看”，《送张进士》“玉台居士玉台眠”，《度楚云台前桥》“江门丈人放脚老”，《答张梧州》“江门渔夫却能知”，《和陈冕》“黄云道人飞两脚”，屈大钧《寄王蒲衣》诗自注“白沙尝称紫水归人”，本集《慈元庙碑》自署“南海病夫”。按，张子廷实作《白沙祭田记》亦署“南海病夫”，毋乃与师号相混？

碧玉图

《广东新语》云“上锐下丰”，误。

榕友何孝廉秋梧家匪一玉，与白沙碧玉无异，第其小，信之，其袤七寸半，横一寸，此少异耳。 秋梧又云，邑孝廉黄舟山亦有此玉，行状不殊，但色白耳。

碧玉说

《大云山房续集》 武进 恽敬子居

右碧玉搨本，嘉庆二十年十月辛巳，谒陈白沙先生祠，登碧玉楼，其裔孙礼所贻也。按，礼字聘三，庠生玉以周尺度之，厚半寸，袤尺二寸，首广三寸二分，微羡下射，广四寸，剡之，去首二寸，强为孔，周二寸弱。当孔之左右，为两珥横出五分强，下迤之，以放于射玉之质。《潜确类书》称："绀青玉，色淡青而带黄色，非碧玉。碧玉，南产倭国，按，倭奴同，唐改名日本西产于阗按，《五代史·四夷录》："河源出，至于阗分为三，东，白玉河；西，绿玉河；又西，乌玉河，皆有玉。"皆苍绿色。玉之泽，手近之则津，其诸记所称水玉与?"榕谨按《周礼·玉人》："大璋中璋九寸，边璋七寸，射四寸，厚寸此言璋也，黄金勺，青金外，朱中此言勺也，鼻寸，横四寸，有缫。此合言璋勺也"先郑谓鼻为勺之龙鼻，后郑谓鼻为勺之龙口，若是则驵璋。按《周礼·典瑞》"注"，驵读为组无勺、无龙首，径言鼻寸，不可通矣。古谓纽为鼻，璋之鼻，其以系缫与？此玉两珥各寸，如璋之鼻；射四寸，如璋厚寸，亦如璋当两珥，度之衡亦四寸，如璋。惟袤逾三寸。敬观淳熙《古玉图》，尺度多过于古者。此玉之袤偶异而已。《经》下文云："大璋亦如之，诸侯以聘女。"盖天子大璋、中璋、边璋皆有勺，故以祼。诸侯大璋无勺，故以聘女。此玉盖古聘女之大璋也。敬前在广州问碧玉之故，有言明宪宗以聘先生者，及至新会，考之志乘，无其说。《白沙集》碧玉楼诸诗亦无之。先生《记梦文》在成化三年按，《梦记》在成化六年庚寅，此云三年误已言卧碧玉楼，而宪宗之聘在十九年按，召在十八年，此云十九年误，云聘亦误，其非聘先生之玉无疑矣。先生诗言"玉失而复得"，其诸先生之所留遗与?

榕于道光八年曾著《聘玉辨》矣，近从邑城张丈厓山处又得恽大令《碧玉说》，益明流俗之妄，喜大令先得我心也，惜大令考之本集犹未尽详，今谨附愚《辨》于后。

聘玉辨

白沙村有碧玉楼，即白沙先生旧居也。其以碧玉名，盖以藏碧玉故。今邑里之人，与夫先生后裔孙，皆传为聘玉，不知剙之者何时？名之者何人？榕谨按先生本集年月核之，定其必非聘玉者有数端焉。《乞终养疏》云：“彭韶、朱英前后荐臣吏部，移文布政司等衙门，促令起程。”《御撰纲目》云：“彭韶、朱英乞以礼征聘，吏部尚书尹文谓献章向听选吏部，非隐士比，安用聘？檄召至京，令就吏部。”是实召先生，而非聘也明甚。况于玉乎？其非聘玉者一。其次，南山《贺碧玉楼》诗云：“碧玉久亡，今复得见。”盖是玉本先人世宝，昔遗而今得之，故以碧玉名楼。南山即光宇也，先生《光宇行状》云：“卒以辛卯十月。”辛卯，成化七年也，下距应召时尚十二年，其非聘玉者二。《吴川县城记》云：“是役始于成化戊戌之秋，越明年冬始完。父老遣生员李凌云走白沙谒文，时江梅始花，予登碧玉楼云云。”是成化十五年已有碧玉楼，其非聘玉者三。有此一端，已非聘玉，况复三耶？或云煌煌天赐，先生居尝诗文甚众，岂无一字及之以彰君赐？此犹肤论耳。屈氏《广语》亦以为聘玉，盖未尝以本集核之，故皆耳食沿误。袁太史枚且以为宣德聘玉则更奇闻，袁尚如此，又安问悠悠流俗哉！或曰：“其子孙相传，庸虚耶？”愚曰：“子舍本集年月之足凭，而捃拾不根，此非愚之所敢知也。夫为人子孙，谁不欲尊荣其宗祖、夸耀夫千秋？嘻，聘与不聘于先生奚损益哉？且以无端妄语诬我先贤于先生在天之灵，又奚安焉？”又，集末附录康熙丁亥云间张恒诗曰：“文孙携玉邀我观，质润体洁一圭桓。更有绿溶颁大内，双龙交舞云叆叇。礼贤征聘菏殊恩，岂容冒攘为匿赖。故知神物不易藏，何时完璧归祠堂。君不见延津双剑终复合，万事如棋叹沧桑。”按，诗云“圭桓”形，即见所藏者是也。又，有“颁大内”“双剑”之语，似言此碧玉外尚有君赐者为人攘匿，无根之言，支离附会，盖张君虽尝谒白沙祠，实未深究《白沙集》，故有此缪语，诳惑后世，不稽者既疥之石，又赘之集末，而不知碧玉老人其齿冷于冥冥也，亦已不久矣。［考附］按，聘与征，古人语或相连，而事实迥别，如《史记·儒林传》：“天子使束帛加璧迎申公。”《汉书》公孙弘等传“赞”：“以蒲轮迎枚生。”《明史·吴与弼传》：“帝命加束帛遣行人曹隆特行征聘。”此聘也。《汉书·武帝纪》：“举独行君子，征召行在。”此征也。故先生《味月亭记》云：“予被征过郡。”《瑞鹊序》云：“予荐征入京。”皆云征不云聘也。诸书有作“聘先生”者，皆未细考也。

六湖读书台辨

白沙先生聘玉之说固已诬妄，而犹不止此。愚尝考邑中前辈多有先生《六湖钓台》《玉壶读书台》诸诗，而贾、王二《志》亦不一稽先生集，顾漫载之，而不知此亦俗传之浪词，于本集茫无可据。盖尝稽诸本集，先生有《云潭记》，一名“龙潭”，先生名曰“圣池”其言曰：“里生周镐偕其季京来谒予白沙，予与二子携酒饮于西山之麓，班荆而坐，有云起绿护屏云云。”西山者不知何在，意者白沙村西之山，与所云麓者，其非在于云潭也明甚。榕尝游云潭凡四矣。一由圭峰循云峰西上，复东北行，其路夷矣，然所经路有俗名牵线过脉者，路虽正平，然左瞰危峰，右窥绝壑，径二尺有咫，若是者七八百武[①]，稍弗兢悚，飞性命于鸿毛。一由圭峰南麓而东，平行六七里，复西北趋之，折溪谷间，此为云潭

① 按，疑“武”当为“步”字，二字字形近，当刻写偶误。

下流，俗名大林洞，贾《志》云洞有铁佛寺、上林寺等古迹，此其左右也；又西北上，峭径削屑，艰我危趾，挫我胸爪，喘息汗淟，仅乃克达，若是者二百许步。噫，造物若固厄此，以危俗客也者。白沙之往龙潭也七八里，必由大林洞路，路若迩也，顾实巉险，虽至尊贵者，万无肩舆理。愚闻孝子不登高，不临深，宁先生当太夫人在堂，又一生多病，乃弗顾孱躯，判性命入险出险，肆业于深山穹谷，游于水石清冷之渊，以为太夫人忧，其谁信之？夫稽之诗文无一字，揆之情理无一可，准之以事势无一合其为，流俗之浪传也，奚疑乎？愚又尝历溯潭之上流，乃诸泉自万山中来，委婉平流溪涧而已，求所谓湖者，盖亦无之。盖“六湖”“玉壶”者，皆“绿护”之同音转声，如“太和巷”之转为“鸡鹅衖”耳，如彼泉流明明可据者，犹且虚饰若此，矧古迹之莫可凭者乎？且古人事迹必有根据，乃可以信今而传后故。榕于先生俗传故址，非准诸情理、根据、诗文，不敢妄乙雌黄以污丹素，伪饰前贤古迹以欺罔乎后之人。

江门钓鱼台考

白沙先生遗事故迹，世俗不睹本集，浪传臆说，如“聘玉”“读书台”之类亦颇多矣，榕已辨之，殆无疑义。至今愚意介介者，尚有钓台耳，盖以先生素有钓台诗故也。某生乡里，下愚生于先生三百余年之后，若直辨之曰“无是”，舍先生明明之诗，而流俗益得嘐嘐焉，曰：“异哉，阮生之好为辨说也。”按，先生《江门钓台与湛民泽收管》诗云“莫道金针不传与，江门风月钓台深”[①]，又，《江门钓台》诗云“何处江边著钓台”，《梅花》诗云“渔夫湾头有钓台”，曰“渔夫”，曰“钓台”，此皆寓词，故洪君《甘泉墓志》云：“先生曰：‘江门钓台亦病夫衣钵也，兹以付民泽。’”此皆钓台之所由名也。愚以为钓台者乃钓矶、钓濑，依于江干，可坐可饮者，凡为石者均可名之，非必瓦木所建。碧玉、嘉会两楼，营寻乐斋、小庐书屋、图新书舍，皆见于诗文及张子《行状》，亦多有年月可考，胡为钓台独无之？考《雨村旧谱》云：“宏治五年，湛若水从游，筑钓台江门，从学十三年。”此大误也。按，甘泉从学在宏治七年二月，从游仅六年，有洪氏《墓志》可稽焉，可诬也？互详《年谱》考《秋坡渔隐序》云：“梁彦明隐天台山阳，时操竹竿坐钓台。”榕访及台址，梁茂才南先曰：“此石台耳。”因指视之。榕乃始恍然悟曰：“信夫信夫，先生钓台亦此类。”夫居尝稽邑令王公植《修复钓台记》曰：“余访白沙子遗踪，知江门故有钓台，沦于荒烟蚀岸间久矣。其裔孙辈规复故迹，可谓肯堂肯构云云。”是当乾隆五年以前尚未有台，故云“沦于荒烟蚀岸”，不云“瓦桷已颓也”。嗟夫，坡公有言“后生小子束书不观，游谈无根”，吕君伊曰“鄙俚不经，贻笑大方”，噫，伏读诸训，使我忸忸焉，阁觚而旁皇怫怫焉，颜赧而张张，仅据此以谂究古之君子，蕲斟之顾何如也？按，《朱子文集》卷八十四载赵两峰《题严公钓台》云：“寂寞富春山空留，千丈危石高出暮云端。”此亦石钓台之一证。

都会故居

本集《经故居》诗云：“到溪田作圃，环堵树为门。老忆先

① 本集题作《江门钓濑与湛民泽收管》，此处所引为三首之二。

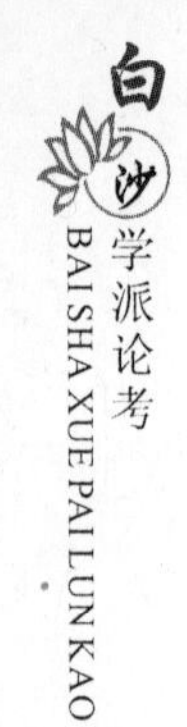

庐在，贫知草座温。三迁时已后，二纪恨空存。旧事无人话，斜晖满故园。”《经黄道娘坟，诵元人黄子长圆明庄壁诗怀旧游，因此其韵》：“吾庐直北到山隈，赢得儿童竹马来。”《斋大父忌作，旧居在道娘坟东》：“道娘坟西近官路，朝朝暮暮行人多。世事百年浑不省，满堂宾客竹枝歌。”《经都会故居》：“腊月四日促归装，舴艇冲寒到石塘。忽见溪边旧环堵，恨随流水绕春长。”

按，都会在白沙西四里许，先生于此乃钟灵故地，宜先生每过之跱躇蹢躅不能忘情也。考先生自都会迁白沙不知何年。先生《与黄叔仁父题东溪卷并引》云：“昔余大父渭川府君居此溪上，与黄氏故邻也，去之六十年矣。阅此卷有感而作。”按先生卒年七十三，若此《引》作于七十岁，则迁白沙之年方十岁。若作于七十二三时，是年方十二三耳，今以此《引》考之，大底多迁在十岁以前也。先生年方二十二，渭川公方卒，是徙白沙者乃渭川公也。《行状》云“祖居都会，至先生始徙白沙”，误也。或曰：“祖者，高、曾之通词也。”然榕考白沙《家谱》，高、曾原居外海，非都会也。又按，《移居》诗云“长揖都会里，来趋白沙役”，乃《和陶》十二首之二也。《和陶》有《庚子九月获稻》诗，庚子，成化十九年也，是时先生已五十三矣，则此诗乃追感移居，而《和陶》必非作于徙白沙之年也明矣。[附录] 予邑人传都会村一里三贤，或曰三贤者秫坡、白沙、黄道娘也，或曰象山、秫坡、白沙也。予曰：“尚有乐芸公，是四贤矣。”今考黄道娘墓碑，生于宋皇佑元年八月初一日，卒于绍兴元年五月十三日，年八十三，九年，葬于故宅之右云云。按此，则道娘本都会人，故墓碑云“葬故宅之右”。又，先生《题黄叔仁东溪卷》有“故邻”之语。又，先生引元黄子长诗，子长当亦都会人，益知都会原有黄姓。今江门水南村丹井里居人多黄姓，或道娘族人自都会徙居，均未可知。俗传丹井里是道娘炼丹处，疑误传也。又，闻都会人云象山先生亦都会人，故今道娘墓下号张山。贾《志》云：“圆明庄在道娘墓东，绍兴九年，僧慈载创，祀黄道娘其内，曰‘聚宝庵’。其田嘉靖十二年知县张文凤拨祀白沙云云。”予疑庄、山以圆明庄得名，盖“庄”“张”音相近也。今都会无他姓，惟黎族而已。榕尝拟嘱黎君绍南筑尘外亭于山麓，以存名贤故迹，亦一邑胜概也。道娘墓侧多梅林，冬月行人过此，古香盈路，是筑亭于斯也，于理趣尤宜。又按，秫坡先生之卒不知何年，黎氏族谱亦不载，考《秫坡集》最后作《写真图记》云“乙未孟秋之朔”，乙未，永乐十三年也，是永乐乙未秋秫坡尚存，大底秫坡卒仅十年前后，而白沙先生生，英贤之接芳躅于存没比邻之内，俯仰上下数十百年，论世之君子于是有遐思焉。

欲往衡山 梦游罗浮 尝游西樵 圭峰 江门墟

先生晚年欲老衡山，故服阕后常常念之，见于诗文者多矣。新会贾《志》以欲往衡山为寓言，盖未之考耳。

先生未尝到罗浮，但有《卧游》《梦游》《约游》诗耳。盖先生一世，母子相倚为命，母非先生侍侧，食不甘，寝不安。且一生多病多汗，故自五十五六以后，见朱公于苍梧，承帝召于京师，自此以外，未尝轻离膝下也。迨至六十八岁时，太夫人方卒，是时尝欲往衡山，捐除晋接，调理孱躯，且避谗谤，而老病侵寻，应酬益多，自此易寒暑而先生卒矣。《与陈德雍书》：“年来益为虚名所苦，应接既多，殊妨行乐耳。平生只有四百三十二峰念念欲往云云。”是以衡山、罗浮常常有志焉，而终未逮也。

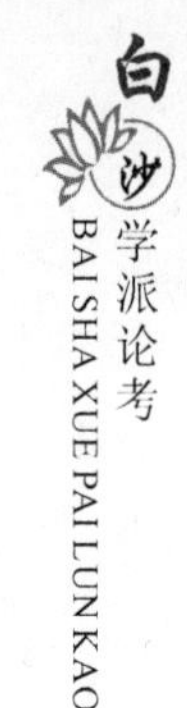

释一灵《罗母黄太君寿序》："白沙一饮一食，不敢违其孀母，即其心之所慕，近若罗浮、西樵，远如匡庐、衡岳，未尝一至。"按，先生《挽番禺李德孚（七律）》，自注云："西樵，南海山名，向与伍光宇同游。后有《西樵感旧诗》，即谓此也①。"

《广东新语》卷三："圭峰在新会地北二里许，秀拔玉立，其顶四方，名玉台，上有两瀑布从肘腋间飞出，下注百仞，白沙诗'弄罢飞泉下玉台'谓此。"庄定山云："吾闻南海之山名玉台者，有巨人静而无欲，深知所谓潜之道者，沈石田作《玉台图》以寄白沙山上。"按，本集《七绝序》："沈石田作《玉台图》，题诗其上见寄，次韵以复。"按，榕家藏《石田诗集》缺《题圭峰图》。又按，圭峰其绝顶处有漥约广三丈，此云其顶四方非也。圭峰瀑布自山腋深林中委折而下，至山麓石厓悬溜纽汇处下注石池，高曰二三长许，此云百仞，太诞矣。大底地理之属，不经亲历，大半附会夸张，奚独于圭峰之瀑布？

先生《江门墟》诗云："十步一茅椽，非村非市廛。行人思店饭，过鸟避墟烟。日漾红云岛，鱼翻黄叶川。谁为问津者，暮上趁墟船。"此诗以本集编次考之，大约作于成化十五年前后，观此，当是时江门之草捌、荒落可想，今则舶帆麇至，阛阓鳞比，迥异畴昔矣。

讲业诸处

先生生平既负重望于天下，当道王公贵人犹想望风采，虚左式庐，况井里之人乎？先生当日承朋侪撰杖于各乡，偶尔相从学

① 按，"即谓此也"本集作"即此山也"。

问，淹留旬日，事固有之，或云尝设教河塘者，原属附会。盖其时诸容昆仲皆从先生游，故今容家祠多先生堂联，为此也，或即指此为设教之证，则刻舟求剑矣。今古井乡有学堂岭，乡人云亦先生曾游此地，故址犹存。榕潭溪村后丛林下有望远楼故址，乡老云楼额白沙设教时所书。榕尝循山麓扫叶，以墨搨之，乃隆庆三年无名氏书，俗传之妄不足信多类此，是皆六湖读书台之类也。

诸友考按，先生诸友之有年可考者，已入年谱。其无名者，本集之外见各书者附录于此

龙瑄　娄谅俱江西　方太古浙江　曹璘湖北　刘大夏湖南　陈真晟　顾叔珑俱福建

邹处士四川　陶鲁广西　陈晟　梁经　邝宏　邝文俱南海　张瓒番禺　康璘　罗子房　唐壁　吴瑞卿俱顺德　方俊　周郁俱东莞　云谷广府　梁伯鸿高要　何述开平　梁继灏　谢胖　马广生　容慎　容恪俱新会

《氏姓谱》卷六："龙瑄，子克温，宜春人。家世袭父职，遂居南京。遨游四方，与邱仲深、罗彝正、陈公甫为布衣交。重然诺，尚风义，朋游有急，挥金如土苴，江湖间声称籍甚，曰：'过金陵不识龙克温，犹徒行也。'著作甚富。寓荆南，筑室海子山，有《鸿泥集》。在金陵，有《燕居集》。自号半闲。东江顾清有《半闲居士传》。子霓，宏治癸丑进士。"按，克温与先生交当在成化五年六月，时罗彝正适官南京。

《稗史汇编》卷一百又九《国琛集》："教谕娄谅上饶人，企

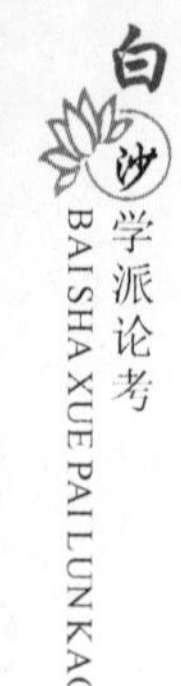

谈道德，不屑功利。其为学略传注而事心融，尤严出处取与之际，乃求切磋陈白沙、庄定山、贺医闾、罗一峰、胡敬斋、陈泉南按，即剩夫，家本泉州、张东白，书传面订，曰裨益以成深造。”

《广舆记》卷十：“方太古，字元素，兰溪人。少受业章枫山，复走南海谒陈公甫。与沈启南、文徵仲、孙太初结诗社，号一壶先生。”《太函副墨》卷十三《方太古传》：“母梦一儿乘云起金华山。及举，太古与梦符。能预知人姓名，迭呼不爽。始壮，周游四方，东出吴会，南尽番禺。所严事者，南海陈太史按，即白沙先生，于越文成公。”

［附录］《杨园集·近古录》：“王文成守仁养疴阳明洞，与布衣许璋朝夕取其资益。璋，上虞人，醇质苦行，潜心性命之学，其于世味泊如也。尝走南海访陈白沙先生，其友王司舆按，名文轩，阳明之友以诗送之曰：‘去岁逢黄石，今年访白沙。’”［补］《明儒学案·许半杰先生传》：“至楚见白沙门人李承箕，留大厓山者三，时质疑问难，先生亦不至岭南而返。”按，《学案·许半杰先生传》于“访白沙”之下，原有“至楚而返”一段，是半杰未尝至白沙。杨园于“访白沙”之下删去“见李大厓”一段，是以半杰曾见白沙矣，此实误也。盖半杰于先生是神交非面交也。故补《学案》一段以订其误。谨从云谷、剩夫之例，附此以备考证。①

《明史稿·曹璘传》：“璘，字廷章，襄阳人。成华十四年进

① 按，关于许璋是否至岭南见白沙，历史上有两种相左的意见，耿定向《先进遗风》、徐象梅《两浙名贤录》卷四十四《高隐》、蒋一葵《尧山堂外纪》卷九十《国朝》、张履祥《杨园先生全集》卷四十五《先进遗风》等文献均以为许璋曾至岭南问学于白沙，《上虞县志》卷八《人物》、黄宗羲《明儒学案》（紫筠斋本）则认为许璋至楚见李承箕而归，未曾至岭南。钱明、苏畅认为，“许璋至岭南问学于白沙”说的首倡者为耿定向，耿氏这样做的目的，是想通过许璋把王阳明与陈白沙甚至道家道教链接起来，以便证明阳明学说有修正和改造的必要性。（钱明、苏畅《许璋其人其事》一文（载《中共宁波市委党校学报》，2011 年第 6 期）《丛考》对许璋的处理简单化了，张履祥《杨园先生全集》转录的是耿定向的《先进遗风》，而非《明儒学案》。

士，授御史。孝宗即位，疏请王恕为内阁，置陈献章、张元正、林俊于左右。已出，按广东，访陈献章于新会，服其言论，遂引疾归，居山中读书，三十年不入城市。”

阮《通志》：“《献征录·刘大夏传》：‘陈献章以道学名，一世少许可，独与大夏善，称之曰：刘公爱民如子，守身如女，勿论今人中，即古人亦未易得也。尝乘小艇访献章，问其学，曰：予存心之功九，致知之功十一。’”

本集《与陈剩夫》书：“穹壤百年，极欠一会。某自春来得厥疾，一卧至今。武夷之游遂成虚语。比奉手教，引领南闽，神爽飞去。”《与胡提学》书：“陈剩夫不幸死矣。其人虽未面，然粗闻其人专教人静坐，此寻向上人也。”谨按《大清一统志》：“陈真晟字剩夫，漳州府镇海人。”《四库提要·剩夫集》：“剩夫家泉州，以父隶镇海卫戍籍，遂为漳州人。”榕考，《野获编》：“天顺二年，常州布衣陈真晟献程朱不报云云。”是“常”字乃伪文也。

本集《祭顾勉庵别驾文》：“于乎，昔倅我邦，公才独优。往贰端阳，实惠一州。通达万变，可期一面。止于郡僚，督府之荐。”又云：“晚节不亏，浩然赋归。进退可观，吾宁不悲。”按，阮《通志·职官》：“顾叔龙，莆田人。宏治元年任广州通判凡三年。”《肇庆志·职官》：“顾叔龙，肇庆同知，署德庆州，详《宦绩》。”检《宦绩》无顾传。考张子撰《先生行状》云：“顾某为同知知德庆州，事遭不测，先生力任其事，曰：‘朋友之责也。’闻其子至乃已。”某即叔龙也。考顾为肇庆同知署德庆州时，当在宏治四年以后。至宏治九年，先生《与李白洲书》末有“顾别驾送契米”之语。又，《与张太守克修》书“转达顾勉庵世卿嘱笔云云”，是勉庵之卒，宏治九年以后无疑矣。今《通志》《府志》俱缺其传，故附志之，幸后之为志者有考云。

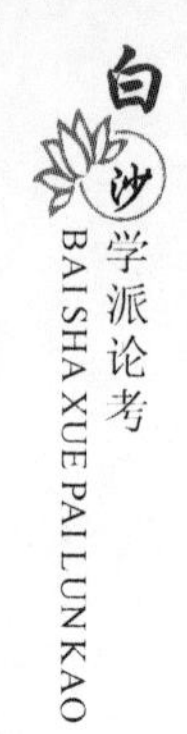

《明史·邹智传》："智谪石城吏目，其父来视，怒其不以禄养，箠之，智泣受责。"按，先生《赠邹处士还合州（二绝）》有云："莫洒东风临别泪，春光又满老莱衣。"即智之父也。

《世烈录》卷三："刘大夏撰《布政司陶公鲁行状》：'白沙陈先生倡道东南，四方士多往从焉。公为料理，开荒卤田数百亩，以为待士之需。'"参阮《通志·南海志》："陈晟，字美宜，黄竹歧堡人。少孤贫，番禺钟定育为子。天顺六年解元，成化二年进士。既贵复姓。终临安知府，民夷感泣，争护其丧归。妻黄氏，钟之按，《番禺志》作'钟族'义女也，登第时尚未娶也，富室欲妻之，不可。比黄氏卒，作诗哀之云：'怪杀夭桃胜人世，落花犹得再逢春。'闻者堕泪。陈献章甚重其为人，称为诗人之冠。本集有《临安太守钟美宜将赴任，过白沙言别，出示庄定山诗次韵（七律）》本集《挽钟太守美宜》（二绝之一）：'诗人自古例多贫，恨杀滇南金带新。公与定山贫到老，已有陈黄一辈人。'"按此诗，美宜之廉可知也，"民夷感泣"有以也。

《佛山志》卷九《文苑》："梁经，字用常，生而敏异。天顺壬午乡荐。尝与陈白沙论主敬之学，往来辩难，白沙亟为首肯。总督韩襄毅征猺寇，咨经以兵略。寇平，仝郡丞黎暹修《顺德志》。未仕，卒。"

阮《通志》："《漳州志》：'邝文，字载道，南海人。父宏，善诗，与陈献章赓和。淡于势利。二子入官，其贫如旧。献章以三代遗老称之。文，成化二年进士，历监察御史。'"按，本集有《扶南访黄岩尹，邝载道适来白沙，不相值（五古）》。又，《赠邝载道之淮阳别驾，前御史谪黄岩（七绝）》。又按，本集《次邝[illegible]巢韵》："此老直于三代见，诸郎虽在一官贫。"

“诸郎”谓宏子文与才也。又，《次韵邝筠巢哭子》云：“八旬老眼为谁枯。”又云：“正坐两州消息好，不违家训逐贪夫。”按，此诗疑哭文也。盖文曾奉命盘查通州，又官漳州。弟才，官严州同知，皆称廉明。详阮《通志》。按，筠巢，宏号也。

［附录］又本集有《赠别邝云卿（五绝）》。按，《开平志·艺文》：“邝文，字云卿，潘村人，宜春知县。”按，云卿与载道同姓，名且同，天顺三年举人。阮《志》云“开平之邝文”，郝云伪作“邝文泮”。

阮《通志·张瓒传》：“瓒，字德润，号两山，番禺人。天顺丁丑进士。历官漳州太守，漳民立功德碑。瓒笔札精绝，白沙阅其《莆阳邱御史》书《赤壁赋》，叹其醇古，诗曰：‘醉中亦有临池幸，怅望名家不敢言。’又曰：‘人谓张两山，决非微者也。’子诩别有传。”

阮《通志》：“《粤大记》：‘康璘，字文瑞，顺德人。按，《顺德志》“龙江人”景泰甲戌进士，授御史，按闽中按，《顺德志》《广东诗海》俱作“按关中，出为福建佥事，以廉介称。”发奸如神，廉介无私，刚直见忤。陈献章《赋介轩诗》。’”按，《广东诗粹》：“璘与陈献章、罗伦友善。”

阮《通志》：“《罗司勋集》：‘罗子房，字宗杰。按，大良人成化十六年举于乡。筑卧愚亭奉母。母卒，执丧尽礼。时古冈陈检讨、江浦庄行人、大良李孔修皆与友善。’”

《主一诗集》卷一缺名《主一诗序》引《岭南志》：“孝子名壁，事母孝。时公卿欲荐之，以母老辞。与白沙先生契合，往来倡和。有司同其父豫并祀乡贤。《和新会陈献章文见赠并序》：

‘余潦倒林壑，硕人贤士 [1]共弃，不意吾子自古冈惠然肯顾，贶以珠玉，因依韵奉答，并致意令弟云。诗名老去媿方干，林下谁能著眼看。庭草生未根自浅，梅花开处雪偏寒。情怀只合盟鸥鹭，文采那知见孔鸾。令弟相逢又何日，五云天上路漫漫。’又有《和陈公甫见赠韵》。”按，主一，壁字也。顺德平步人。详《顺德志·隐逸·唐豫传》。

《五山林志》卷五：“邑同知黎暹云：‘大良吴瑞卿，韵士也。作园凤山之麓，石斋题之曰采芳园，李世卿为记，石斋跋其后，示出处之详，献臣吴明府作四言三章，味二公诗文，瑞卿高尚不仕，而二公以事王侯期之，盖非肥遯者比也。’”本集《题吴瑞卿采芳园记后》：“天下未有不本自然，而徒以其智收显名于当年、精光射来世者也。随时屈伸，与道翱翔，固吾儒事也。”《与张廷实书》：“舶司昨遣吴瑞卿《云窝图》至白沙，衡山之行勃然矣。”按，此诗作于宏治十年。

阮《通志》：“黄《志》：‘方俊，字彦卿，东莞人。无书不读，最喜朱、程《语录》，与名士新会蒋濬友善。景泰四年举于乡，令藤县，廉能有声，好面刺人过，白沙陈献章皆受规谏，称为三益。’”

阮《通志》：“金《志》：‘周郁，字尚文，号耿庵，东莞人。漳州训导，培育漳士林启等数十人，掇科第十有八九。归里，与陈白沙唱和，有《龙州集》。’”阮《志》“按语”：“南海另有一周郁，景泰丙子举人。”

---

① 按，原文缺文。

本集《与张廷实书》："云谷老人、李孔修，非吾廷实，吾安知吾郡有二贤士哉？云谷已老，将不可得见，则云谷所有者，吾安能得其真耶?"又，"周文都如省访渠，一讬云谷老隐，竟以疾弗果。此老自世外亦未易谒也。"按，此书作于成化二十二年夏《秋兴，寄东所兼呈云谷老隐》[1]："山人无外事，白首稚儿同。弄水溪堂背，争棋纸局中。盆池秋见月，竹院夜呼风。触事成唐句，狂歌向碧空。"

按，先生识云谷、子长，盖在成化十一二年以后，云谷、子长俱隐羊城，先生视云谷为先辈，故《与廷实》云"见云谷丈人"，考广府各志及阮《通志》，俱佚其传，故附之，以补郡志之缺云。

《肇庆志》："《旧吴府志》：'梁伯鸿，字仲毛，高要人。岁贡训导，温州解官，徜徉山水。'陈公甫《寄梁伯鸿》诗：'明朝拟泛罗浮棹，且向西风访楫师。'其推重如此。有《浮山集》。"按，此诗本集缺载，本集有《与梁二教伯鸿》书。

《肇庆志》卷十八："何述，字宗道，开平人。按，龙塘人，原隶新会与陈献章友善。天顺壬午科乡荐第二，教授柳州。分考江西，有以重金求入彀者，述斥之。献章过访，颜其堂曰斯文按，本集《访教谕何宗道（一绝）》："树隐肩舆行欸欸，花催春鸟闹关关。苏公渡口云连水，宗道庐前雨满山。"按，俗传苏东坡谪昌化经此故名，考坡公谪海南，路由梧、藤之间，不由新会，有东坡《斜川集》可考。此先生偶沿俗伪耳。榕订王公《新会县志》尝辨之。及卒，献章为文祭之。"本集《奠何教谕文》云"载鸣教铎，载典文衡"，即宗道也《开平志》："祀乡贤。"

新会王《志》："黄《通志》：'梁继灏，字行素，号澹斋，滘

① 按，本集题为《秋中寄兴，同前感事韵，录寄东所兼呈云谷老隐一笑》。

头人。按，滘俗沟头，即今江门皋头也’” 本集《澹斋先生挽诗序》：“澹斋，秫坡先生门人也。吾乡先达，以文行教后进，百余年间，秫坡一人而已。秫坡与予连里第，予之生也后，不及侍其门。弱冠，与澹斋之子益游，始拜澹斋，诲余以秫坡事缕缕，此岂一日忘其师者耶？澹斋以其学教授于罗山之下按，罗山疑在皋头，未详何处，子弟有所矜式焉。益之子执馈于我，云也今为梁氏甥戚也。按，此《序》语甚分明，黄《通志》乃影撰云“澹斋尝以书授白沙，陈献章称之曰‘吾邑以文行教后进，秫坡一人而已云云’”，殊为混淆。

谢胖，字伯钦，号宽轩，城西沙堤人。同陈献章往从学于吴康斋，《道学源流录》称胖与白沙同为道统羽翼云。《新会草志》

新会林《志》卷六：“马广生，字元直，潮连人。陈献章之友。尝作均田法，以嗣其兄之无嗣者，献章书之曰：‘与不伤惠，虑不失机，马氏不替其世与？’又曰：‘凡世以嗜利伤友于之情者，观此可以少愧矣。’知县丁积称马氏处家有礼让之风，均田一事可法于后世。”本集《重约马默斋外海看山》：“春风拟进赤泥舟，曾约看山共此游。落蕊忽过三月半，先生能复一来不？不堪老我痴犹在，且喜娇儿病已瘳。想得渡头杨柳树，清阴闲弄钓鱼舟。”按，“舟”字复韵，考何本亦同，疑“钩”字之误。

参《容氏家谱》卷[①]：“容慎，字允恭，号琴月，河塘人。性颖悟，好学诗文，援笔立就，重白沙先生之学，命其子璘等往受业。尝谒白沙，归叹曰：‘学无真传，文未收敛，使吾早遇石翁，吾其止于是乎？’自是往来白沙甚密。尝病，白沙问之以诗

① 按，此处缺文，疑忘卷数。

曰：'阿咸送米小庐冈，问讯高眠尚北窗。安得如前好筋力，与君驮醉蹇驴双。'按，此诗本集缺筑小山书屋于西良本集《京师初归，答容琴月》："旧游风月未应忘，到手新诗喜欲狂。记得长安新雨夜，三人灯下说西良。"尤深于医，惟白沙门中往请辄来。本集《与容琴月》书："病者冯税兴求疗于华扁门下，恐不得进，假仆为先容。"病重，为诗曰：'回首元关掩白云，百年心事欲云云。凭谁寄语陈公甫，为写邱山碣石文。'卒，年七十。"按，琴月墓碣本集缺载，或不果为也。

恪，字允敬，慎之弟。涵养渊纯，孝慈天生，昆仲爱敬笃至。好读，耽志泉石，筑室东良山下，罗一峰先生作《静轩说》。尤慕白沙之教，遣子珪、珽、璇、玑受业。既卒，白沙为《墓志》。本集有《处士容君墓志铭》

议 祀

《明史》卷二百七："薛侃，字尚谦，揭阳人。性至孝，正德十二年进士，即以侍养归。师王守仁于赣州。归，语兄俊，俊率群子姪往学，自是王氏学盛于岭南。嘉靖七年起故官，时方议文庙祀典，侃请祀陆九渊、陈献章。"

二百二十三："魏时亮，字工甫，南昌人。嘉靖三十八年进士，隆庆元年进户科给事中，十月，请以薛瑄、陈献章、王守仁从祀孔庙。"

《曲阜志》卷二十九："嘉靖八年六月，行人司司正薛侃陈阙里孔庙七事。一、检讨陈献章博学而能约，不离人伦日用，而见鸢飞鱼跃之趣，虽无著述，其论学等书，已启贤圣之扃，伏乞将陈献章赐谥从祀，以彰我朝之盛。"

阮《通志》："《西樵游览记》：'郭棐，字笃周，南海人。师湛若水，穆宗即位，疏陈薛瑄、陈献章从祀孔庭。'"

《钦定四库提要》卷九十六："《大儒学粹》，魏时亮编，大旨谓孔子、颜以敏悟，濂溪、明道、象山、白沙、阳明则颜子之入道，可几焉。《明史》本传称其官给事中时，请以薛、陈、王从祀文庙，犹是志也。" 卷一百七十九："《詹养贞集》，詹事讲，按，题名、碑亦作"事讲"，《白沙集》作"侍讲"。又云："时台臣与侍讲议从祀白沙者，尚有理会。"字明甫，江西乐安人。万历丁丑进士，直隶提学御史。事讲从罗洪先游，传姚江之学。陈献章、王守仁从祀，实允事讲之请，故《集》中以此疏为冠。"

《月鹿堂集》卷四《赵端肃公传》："赵锦，字元朴，江陵没，召为左都御史，孔庙从祀议起，公言白沙、阳明二先生当祀甚辨，疏入，议始定。"按《通鉴辑略》，最后议定于万历十二年十月大学士申时行一疏。

嫡裔

《雁山文集》卷四《先府君行述》："府君讳槐炳，别字植亭。嘉靖辛酉补新会教谕。癸亥，学使姚秋农先生饬各教官查先儒嫡裔，于是新会陈氏认白沙先生嫡裔者日继至，至以千金为寿，书役皆有赂。府君佯诺之，间至白沙村，有四五人耕于陇者，府君劳之，因与言白沙公故事，且曰：'公嫡派子孙，今何如矣？'则皆叹息曰：'微矣，只阿礼一人读书耳。'曰：'阿礼何如？'曰：'贫甚，岁以蒙馆活耳。'府君曰：'闻学使访先儒嫡裔，阿礼胡不陈于学官？秀才可得也。'皆曰：'固闻之，然知无益，故不如其已也。闻某某者以千金啖学官，则既许之矣。’府君笑而去。他日，召书役，饮之酒，曰：‘我颇闻白沙公有嫡裔名阿礼者，果何如矣?’皆应曰：‘诚然。然贫甚，岁以蒙馆活耳。’诘旦，隐使召陈礼至，年三十许，试以文，颇有条理，命以谱牒呈，果不谬，乃以陈礼名复于学使。而某某者既失望，则率十余人并伪为谱牒呈学使，争辩之，学使批其状曰：‘本院查访先儒嫡裔，以志景仰，岂白沙子孙遂可邀幸耶!’案既发，陈礼游于庠。”

白沙子全集碧玉楼本考误

卷首　张诩《像赞》“镜中鼻　其难也”按，亡旁，从见，字书缺。

卷一 第一翻《乞终养疏》“臣”字不当旁书。

第二十二《送张廷实序》“张诩廷实”廷实之下更当有“廷实”二字，详宏治二年《年谱》。

卷二 第十《跋崔公祠》“万里”至“家山”此条已见卷八，宜删，盖古人本无此例。

卷三 第三《丁知县行状》成化丙戌七月，按，丙戌乃成化二年，“戌”字乃“午”字之误写也。

第六《与刘东山》书“四十日”按，“四”字疑“五”字之误，详宏治十年《年谱》。

第九《与陶方伯》书 按，陶方伯即三广公，此书与本卷《与陶廉宪》俱当移本卷七十七翻下，盖同时一人也。

第二十八《与黄大参》移本卷六十八翻《与黄太守》之下。

第三十八《与廷实》“毋太泽”按，“泽”是“择”之误。

“志称东海”按，“志”字下当补“称”字。

第六十三《与湛泽》“之山”“上”误作“山”。

第六十五《与袁进士》“伏马”“伏”乃“仗”之误。

第七十三《与汪提举》按，何家本“举”字下有“宏治戊午　月九日作”

八字。

第八十《与贺黄门》移上本卷第十二翻《与贺黄门》。

第八十二《与罗应魁》移本卷第三十五翻。

卷四 第十一《与林郡博》"课访"按，以《与宝安诸友书》考之，当是"科试"二字之误。

第三十八《与林时表》按，自"缉熙"以下，别是一书，当移本卷第九翻《近连得缉熙》一书之上。

第三十八《与金都宪》按，金泽为广东方伯，后升都御史巡抚江西，是金方伯即金都宪，是卷三第七翻《与金方伯》宜移于《金都宪》之上。

第四十一《答苏佥宪衷》衷。

第四十七《与黎知县》按，此即黎明府燦，宜移入卷三《黎明府》下。

第[①]五 第九《祭土地文》"六月"按，以《丁知县行状》"春旱"之文考之，"月"为"日"之误。

第二十《祭陶方伯文》"世烈"按，《世烈录》原作"忠烈"。

第二十一《李子高墓志铭》"忠简公英宗"按，英字乃理字之误。

第二十七《渔读墓志》"呫嗶""佔"，"毕"之误。

第三十《马甘泉墓志铭》"卫公""卫"乃"魏"之误。魏公，张浚也。按新会王《志·马持国传》，持国曾为浚幕宾，故云。

卷六 第五"踈"当作"疏"。

卷七 第三十九"林暕""林"字误，详《门人考》。

第六十七《闻缉熙平湖掌教》按，此诗以下年次多倒错。

卷八 第二十五"易郴"乃"彬"之误。

第二十八《钓渔舟》按，"舟"复韵，当是"钩"字。

第五十九"扉微"是"霏"之误。

---

① 按，前后皆为"卷"字，此处"第"字甚突兀；依先后次序，此处亦应为"卷五"，"第"当为"卷"字之误写。

第七十九“坎北”“北”是“扎”之误。

卷九 第二十一“膏盲”“肓”字之误，上从亡，下从月，音荒。

第三十“平乡伯”按，此即《行状》之平江伯陈锐也，考《明史·功臣表》，本作“平江伯”，作“乡”误。

第三十三“林暕”按，二字悉误，详《门人考》。

第四十三“千”当作“干戈”之“干”。

第四十七“早午”疑“卓午”之误。

第六十四《赠进士》按何家本，此诗题下尚有小序，详宏治二年《年谱》。

第七十《问厚郭》按何家本，此诗题下尚有小序，详成化十六年《年谱》。

卷十 第四《送子长》“溟滓”按，“滓”乃“涬”字之误，“溟涬”见《庄子·在宥篇》。又按，本卷下五十五同误。

第十《候方伯刘先生》按，此首与卷第七十一翻同是一题而误分者。

第四十四《金鼇阁》自此以下，年次多倒错。

第五十四《秋江》按，“江”重韵，何本作“缸”。

卷末 第二《赠别目录》“章懋”“姚景”二人重见。

第六十四《张恒祭父》“酸心”按，此文俱用“真”“寒”等韵，不应忽杂入“心”韵，盖是“心酸”倒置。

考订《与张廷实》书次序

按，本集多倒错年月，其《与张廷实》书六十三首亦然，本集通以“又”字概之，最易混淆，今略定其年次，俾易考校，其不可考者弗录。

第一书成化十八年“时矩”条本集原列第十一　　二成化二十年“丁县主”原四三

三成化二十二“陈留”原五　　四成化二十二“缉熙”原六三

五成化二十二“丁长官”原六二　　六成化二十二“承欲”原三十四

七成化二十二“近得”原十五　　八成化廿二“寄钝斋”原五三

九成化二十二“简一通”原五五　　十成化二十二“章因”原十四

十一成化二十三“袁侍御”原三十二　十二成化廿三“旷月”原四八

十三成化二十三“德纯”原四四　　十四成化二十三“思平”原四七

十五成化末或宏治元“近来”原十二　十六宏治元“李世卿”原二十三

十七宏治元“数月”原九　　十八宏治元“屡辱”原十七

十九宏治元“承十日”原四一　廿二宏治二年春“承示杨柳”原廿八

廿三宏治二“用人”原四五　　廿四宏治二“前后”原四六

廿五宏治二“助金”原五二　　廿六宏治二年终“廷实守道”原卅六

廿七宏治三“两山”原五八　　廿八宏治四、五“慈元”原四九

廿九宏治五、六“近作”原十九　　三十宏治五、六“辟之”原八

卅一宏治八“屡辱”原六十　　卅二宏治八、九“盗走”原第一

卅三宏治九“省城”原二十七　　卅四宏治九“朱侍御”原五七

卅五疑宏治十“顷者”原三十九　　卅六宏治十“得定山”原廿六

卅七宏治十“承示跋语”原四　　卅八宏治十年十月“仁夫”原五十

卅九宏治十一“老病”原五一　　四十宏治十二“久病”原二十五

白沙先生诗文补遗

按，补遗诗凡有年月者入《年谱》，无年月者附此。

新会后学阮榕龄竹潭编

按，张子撰《行状》云“先生诗文不下万余首”，据此，是今所存集中者仅十分之一二耳。

留菊主吟按，易赞号菊主，见《门人考》。以下七首俱见《鹤山志》。

经冬三月不离床，屋角梅花夜夜香。舫子药随春酒至，先生病愈故吾忘。

直拌酩酊能留客，莫笑蹒跚懒下堂。记得早秋同宿处，竹篱烟火白牛冈。

题易隐求斋

茅茨清绝有蟾宫，水里婵娟竹里风。高枕隔床啼鸟静，小斋终日白云蒙。

江边好景诗难道，世上闲愁酒可通。题作隐求争未信，如君方许学屠龙。

赠公学按，易彬字公学，见《门人考》。

春城风雨湿诗囊，瘦马朝驰抵路旁。世事偶逢车载鬼，书生真有铁为肠。

清风明月终还我，守义怀仁不负郎。行止非人乃天定，孟轲何必罪臧仓。《鹤山志》云“此诗不可晓”，《白沙集》有《与陈秉常》书云“蒙谤大矣”，事始未闻，公学诗当缘此作也。

送崑山省试按，李渭字长源，号崑山，新会、鹤山《志》俱有传。

绿鬓来孤骑，清言费一灯。极言怜老病，无计逐飞腾。

凤鸟当时至，龙门何处登。经过五老下，问讯白莲僧。

梅下忆长源

香以梅关马上闻，江门晚树晓氤氲。上林本是看花客，一见花开便忆君。

订误《送李昇之京》见《鹤山志·杂记》，诗见《门人考》。

寄施以政

水上红霞抹白云，台旁春色映溪分。风光不遣人描画，描画何人得似君。

读《秫坡集》《秫坡集》附录

曾从父老问前因，说到才情迥绝伦。今日偶然文字外，分明文字一般春。

直上辽阳访管宁，至今此诗耸人听。当时英迈知何似，肯向泥涂险中行。

笔端写出自滔滔，人物当为一世豪。欲识胸怀真富有，长江万里涌波涛。

尘外亭南我旧居，自从丱角慕相如。他年倘有东阿眚，敬为先生特笔书。

秋夕偶成，明日揭榜

秋月不满簾，南窗聊隐几。犹闻户外春，断续秋风里。

犬子初试笔，老妻浪惊起。滔滔终夜心，四海皆名利。

悼容彦昭俱《列朝诗集》

泪尽西风草木间，游云晴逐薤歌残。千秋只有无情月，遍照松楸处处山。

卧愚亭《罗司勋集》

何处水边堪此亭，偶从诗卷挹芳馨。小眠亭上真何意，大梦人家肯未醒。

难以智愚分巧拙，尽教描画付丹青。老夫伏枕庐山下，头白于今未与名。

阙题今岁道光二十二年，大良谈君子粲书来云：“尝见白沙《怀人》诗二首，是茅笔书。今十年矣，忘其姓名。纸约长三尺云。”

浩浩江门水自流，怀人独听五更秋。风飘万古云无著，月上千山梦易幽。

老去不堪杯酒别，诗成不觉始生愁。世间极乐惟君事，一曲琴声韵欲浮。

年老想象似浮云，梦冷长亭柳色新。记得出门时节好，自教寒食岁同春。

烟分玉树花明远，露滴南山草半茵。尘路岂能忘此念，故来河畔理丝纶。

阙　题

先君《梦菊笔记》云：“余藏白沙真迹草书五绝一首《扫却》云云。”《白沙集》未载，今此贴尚藏榕家，系纸本行书，两行，直四尺三寸许，横一尺，无年月。

扫却越台尘，坐弄王孙草。舞雩日日诗，风光元不老。按，老字下有石斋图章。

迴龙寺夜坐本集书《玉枕山诗话后》

水闷《明诗综》：“七律诗，佚。”

问容允恭《容氏家谱》，详《诸友考》

遇雨并序邑人张厓山丈抄本，详宏治六年《年谱》

天空海阔赋新会王《志》："林超，字彦升，北到人。超正统乡荐，授北流知县，解组归，陈献章知其清白，为作《天空海阔赋》。"按，赋文今佚。

与易赞书《鹤山志》，详宏治十二年

西江月（二阙）《双槐岁抄》："陈公甫尝作《西江月》二阙，张学士元正和韵云云。"按，词今佚。

与张廷实书从何家本补

第三九　立一祠，既以表茂宰之贤，又以见吾乡尚德慕义。一唱百和，视死如生，又孰不咨嗟而歆羡其美耶？且报往可以劝来，此祠立后，必有闻义而兴起者，问所由来，乡诸父兄子弟不忘旧令之德，章与有荣矣。幸甚，幸甚！即辰春日布和，工匠毕集，其告诸义士，及是时慨然念此举之不易，发诚心而共济，幸无辞曰：姑俟来日。区区不胜至祷。①

第四十八　患疮想亦不为甚害，但衰年易感，触事多忧，顾又不能忘情耳。渡子回，乞示一字以慰憧憧。某白。

第三十五　改《次韵张廷实东所寄兴》第十首后二句云"与侬七尺青团蒲，今年换与张东所"，用成四句，录去一笑。

第五十六　先夫人懿行非外人所能悉，况已奉拙挽，又可赘乎？余令小儿口禀。章白廷实侍史。

第五十七　欧总戎近寄自造药酒，奉寄一小尊。表意一事，

① 按，本集题作《速勾丁知县庙疏》。

欲与廷实议，他人莫能与也，千万一来。二十二晓起碧玉楼，秉烛疾书，恕不谨。

杨氏《白沙语录》订误

新宁孝廉陈交甫《白沙语录》“序”曰：“《语录》一书乃杨贞复官南礼侍时所刻，窃不自忖，稍增一二云云。”榕谨按，此录体例类多舛谬。盖先生当日原无《语录》，乃杨公取《白沙集》中删前汰后，全不注明原题，漫无端绪，名曰《语录》，是以令后学读之茫茫然罔测原旨之所在。嘻，剟裂若此，乌足为先生重？适足为识者歁歈耳，此为前明隆万间陋习。或讬名文懿，未可知也。今按孝廉所赠者，亦未分别注明，遂使原委凌乱若此。夫前哲之为一书也，间有舛漏，原祈后学之增订。呜呼，此录自万历以来至于今二百余载，若存若亡，世徒敬其理学之书，故不敢訾謷焉，今谨订其尤舛者如左。按，全录原从本集割凑而出，惟录后自罗一峰以下八条采自他书，亦自讳所出。

“子谓李嘉鱼志非不立”一条按，此条本《李处士墓志》末段，忽突出“铭曰‘有道于此’”云云，不知者必大疑惑。

“陈子曰‘古之荣于进者’”一条按，此篇本《祭伍光宇文》，忽云“呜呼光宇，其何可忘”，不知者必且大怪。

“李贤遭丧，朝廷留之”一条按，此本罗一峰上书被谪事，其论断语亦未明言出自何人。

“子曰‘省城之迁不决’”一条按，此乃《与廷实》书，而起处亦未明言。

“周镐”一条按，此篇是《云潭记》泛论云潭，以其中有“密云不雨，自我西郊，未有可与论《易》”一语，入“论《易》”条内。又，“李世卿”条有“同明相照”六句，本于“自然”条，有“易天地”条或论学，或谈世事，皆未尝言《易》也。

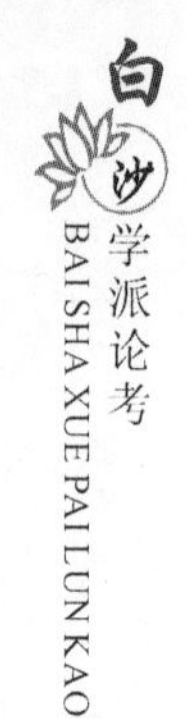

“子谓剩夫死矣”一条按，剩夫原非门人，不当入“及门”条内。

“子与罗一峰曰：‘大忠祠碑，皎皎烈烈，见先生之心矣’”一条按，此二十字亦入“及门”条内。

按，以上诸条皆举其略耳，其中舛者尚多，如同一书也，忽有一“曰”字，忽无“曰”字；或用“子曰”，或用“陈子曰”，皆体例混杂。夫先生尊称“陈子”可也，混称“子曰”，与孔子何异哉？此盖欲推尊先生耳，不知适起后人指摘之端，以为近于僭妄。尝考文中子多有是称，后人以僭圣议之，乌可复效其嚬耶？意欲仪型先生者自有《全集》，原原委委，悉必取此，骈枝割裂之本乎？顾亭林先生曰：“孔门不过四科，宋以下之学者则有五科，曰‘语录科’。”愚也深有味乎亭林之言，然则为圣为贤，奚必人人有《语录》乎？人人有《语录》，遂可以为圣为贤乎？又按，本集“附录”东莞卫金章立组《白沙要语》，“补序”曰：“《白沙要语》一编，节录白沙先生文集中语，不满三十条，割裂参错，不知出何人之手，于先生讲道所由来未见本末，愚惧执此以求先生，不惟无以见先生，反于先生滋惑耳。爰采《全集》补之，间附鄙见，急为先生雪诬云尔。”按此，则订误斯录非愚一人之私言也。今陈孝廉刊杨此录实二百四十三条，不仅《三十大要要语》一书又从杨本割凑而出者，益不足辨矣。

《应召录》订误

万历间，邑先辈黄公鸣谷作《应召录》，既非作史志，又非对君上疏之词，乃一起语即突称先生名，何不恭也。其后，末篇乃称石斋，此与《录》内所引朱疏圣旨及《陈氏通纪》称先生名者，义例迥殊也。《录》内又云“谢恩归先，罗伦送之云云”，下接“归经南安，张弼问出处云云”。榕按，罗之送先生，先在成化五年，虽《录》有先字，顾忽杂入罗文与张公语，不知者以为同时送之矣，此以混误。

各家辑白沙言行录附目

《钦定四库提要》卷九十五“存目”：“《白沙遗言纂要》十卷，张诩撰。是编採《白沙文集》中语，仿《南轩传道粹言》例，分为十类，以阐新会本旨。”魏《南海志·何维柏传》：“著《陈子言行录》。”阮《通志·艺文》：“《白沙言行录》十卷，附录卷二，未见《明志》　按，疑此即何公《言行录》《陈子至言》十卷，湛若水撰，未见、《江门正脉》明庞一夔撰，未见 见《广府志》。按，一夔，嘉靖四十三年举人，南海庞弼唐先生嵩长子。弼唐，甘泉、阳明弟子《唐伯元传》‘著《白沙文编》’。”俱阮《志》。

《冈州遗稿》卷六：“黄孚，字容伯，号鸣鹤。弱冠补诸生，究心理学，专慕白沙，数馆其乡。万历初，以恩贡授昌化训导，迁福建德化教谕，告老归，卒，年七十三，著《白沙遗事》一卷。”

按，前明专载先生遗事及传于世者甚罕，鸣鹤名不甚著，概计生后于先生者仅五六十年，其得诸故老之传闻与记载者必多，榕也甚惜此书之久佚也。榕也又后于先生三百四十余年，兹仅从吉光残蠡之余，捃遗于百一，又不幸生于寒门下里，往往顾影一灯，驰心万卷，徒劳梦寐，寄慨于屋梁也，呜呼！

《白沙丛考》终

姻弟方庭植石琴参订

胞弟阮韭龄紫蒲校字

附录：陈白沙先生献章年谱

按：迄今，陈献章年谱计有如下四种：阮榕龄《编次陈白沙先生年谱》(收入［明］陈献章著、孙通海点校：《陈献章集》附录二，北京：中华书局，2008年)、陈郁夫《江门学记——陈白沙及湛甘泉研究》(台北：学生书局，1984年)、黄明同《陈献章年谱简编》(收入氏著：《明代心学开篇者——陈献章》附录，上海：上海古籍出版社，2013年)、黎业明《陈献章年谱》(上海：上海古籍出版社，2015年)。以上四种年谱详略不一，侧重不同，其中，以黎业明《陈献章年谱》考证最详。从一般信息查询的角度看，阮榕龄与黎业明所编《年谱》因考证繁杂而使用不甚称手，黄明同《年谱简编》而又太简略，陈郁夫《江门学记》重白沙为学历程而对其交游关注不足。基于上述情况，笔者在前人考证成果的基础上编成此《陈白沙先生献章年谱》，以便读者参考使用。

宣德三年，戊申(1428)，**一岁**。

九月，白沙之父陈琮(字怀谨，号乐芸。见本集张诩《白沙先生行状》，以下简称《行状》)卒，年二十七。母林氏二十四。兄献文(字公载，号古愚）五岁。祖父永盛（号渭川公）年五十三。祖母吕氏年五十四。

十月二十一日，白沙生于新会都会村。（本集《乞终养疏》："缘臣父陈琮年二十七而弃养，臣母二十四而寡居，臣遗腹之子也。"）都会村与白沙村同属新会归德都，位于新会城东北（陈郁夫《明陈白沙先生献章年谱》），在白沙村西四里许（《白沙丛考》"都会故居"条）。

是岁，鲁能生。吴与弼年三十，薛瑄年六十二，曹端年四十八，娄谅十岁。

宣德四年，己酉（1429），**二岁**。

宣德五年，庚戌（1430），**三岁**。

宣德六年，辛亥（1431），**四岁**。

友人罗伦生。

宣德七年，壬子（1432），**五岁**。

宣德八年，癸丑（1433），**六岁**。

门人陈肃、潘松森生。

宣德九年，甲寅（1434），**七岁**。

曹端卒。

门人谢祐生（湛若水《逸士谢葵山先生墓碣铭》）。

友人庄昶、同门胡居仁、乡人祁顺生。

宣德十年，乙卯（1435），**八岁**。

正月，宣宗崩，太子朱祈镇九岁即位，是为英宗，三杨（杨

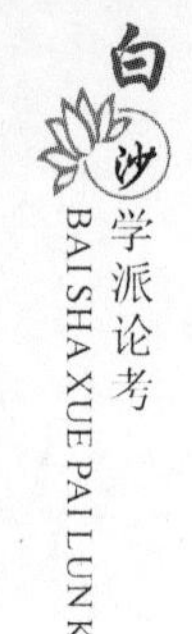

士奇、杨荣、杨溥）辅政，王振章司礼监。

正统元年，丙辰（1436），**九岁**。

“方臣幼时，无岁不病，至于九龄，以乳代哺。”（本集《乞终养疏》）

友人章懋生。

是年始特置提学官，专使提督学政，南北直隶俱御史，各省参用副使、佥事。景泰元年罢提学官，天顺六年复设。（《[道光]广东通志》卷18《职官表九》）

正统二年丁巳（1437），**十岁**。

门人贺钦、谢祐生。

白沙全家由都会村迁至白沙村[①]。

正统三年，戊午（1438），**十一岁**。

门人陈容中举。

正统四年，己未（1439），**十二岁**。

门人林光生。

正统五年，戊午（1440），**十三岁**。

正统六年，辛酉（1441），**十四岁**。

① 按，阮榕龄据《与黄叔仁父题东溪卷并引》，推断白沙于十岁之前徙白沙（《白沙丛考》“都会故居”条），黄明同《明代心学开篇者陈献章》据《三赠文都》“小住江门四十年”，推断白沙于十岁时迁白沙。

正统七年，壬戌（1442），**十五岁**。

新会盗起，剽掠乡村。

门人吴琏生。

正统八年，癸亥（1443），**十六岁**。

正统九年，甲子（1444），**十七岁**。

门人张锳生。

正统十年，乙丑（1445），**十八岁**。

门人林琰生。

正统十一年，丙寅（1446），**十九岁**。

五月二十六日，祖母吕氏卒，年七十二。

十二月十日，丁积生。

正统十二年，丁卯（1447），**二十岁**。

师事黎贞门人梁继灏（本集《澹斋先生挽诗序》云："弱冠，与澹斋之子益游，始拜澹斋。"黄明同《明代心学开篇者——陈献章》将白沙师事澹斋系于宣德九年）。充邑庠生，其师见其所为文异之。（本集《行状》）

九月，中乡试第九名。

正统十三年，戊辰（1448），**二十一岁**。

黄萧养起事，入南海。

入京参加会试中副榜，四月入国子监读书。

正统十四年，己巳（1449），**二十二岁**。

八月，新会大岭村黄汝通起事，黄萧养部波及新会。（本集《汤氏族谱序》："秋，黄贼起南海，一郡骚然。"《渔读居士墓志铭》："景泰、己巳之秋，盗起南海，东西亘数百里没于贼。"）

瓦剌也先入寇，英宗亲征，十六日至土木堡被俘。皇太皇命郕王朱祈钰监国，是为景帝，于谦为兵部尚书。

十二月五日，祖父永盛卒，年七十四（本集《世赖堂铭》云"七十八"，《行状》："祖父永盛，号渭川，少章戆，不省世事，好读老氏书，尝慕陈希夷之为人）。

门人邓球生。

景泰元年，庚午（1450），**二十三岁**。

正月，周义长、李丙统贼三百余围冲冀村，掠杀村民。黄萧养、黄三等率贼船一千余艘、众三万余人攻打新会城。参政黎琏、都指挥张玉与战，挫之。

四月十一日，都指挥董兴统兵三万余败贼于新会菠萝庙、白蚬滘，黄萧养被杀。八月十三日官兵引还。

八月，瓦剌请和。明英宗还，居南宫称上皇。

门人李祥生。

景泰二年，辛未（1451），**二十四岁**。

春，各贼复发。

会试下第（本集《乞终养疏》）。南归，与张氏成婚。

七月，门人梁储生。

景泰三年，壬申（1452），**二十五岁**。

废太子见深，立见济为太子。

始设两广总督。（《明史职官二》："苗寇起，以两广协济应援，乃设总督。"）

二月十九日，长子景云生。

夏，前贼复作，剽掠阳江县。

十二月十四日，门人李承箕生。

景泰四年，癸酉（1453），**二十六岁**。

太子见济卒。始令生员纳粟入国子监。

同门娄谅江西乡试中举，时三十五岁。

景泰五年，甲戌（1454），**二十七岁**。

春，前贼复作，至十月，官兵往返县乡旋招旋叛者五，于是，官兵始大图征讨。

陶鲁（字自强）为新会县丞。

八月，与娄谅（字克贞，号一斋，江西广信府上饶人）先后至临川从吴与弼（字子傅，号康斋，抚州府崇仁人）学（本集《书莲塘书屋册后》："予以景泰甲戌游小陂，与克贞先后至。"）。八月二十一日，吴与弼为白沙作《孝思堂记》（本集《孝思堂记》题云："时景泰五年，岁在甲戌，八月甲申。"）。因"未知入处"，受业数月而归。冬，胡居仁（字叔心，号敬斋，江西饶州府余干人）亦从吴与弼学，此前师事于准。

门人潘松森来从学，师事白沙十六年而卒。（本集《诔潘季亨诗序》："季亨之交于予十六载，意笃而业不光，一旦弃我而死，不塞望矣。"）

景泰六年，乙亥（1455），**二十八岁**。

春，自临川归，闭门读书，足迹不至城府，参议朱英造庐求见，避而不见。（本集《行状》）

景泰七年，丙子（1456），**二十九岁**。

四月初四，干羽、胡英率军进山剿匪，大破贼众，获贼首，

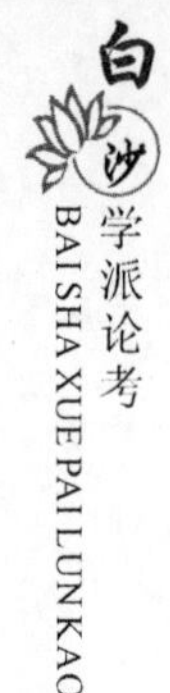

解军引还。尚遗残寇，留指挥王英、新会县丞陶鲁相机剿获。

七月，陶鲁遍历诸村，为之订防贼措施。

九月，友人庄昶（字孔暘，号木斋，人称定山先生，南京人）领乡荐。（林光《明故南京吏部郎中庄定山先生墓志铭》）。

门人张诩生。

冬，胡居仁从吴与弼往闽，过上饶娄克贞家。

景泰八年（天顺元年），丁丑（1457），**三十岁**。

正月，石亨、徐有贞奉英宗复辟，改元天顺，复立朱见深为太子。

二月，景帝崩。

三月七日，门人倪麟（字圣祥）生（李承箕《指挥倪君墓志铭》）。

天顺二年，戊寅（1458），**三十一岁**。

三月十六日，吴与弼应聘北上。五月十五日至京，十六日引见。七月辞归，十月抵家（杨希闵《吴聘君年谱》）。

友人陈真晟（字晦夫，后改字剩夫，福建漳州人）诣阙上《程朱正学纂要》。

天顺三年，己卯（1459），**三十二岁**。

石亨、石彪谋反伏诛。

友人黄琥（字莹之，江西南昌府丰城人）乡试中举。

天顺四年，庚辰（1460），**三十三岁**。

曹吉祥谋反伏诛。

友人祈顺（字致和，东莞人）、张元祯（字廷祥，别号东白，江西南昌人）进士及第。

天顺五年，辛巳（1461），**三十四岁。**

原配张氏卒（陈郁夫《江门学记：陈白沙及湛甘泉研究》系于是年，阮榕龄《年谱》系于天顺七年）。张氏育二子二女。长子景云；次子景暘，邑庠生，先白沙卒。长女嫁黄彦民，次女初配倪麟，后改潭某。（《行状》）

天顺六年，壬午（1462），**三十五岁。**

吴与弼过胡居仁处，赐扁“礼吾书舍”。

冬，广西寇至新会城，县丞陶鲁筑辅城御之（本集《辅城记》《书思德亭碑后》）。

门人李翰生。

天顺七年，癸未（1463），**三十六岁。**

陶鲁由新会县丞升任知县。

八月，贼破新会外郛，右布政使张瑄往援，贼退，督修其郛等，城益固。

门人陈谟生。

天顺八年，甲申（1464），**三十七岁。**

正月，英宗崩，太子见深即位。

娄谅会试中乙榜，授成都府学训导，上任二月即谢病东归。

六月十六日，薛瑄（字德温，号敬轩，河津人）卒，年七十六。

白沙春阳台闭户静坐至此结束，凡十年。（本集《初秋夜（五律）》（二首）：“自我不出户，岁星今十周。”按，阮榕龄《年谱》将该诗系于天顺八年）

门人伍光宇始从学。

成化元年，乙酉（1465），**三十八岁。**

两广总督兼巡抚事，驻梧州（《明史·职官二》）。

门人林光、李升中举。

成化二年，丙戌（1466），**三十九岁**。

春，罗伦及第第一，与贺钦、庄昶等同榜。庄昶选庶吉士，授翰林检讨（林光《明故南京吏部郎中庄定山先生墓志铭》）。

四月十五日，门人邹智生。

五月，罗伦被贬为福建市舶。

白沙讲学之暇，与门徒习射礼。流言起，诬以聚兵谋反。顺德知县钱溥劝之赴京。

秋，北上，自南海循庾关而北涉彭蠡，过匡庐之下，复取道萧山，泝桐江舣舟望天台峰，入杭观于西湖（参见《湖山雅趣赋》）。

孟冬，于南昌谒李龄（字景龄，广东潮阳人）。

至京，复游太学，门人陈肃从学。祭酒邢让使和杨龟山《此日不再得》韵，惊曰："龟山不如也。"飏言于朝，以为真儒复出。一时名士罗伦、章懋、庄昶、贺钦等与之游，贺钦师事之，与薛敬之（周蕙门人）并有盛名。

未几，国子监拨送吏部文选清吏司历事（本集《乞终养疏》），日捧案牍，与群吏杂立厅下，在职凡七十二日。

十月十三日，门人湛若水生。门人陈肃是年从学。

成化三年，丁亥（1467），**四十岁**。

春，辞官南归。章懋、谢文祥赠诗。

召罗伦还，改南京，居二年引疾归。

薛远督两广军饷（参见本集《送薛廉宪江门（三首）》《松隐挽诗薛廉宪父也》《次韵薛廉宪见寄》等）。

门人黄在生。冯载受薛远之使来学。

十一月，江西提学李龄重修白鹿洞书院，延请胡居仁为山长。次年一月，胡氏丁母忧而去。

十二月，因谏上元灯火，杖谪章懋、黄仲昭、庄昶。

成化四年，戊子（1468），**四十一岁**。

门人陈猷乡试中举。

九月，贺钦疏乞养病，辞官归家（贺钦《辞职陈言疏》）。

冬，复入京师准备参加会试，结识袁道（字德纯，江西吉水人）、董旻（字子仁，江西上饶人）等。

成化五年，己丑（1469），**四十二岁**。

春，会试下第。林光见白沙于神乐观，曰："吾得师矣！"与李德孚同舟南归（本集《李德孚挽歌词（二首）》）。友人周镁（字梁石，人称翠渠先生，福建莆田人）、周孟中（字时可，号畏斋，江西庐陵人）进士及第。

三月，行李出京，于析木（今北京大兴）之店见门人张镁，示以吴与弼手书，张镁绝爱之，白沙遂割二纸（本集《跋张声远藏康斋真迹后》）。

五月二十一日，至南京，与罗伦、章懋、庄昶诸友相会，章懋时任南京大理寺评事，二十四日别去（本集《告罗一峰墓文》），罗伦等作诗相赠。

六月，过清江（江西临江府），以手书问候吴与弼（本集《跋张声远藏康斋真迹后》）。

秋，抵达新会。杜门不出，潜心大业；四方学者日益众，往来东西两藩部使以及藩王岛夷宣慰，无不致礼于先生之庐（本集《行状》）。

八月，彭韶入狱。

十月七日，吴与弼卒，年七十九。三年后，成化八年二月，

白沙方得讣告。

十一月，起复韩雍，总督两广。

是年得疾，自汗时发，畏风。（本集《与陈剩夫书》：“某自春来得厥疾，一卧至今，武夷之游，遂成虚语。”《复赵提学佥宪》：“而仆自己丑得病，五、六年间自汗时发。”《与张宪副廷学》：“仆自己丑得疾以来，人事十废八九。”）

成化六年，庚寅（1470），**四十三岁**。

夏，林光自东莞来白沙从学，六月辞归。是月，门人潘季亨卒，年三十八（本集《诔李亨诗序》），白沙亲临哭之。

林体应师事白沙。（本集《与胡提学书》曰：“旧岁林举人体英来访白沙，与语两月，比归，亦能激昂自进。”）

秋，门人林琰从族兄林光至白沙从学（林光《书秉之事寄庄定山》）。作《梦记（二则）》（《梦记（二则）》：“庚寅秋月，距予自京师归适踰一载。”其二云一老人歌曰：“法好人莫传，衣好人莫传。”）门人张镆来书求跋康斋真迹。

九月，应李德孚之托，作《李文溪文集序》。

十二月十九日，作《东晓序》。

是年冬至明年初夏，伍光宇在寻乐斋。

成化七年，辛卯（1471），**四十四岁**。

二月，代兄作《聘启》。

春，江西永丰风水师李立武访白沙（本集《送李山人诗序》），并带来胡荣所赠《相山骨髓》等书（本集《与胡佥宪提学》第二书）。胡荣（字希仁，江西新喻人）任广东按察司佥事提学，访白沙（在李立武之后），（本集《与庠中诸友》：“近按察胡先生过白沙，青灯叙旧。……诸君方急于秋试。”）选梁储、李祥等有异质者来白沙受业（本集《行状》）。

四月，作《与伍光宇书》第一、二书。十九日，作《示学者贴》。

五月，欲借寻乐斋静居（本集《与伍光宇》）。

七月二十二日，作《书一之自罚贴后》。

九月二十六日，作《与张声远书》第一书。作《绿围伍氏族谱序》。自春间自汗，至后九月尚未脱体（《与董子仁》）。自是年九月至成化十五年间，极少作诗（本集《杂诗序》）。

十月十八日，伍光宇卒，年四十七（本集《绿围伍氏族谱序》）；要林光为之作《墓志》，自作《行状》及祭文。是月，作《书孔高州平贼诗卷后》。

十二月十九日，代兄作《请期启》。《与陈德雍书》云："男女一大俗缘，何日可尽？"

是年，作《与韩知县》书。

成化八年，壬辰（1472），**四十五岁**。

正月二日，作《奠伍光宇文》。二十二日，代兄作《与李宗》，继娶罗氏。作《与胡佥宪提学书》第一书。

二月上旬，吴与弼讣始至。（本集《与林缉熙书》第十一书："二月初旬，得丰城同门书，报先生弃世，属纩乃在己丑冬。不知彼间许多时，何故不以讣闻？或所寄书偶浮沉，后更不寄；或茂荣自不肯报，亦未可知也。"）

三月，作《与容珪》，其弟容璇得疾。友人张瓛进士及第。

四月，门人何廷矩之母卒（本集《何廷矩母周氏墓志铭》）。陶鲁由邑长进秩佥宪，六年考满，如京师，白沙作《书思德亭后》。是月，作《杂诗序》。

五月三日，作《与林时矩》第二书；五日，作《书邓政求济贴后》。十二日，作《跋张声远藏康斋真迹后》。十四日，作《与潘徐二生书》。十八日，作《与张声远书》第二书。二十七日，作《跋梁晓挽李唐诗》。是月作《复祝主簿》《与邓胜之》书《复

周廉宪时可疏》第二书。

六月三日，作《喻塾中贴》。七日，为外兄作《处素记》。二十五日，作《告伍光宇文》。是月，尚有《与容珪贴》之作。

九月九日，作《壬辰秋九日圭峰作》。三十日，王守仁生。是月，撰《伍光宇行状》。

十二月，作《何廷矩母周氏墓志铭》《与钟地曹》。

成化九年，癸巳（1473），**四十六岁**。

二月十三日，作《与李德孚书》第二书。

四月二十四日，作《与丘苏州》书第二书（丘霁，字时雍，江西鄱阳人）。二十六日，作《与林蒙庵》书（林雍，字万容，号蒙庵，福建龙溪人）。

八月十七日，陈真晟（字晦德，自号漳南布衣）卒于龙岩，年六十四。（本集《与林缉熙》第十五书，《明史·儒林一·陈真晟传》以为卒于明年）。

九月一日，白沙《与林缉熙》书云"（何）时矩欲从余于平冈，近与李玉俱在馆中"，何时矩来学当在是年。

是岁，平冈钟氏兄弟惠白沙近海田十顷余，在邑西南数十里。

成化十年，甲午（1474），**四十七岁**。

三月，罢两广总督韩雍，凡五年。

参政伍某、佥事戴某欲新先生居，却不可，乃营小庐山书屋以处四方学者。佥事陶鲁遗田若干以为馆谷，不受。（《广州府志·列传十五》）

春，纳子妇（本集《与林缉熙》第十四书）。

六月四日，作《与胡佥宪提学》第三书。

八月二十八日，与陶鲁联舟从三水上胥江，遇提学胡荣。次日，登峡山寺，与胡荣饮饯，口占一绝云：“一片虚灵万象全，何思何虑峡山前。洪城内翰如相问，为说山人已遁禅。”此诗后复与张东白，遂启罗伦、胡居仁等疑白沙为禅学（本集《与林缉熙》第十三书）。

九月，门人陈庸、梁储、邓球、张诩、吴琏领乡荐。陈庸中举后即师事白沙，后又介绍张诩入师门。遣陈庸、容珽、易元往永丰请罗伦撰《大忠祠记》，书《代简答罗一峰殿元》（“台城一挥袂，忽忽星周五”）。

十二月，作《题马默斋壁》（本集《题马默斋壁》：“拙者孤舟持酒榼，成化十年甲午腊。”）

作《与吴惠州绎思》（吴绎思，莆田人。成化中，守惠州）。

成化十一年，乙未（1475），四十八岁。

春，门人苏章举进士。

曹伟任新会知县，前任韩知县转任顺德（本集《与韩知县》书）。

清明日，作《与林缉熙》第十五书。

四月，提学胡荣至揽山访林光。

作《与罗一峰》第一书、《与陈秉常》书。

上半年，作《与张东白内翰》。

七月二日，陈秉常等将归广东，罗伦作《三峰记》。

十月，以朱英总督两广。

同门萧子鹏来学（《年谱》）。为门人容珪父作《处士容君墓志铭》。

是年，罗伦撰《大忠祠记》。

成化十二年，丙申（1476），四十九岁。

朱英总督两广军务（本集《恩平县学记》）。

门人何潽来从学[①]（本集《渔读居士墓志铭》）。

六月十二日，景云妇梁氏卒（梁氏为梁益之女、梁继灏之孙女，梁益为白沙同学，梁继灏为白沙塾师），年二十一。

秋，作《贺李德孚生孙》并序。

作《梦观化，书六字壁间曰"造物一场变化"（五古）》（"问我年几何，春秋四十九"）、《恩平县学记》。

是年，与陶鲁议创大忠祠（张诩《厓山新志序》）。

成化十三年，丁酉（1477），**五十岁**。

春，罗养明承兄罗伦之命来白沙（本集《送罗养明还江右序》）。与门人周镐、周京兄弟游绿护屏之圣池（本集《云潭记》）。

四月五日，作《书思德亭碑后》。

五月，罗伦所作《大忠祠记》立石（《年谱》疑大忠祠成于成化五年，而成化十三年立石也）。

夏，陶鲁进秩按察副使，进京述职（本集《书思德亭碑后》）。

九月，门人周京乡试中举。

十一月二十七日，承张方伯报，朝廷嘉旌奖白沙母林太夫人书至（本集《旌表家慈书至》），随后修建贞节牌坊。

张诰（字汝钦）升任广东按察副使（本集《与张宪副廷学》书云："京师一别，逮今六年。"）。

是年，作《次王半山韵（十八首）》《复赵提学佥宪》第二书。

是年，朝廷置西厂，太监汪直执掌。

成化十四年，戊戌（1478），**五十一岁**。

---

① 按，《门人考》以为何潽来学在成化二十年（1484），本集《渔读居士墓志铭》明言"成化岁丙申（1476），潽始至白沙，从予游"，《门人考》误。

春，汪直行辽东边。彭韶（字凤仪，福建莆田人）迁广东左布政使司。

四月，门人梁储会试第一，门人李祥同榜，友人刘彬（江西永丰人，授程乡令）、林俊、丁积（授新会令）等亦中榜。是月，白沙往东莞访林光，游榄山（林光《明故翰林院检讨白沙陈先生墓碣铭》，本集《宿榄山书屋》《别榄山》《访榄山归将至扶胥口作》诸诗）。

夏，张弼（号东海）任江西南安知府。

九月二十四日，友人罗伦卒，年四十八，作《祭罗一峰文》，为之服缌三月。

十二月，因土人作乱，避地城中（《与林缉私熙》书）。

友人大石李德孚卒（本集《李德孚挽歌词》二首）。张黻任宿州知州。

成化十五年，己亥（1479），**五十二岁**。

彭韶上《荐陈献章疏》。

四月二十日，门人林光父林彦愈卒，年六十五（本集《宝安林彦愈墓志铭》）。

九月十八日，作《书马氏均田文后》《阅马氏均田文》。

秋末，作《复彭方伯》。

十月，为林光父作《宝安林彦愈墓志铭》。十一月十四日，又作《祭林竹斋文》（林光《南川冰檗全集》）。

冬，作《吴川县城记》。

是年，丁积任新会知县。祁顺等重兴白鹿洞书院，延请胡居仁为山长。

白沙是年尚作《赠马龙如湖西奠一峰先生》《挽竹斋》《复赵提学佥宪》第一书。

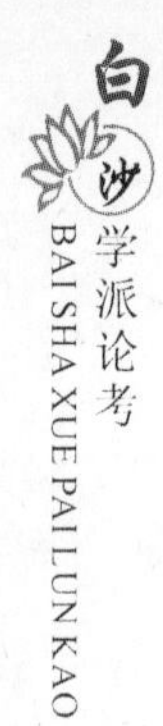

成化十六年，庚子（1480），**五十三岁**。

元旦，作《庚子元旦》诗。

二月三日，胡居仁入主白鹿洞。六月二日，辞聘。

四月，县民陈猷、陈显、叶褅等谋反作乱，知县丁积及指挥倪麟擒诛之。

七月二十二日，孙畹生（景云子）。

应钦任按察副使，凡一年（本集《题应宪副真率卷（七绝）》）。

十二月，土人阴谋作孽，避地新会县城（本集《与林缉熙》第十八书）。

为陶鲁作《新迁电白县儒学记》。

成化十七年，辛丑（1481），**五十四岁**。

正月十六日，作《与张廷实主事》第十书。

春，门人张诩（字廷实，号东所，南海籍番禺人）来从学（本集《行状》："某也无似，自成化辛丑见我先生于白沙，我先生即以国士待，其后受教多而辱爱厚。"）。

二月二十一日，丁积经始游心楼，逾两月而成（林光《游心楼记》）。

新会知县丁积以容贯为祭使，往永丰吊罗伦，范规同行。

三月，张吉（字克修，江西余干人）举进士，曾任肇庆府同知。

七月二十四日，李士达、刘希孟（张东白门人）受江西有司藩臬布政使之使，如新会请白沙出任白鹿洞书院山长，白沙却之，二生留弥月而去。（本集《赠李刘二生使还江右诗序》："成化十七年，江西按察使耻庵陈先生乃谋于提督学校宪副钟公、佥事冷庵陈公、大参祁公，慨然以作新斯文为已任，谓予于考亭之学亦私淑诸人者，宜领教事。乃具书币，告于巡镇，遣二生李士达、刘希孟如白沙以请。"又，《复江右藩宪诸公》："七月二十四日，仆方困暑，闭斋独卧，而李、刘二生适至。"又，张诩《耻庵集序》："成化间，先师白沙先生倡道东南，适一峰先生以风节起于大江之右，若响答风声所渐被，一时天下士习为之丕变。

时则有若耻庵先生陈公者，湓江右臬事，乃独于二先生尊崇，而左右之恐后。”）同门胡居仁出任山长。

十二月，林光至新会拜访白沙，据林光是月十七日所作《奉胡宪副先生》书，胡荣之母此前卒，胡荣弟往白沙。

是年诗作有《次韵陈冷庵佥宪见寄》三首（“五十四年居海滨，偷将水月洗心尘。”）《辛丑元旦戏笔》等。

成化十八年，壬寅（1482），**五十五岁**。

罢西厂。陈选为广东右布政司。

春，大旱，种未入土。知县丁积于圭峰祷雨凡三，雨足乃止（本集《丁知县行状》）。

二月，立春。（本集《立春日呈丁县尹》：“浮生五十五回逢，青帝来朝驾自东。……身着斑衣啼又笑，老来真个是儿童。”）林光撰《游心楼记》，白沙书之。

五月，为门人何潽父撰《渔读居士墓志铭》、为门人容珪父撰《处士容君墓铭》。

六月，请江西风水师李立武卜穴屋后（本集《告伍光宇文》）。是月十日往赴苍梧，七月二日见朱英，作《题桂阳外沙朱氏族谱》；七日抵家（本集《苍梧纪行》）。

八月初，作《与朱都宪》第一书；七日，作《与张廷实主事》第十一书。

后八月，起行赴京。（本集《行状》：“初应诏而起也，道出羊城，所至观者如堵，至拥马不得行。”）九月七日，至韶州芙蓉驿。十五日，过南安，知府张弼欲效曹参礼盖公故事，白沙不允，作《次韵张东海》。二十八日，至南安横浦驿，读张弼《玉枕山诗话》，作《书玉枕山诗话后》。

十月，过永丰，作《告罗一峰墓文》《寄杨荣夫（七绝）》。

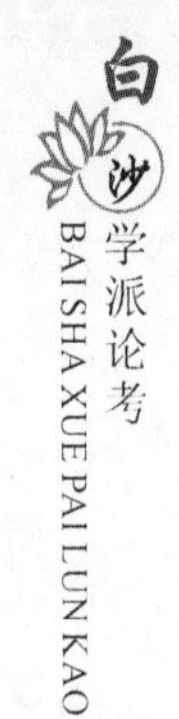

十一月，道出剑江，往吴与弼墓，致祭如礼，作《祭先师康斋墓文》《过康斋吴与弼先生墓》诗。

十二月，抵南京途中作《恩平县学记》《新迁电白县儒学记》。

成化十九年，癸卯（1483），**五十六岁**。

御史徐镛疏刻汪直，降汪直为南京御马监。按察副使陶鲁入京。

正月，过江浦（今南京西郊），访友庄昶。提学南畿侍御上饶娄克让（白沙同门娄克贞弟）来会，三人于白马庵相与论学赋诗，浃辰而别（本集《书莲塘书屋册后》），庄昶送至扬州。道出淮阳，总戎平江伯陈锐具人船往护。

三月三日，将至德州（本集《三月三日将至德州南风大作飞尘塞舟拨闷二首》）。二十三日寓张家湾，作《与钟百福》第一书（钟禧，字百福，号狂客，广东顺德人）。三十日至京。

五月端午日，作《癸卯岁端午日书于庆寿寺和张兼素韵》。二十五日蒙吏部题。

秋，张诩北上过江西，江西左布政使陈炜（字文曜，号耻庵，闽县人）见之于南浦驿中（张诩《耻庵集序》）。

七月十六日，扶病赴部听试，未堪笔砚。

八月二十二日，得报母氏忧念病作。二十八日，作《乞终养疏》。三十日，指挥倪麟（字圣祥）卒（李承箕《指挥倪君墓志铭》）。

九月四日，圣旨恩准；作《谢恩疏》。九日，与友人张黻（字兼素）同饮庆寿寺（本集《菊节后（五律）》“自注”）。卧病庆寿寺期间，娄谅及其子娄性以及门人蒋世钦常往访，师友蝉联，一时盛会。作《书莲塘书屋册后》《书自题大塘书屋诗后》。在京期间，与李东阳、李承恩（李承箕从弟）等相往来。

取道江淮漕运南下，出潞河，至直沽，遇门人周京（字文都，广东新会人）。十月二十六日，舟过桃源，作《舟中次麦歧韵》。过南京，庄昶复送之龙江关（湛若水《明定山庄先生墓志铭》）。经南安，张弼问出处（本集《行状》）。是月，门人朱伯骥、黄佐乡试中举。

十一月二十二日，寓南雄。

十二月九日，作《与钟百福》第三书。

成化二十年，甲辰（1484），**五十七岁**。

三月十二日，同门胡居仁卒，年五十一。

四月，门人张诩、吴琏举进士；林光中乙榜，授平湖教谕。

六月，召朱英回京为右都御使。

夏秋间，作《闻缉熙授平湖教掌教》《次韵缉熙受教职》。

十月，下林俊、张黻狱，寻释之，谪官。

是年，兄献文六十一岁（本集《家兄往东向村收蚕稻，登舟后雷雨大作，章侍坐贞节堂至夜分以为忧。是年甲辰，家兄六十一，未尝有如意之求》，"甲辰"当为"甲寅"之误）。李昆（江阴人）以侍御史被命清理两广军务，过白沙，索书永慕堂匾（本集《永慕堂记》）。

成化二十一年，乙巳（1485），**五十八岁**。

闰四月，应广东左布政使陈选之邀，作《道学传序》，陈选后刊刻之（本集《与陈方伯》）。

夏，门人周镐卒（本集《悼周镐》、李承箕《周镐墓志》）。

七月，朱英卒，年六十九，白沙为之服缌。

秋，门人麦岐往江东访庄定山（本集《赠秀夫如江东》）。

八月，《题画王太姥像，寿家慈八十一（七律）》。七日，甘肃巡抚鲁能卒，年五十八。

九月九日，《寄丁明府（五律）》。应丁积之请，作《关西丁

氏族谱序》。

十月，作《凤山见寄韵》。

十一月，林光至平湖教谕任。

门人何宇新来从学。

作《认真子诗序》。

成化二十二年，丙午（1486），**五十九岁**。

正月，五羊何子有过白沙，与之对月共饮（本集《味月亭序》）。林光主持福建乡试，事毕，返粤省亲，过访白沙。二十八日，与丁积往吴村吊庄烈妇墓，作《吴村吊庄节妇墓（二首）》。

二月十七日，兄献文卒，年六十三。二十六日，丁积卒于新会知县任上，年四十一，白沙为之总理后事（本集《与张廷实主事》第六十六书）

春夏间，作《祭丁知县彦诚》。

四月二十七日，夜起索衣，往来户间，跌伤面（《与张廷实主事》第四十三书）

六月二十三日，作《与张廷实主事》第十五书（黎业明《年谱》）。

夏秋间，作《与宝安诸友》。

七月，代容珪作《丁知县行状》。朱守节至白沙。

秋，作《与张廷实主事》第五十三书、第二十九书、《跋漳州功德碑后》《半江十咏，为谢德明赋》。

九月七日，次孙杌生，景暘妇范氏出。景暘乡试不第。十八日，作《与张廷实主事》第二十书。门人张镔、李承箕、黄在、梁卫、宋容重领乡荐。邹智四川乡试第一。是月，广东布政陈选为中官韦眷所诬被逮，至南昌而卒，年五十八。

十二月，作《封署郎中员外郎鲁公墓志铭》。朱英卒，代陶鲁作《祭太子少保朱公诚庵先生文》，自作《祭诚庵先生文》，并遣子景云赴郴阳致祭。

是年九月之后，门人林琰卒，年四十二（林光《书秉之事寄庄定山》），周镐亦卒（李承箕《周镐墓志》）。故交袁道（字德纯，一峰门人）选任台官，巡按广东。作《与林郡博》第六书。

成化二十三年，丁未（1487），**六十岁**。

开岁，林光至新会拜白沙（本集《缉熙至，用寄兼素韵写怀》、林光《奉陈石斋先生》）。

二月一日，作《再用寄张兼素先生韵与缉熙别》。

李士实（字白洲，江西新建人）任广东按察副使。

三月二十六日，作《大头虾说》。是月，门人张瑛、姜麟举进士，吴廷举（字献臣）同榜，授顺德知县。

春夏间，新会疫作。

四月二十六日，袁道卒于龙川（林光《奉陈石斋先生》），此前曾过访白沙。张黻（字兼素）是年亦卒。

七月十六日，次孙杋亡（本集《志孙杋圹》《与张廷实主事》第六十一书），"年尊夫人哭小孙，过哀成疾"（本集《与林缉熙》书第一书）。

八月二十二日，宪宗崩。哀诏至，白沙如丧考妣，作诗曰："三旬白布裹乌纱，六载君恩许还家。"（本集《行状》）是月，故旧黄琥就肇庆知府任（张吉《辞留唱和诗序》）。

九月，太子祐樘即位，是为孝宗。罢传奉官，夺僧道封号，罢大学士万安，诏王恕为吏部尚书。

年底，作《先室张氏墓志》。

是年，作《与张廷实主事》第三十二书、第四十三书、《祭袁侍御文》《恩平县儒学记》《朱君惟庆墓志铭》《与陈聪》《次韵张廷实舟中写兴》《次韵顾通判夜泊江门见示》《自伍光宇墓还，登蓬莱绝顶》《与陈聪》。

给事中林廷玉来新会葬鲁能。

弘治元年，戊申（1488），**六十一岁**。

元旦，作《元旦试笔（二首）》。门人杨敷是月至白沙，“留数月而返”（《门人考》）。

闰正月二日，作《与林缉熙书》第二十七书。五日，作《书登陶鲁壮哉亭以遗守亭者（五律）》。

四月，门人李承箕裹粮自嘉鱼首来白沙，凡七阅月，中间受长官聘修邑志于大云山五十余日，余皆在白沙（本集《送李世卿还嘉鱼序》），“至腊初始别”（本集《与顺德吴明府》第二书），白沙作《送李世卿还嘉鱼序》及《处士李君墓志铭》。

邹智被贬为石城吏目，同年吴廷举为顺德知县，凡十年。门人李孔修以张诩之介来从游（《门人考》）。

夏，作《与张廷实主事》第二十三书。

六月二十四日，作《与张廷实主事》第四十一书。下旬，贺钦上《辞职陈言疏》。

秋，得门人潘辰书（本集《与西涯李学士》书）。

八月二十八日，作《与邓球》书；二十九日，作《与朱甘》节。

九月九日，作《九日》诗。

秋冬间，作《与张廷实主事》第九书、《复李世卿》。

冬，门人增城陈东渊承父命为其祖父之墓乞铭来谒白沙，次年春归。

十月二十一日，作《六十一自寿（二首）》，李承箕作《寿石翁陈先生六十一诗序》。

十二月初，李承箕自白沙归嘉鱼，白沙作《送李世卿还嘉鱼序》《赠世卿（六首）》。十八日，作《与张廷实主事》第十七书。

是年，尚作《与僧文定》《处士李君墓志铭》。林泮为广州知府，凡十年。友人黄琥任肇庆知府。

弘治二年，己酉（1489），**六十二岁**。

春，姜麟以史事使贵州，迂道如白沙，八日而别；回京后，称白沙为“活孟子”（《门人考》以为姜麟至白沙在宏治十年十月误）。随后作《与顺德吴明府》第二书、《与张廷实主事》第五十四书。

二月，门人张诩来访白沙辞行，逗留二十余日（本集《送张进士廷实还京序》）；后作《赠张进士廷实入京（八首）》、《与张廷实主事》第四十五书。门人湛若水始来从学。

三月十九日，作《与张廷实主事》第五十九书。

七月，张吉就任肇庆府同知。是年秋，门人张诩丁忧起复户部主事（本集《送张进士廷实还京序》），携白沙《与西涯李学士》书入京。

小庐冈书屋竣工。（本集《行状》：“参政伍某、佥事戴某辈以次各遗白金欲新先生居，却不可，乃营小庐山书屋以处四方学者。”《与戴宪副》：“恭闻执事荣拜宪副之命，引领台阶，倍增喜跃，不知微痾之在体也。小庐冈书屋近方粗完，四方士来游白沙者，于此处之，能使退休。……是亦执事之赐也。”）

作《九日小庐山示诸友》诗。

九月，门人梁景行、梁奎、梁贞、谭以良、何宇新、冯殷乡试中举。二十六日，作《与张廷实主事》第三十六书。是月，景暘落榜，先后作《送景暘赴秋试》《秋夕偶成明日揭榜》《秋夕偶成小儿失解聊以慰之》。

十一月六日，作《与顺德吴明府》第一书。

冬，王阳明经广信谒娄谅问学。邹智谪石城吏目，抵达番禺，与张吉（时为肇庆府同知）邂逅，遂为莫逆之交（张吉《立斋遗文

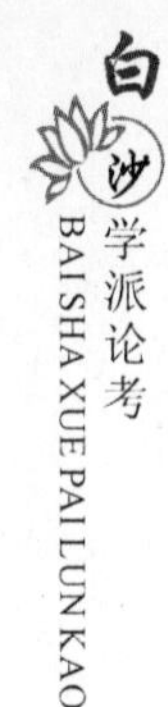

序》）。

是年，秦纮总督两广，刘大夏迁为广东右布政，周南（字文化）巡按广东。

弘治三年，庚戌（1490），**六十三岁**。

二月初，为张诩父作《寿张抚州六十一诗序》。

四月，门人林廷瓛举进士。

夏，侍御史曹璘访白沙于玉台山中（本集《襄阳府先圣庙记》）。

上半年，邹智多在新会从学（邹智《与李天瑞》）。

秋，作《程乡县社学记》。

闰九月三日，邹智之父回四川合州。

十一月，门人容珪（字彦礼）卒，年五十五（本集《祭容彦礼文》）。

冬，李世卿还嘉鱼（本集《送张进士廷实还京序》）。

是年，尚作《与刘方伯东山先生》第一书、《古蒙州学记》。

弘治四年，辛亥（1491），**六十四岁**。

元旦，作《新年试笔》。

四月，作《复陶廉宪》第一书、《与葛侍御》《与赵明府》。

五月二十七日，娄谅卒，年七十。

夏，邹智作《奉石斋先生》第四书。

八月望日，作《复陶廉宪》第六书。

九月，彭韶为刑部尚书。

十月，邹智卒于顺德，年二十六。广东右布政使刘大夏行部至邑，与之泛舟崖门，议创慈元庙（本集《慈元庙记》）。逮两广总督秦纮，张克修上书代辩得白。

十一月，邱濬为文渊阁大学士。

十二月，作《望云图诗序》。张诩之父是月卒，年六十二。

是年，杨敷过白沙，与白沙唱和，留数月而返。作《送张进士廷实还京序》《吴川县城记》。

弘治五年，壬子（1492），**六十五岁**。

正月初一，作《元旦有怀杨荣夫示陈东渊》。

闵珪为两广总督，凡三年。

二月二十四日，门人张诩闻父丧回籍守制（张诩《辞免起用兼乞养病疏》），六年不出。

六月十七日，作《与张廷实主事》第五十一书。

门人李承箕来白沙（李承箕《送罗冕服周序》），白沙筑楚云台居之。

九月，门人黄泽解元（本集《闻黄泽发解（七绝）》），陈昊元、陈镬、施用、黄元、李翰、赵日新、湛若水、杨玮同榜。陈镬授广西宾州学正，赵日新授广西罗城教谕。

十一月，林光作《奉陈石斋先生》。

门人张希载、邓珙一起来从学。

弘治六年，癸丑（1493），**六十六岁**。

正月二十日，易赞偕侄婿杨和、从子庸信宿白沙，遇雨，白沙作《遇雨诗（有序）》。

春，李承箕及其仲子李严，同乡雷振东、雷震阳将返嘉鱼，白沙作《世卿还黄公山》。

三月既望，作《罗伦传》。

四月，门人黄泽举进士，李翰乙榜第一。

五月，作《书漫笔后》。

七月，刑部尚书彭韶罢。右参议任毂过白沙（本集《夕惕斋诗

序》)。庚子，作《程乡县儒学记》。

八月二十四，飓风，作《八月二十四日飓作多溺死者》。

九月，刘瓛因林时嘉再至白沙(本集《增城刘氏祠堂记》)。

十二月十二日，作《与崔楫》第二书。

是年，李士实广东按察副使升按察使。门人潘辰授翰林待诏。

弘治七年，甲寅(1494)，**六十七岁**。

金泽任广东布政司。

正月，先后作《正月二日雨雹》《五日雨霰(二首)》。

二月，门人湛若水、尹凤以梁景行之介，至白沙从学。是月，庄昶得旨起用，七月遂行，九月入京朝见(湛若水《明定山先生墓志铭》)。

五月十二日，作《与张廷实主事》第六十七书。门人林光过访白沙(林光《奉刘东山都宪》)。

六月，作《肇庆府城隍庙记》。巡按御史熊达是月始议创嘉会楼，檄通判顾文卜地，数月楼乃告成(张诩《嘉会楼记》)。

七月，庄昶奉旨行取，九月入京。

九月九日，作《嘉会楼登高》。是月作《与左行人廷弼书》。

十月，作《跋清献崔公题剑阁词》。

冬，慈元庙成。

是年，门人陈冕卒(本集《悼陈冕》)。

弘治八年，乙卯(1495)，**六十八岁**。

正月十一日，刑部尚书彭韶卒，年六十六。十四日，林光之母游氏卒，年八十二(林光《母夫人游氏墓志铭》)。是月，部书复至，通判顾叔龙以两司命来劝驾，白沙辞不就。

二月四日，大学士丘浚卒，年七十六。十六日，白沙之母林太夫人卒，年九十一。表兄何经与陈母同日去世（本集《与贺克恭黄门》："今年春二月十六日，老母倾背。"本集《与欧总戎》："某不幸，今年二月间先妣下世。"本集《与黎潜罗伦》："先妣不幸卒于今年二月十六日，即日茔封甫毕。穴在小庐山图新书舍旁。"张元祯（字廷祥，别号东白）闻林太夫人卒讯，荐葬师李立武至白沙（《与林缉熙》书、张元祯《寄林南川》书）。李东阳是月入内阁。

三月，林光得兖州府学教授任；十六日，林光上《乞便养疏》。是月，庄昶陞南京吏部验封司郎中，八月到任，十二月中风。

彭韶卒，年六十六。陶鲁往安南过江门。

四月八日，葬母于小庐山居舍之阳、碧玉楼东北。（本集《与刘方伯东山先生》）。奠祭表兄何经（本集《奠表兄何处素文》）。

五月二十三日，作《与张廷实主事》第六十四书。

八月，门人林光至白沙，祭奠白沙母之墓，留十日而去。

九月二十八日，作《复周廉宪时可疏》第一书。门人林高解元，陈绍袠、杨琠同榜。

十月十二日，作《与邝知县兄弟》。欲为丁积建庙（《与邝知县兄弟》）。作《与梁知县》。

门人陈绍袠赴春闱，白沙嘱其过淮上见姜麟（本集《与姜仁夫》）。

冬，李承箕来白沙赴吊。

弘治九年，丙辰（1496），**六十九岁**。

正月三日，迁先考墓于小庐山，与先妣同处（本集《与林郡博》第四书），地方多虞，李白洲破数百金于羊城购"北门园池"相赠，白沙却之。"岁首，白沙嘉会楼成"（本集《与林郡博》第四书）。

春，李承箕自嘉鱼来，与湛甘泉往游罗浮近一月（本集《与林郡

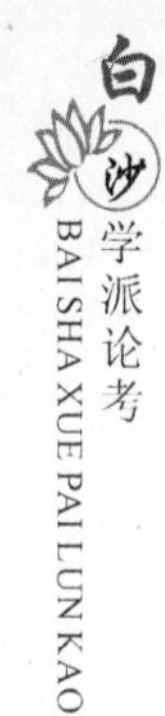

博》第四书）。

吴廷举延李承箕修《顺德志》（当在吴廷举迁成都同知前）。

八月，庄昶得疾致仕。

是年，邓廷瓒总督两广；王乐用任佥宪，一年后罢去。门人陈茂烈举进士，奉使广东，至白沙受业。

弘治十年，丁巳（1497），**七十岁**。

《大明会典》成。

春，作《丁知县庙记》。娄谅弟子蒋世钦任韶州知府，一年后卒。

二月，服阕。张诩至白沙。李承箕乙卯（1495）冬留楚云台，本月下旬始回武昌，龚日高不久亦还潮州（《与林缉熙》第三十一书）。景云自去秋病迄今，尚未离床席（本集《与林缉熙书》第三十一书）。作《与曹知县书》。

三月，林光来白沙，并拜白沙母林太夫人之墓。见周朝美（林光《答周朝美掌教》）。

四月九日，作《跋沈氏新藏考亭真迹卷后》；十六日，作《与林郡博》第五书；二十日，作《与丘侍御》。

五月，丁林太夫人服阕。六日，作《与张廷实主事》第四十六；十八日，作《与张廷实主事》第二十六书；十九日，作《与周文都》第二书。是月，书《忍字歌》。

七月三十一日，中风，左手足不仁（本集《与大参元善》《答祈方伯》）。邓廷瓒总督两广军务（本集《重修梧州学记》）。

九月十三日，作《与张廷实主事》第三十四书；二十日，作《与崔楫》第一书。

冬，作《韶州风采楼记》。门人林光丁内艰释服，携家北上谒选，不过白沙，仅以书别，白沙回书云："某七十病翁，理久

不生，安知今日之言非永诀耶？三十年游好之情，尽于是矣。”（本集《与林郡博》第三书）

十月一日，湛雨作《上白沙先生启略》；二十一日，作《祭先妣林夫人文》。

弘治十一年，戊午（1498），**七十一岁**。

三月二日，作《与湛民泽》第十一书及《重修梧州学记》。

夏，作《慰王侍御疏》。

六月十日，得门人陈宗汤书，八月十一日复（《答陈宗汤》）。

八月九日，作《与余通守》第一书。十四日，陶鲁卒，年六十五。

九月，门人梁大厦领乡荐。

闰十一月二十七日，作《祭陶方伯文》。

作《与汪提举》第一书。

弘治十二年，己未（1499），**七十二岁**。

春，门人陈庸弟子伦文叙会试、殿试皆第一，王阳明同榜。

门人赵善鸣来从学。

夏，病小愈，作《慈元庙记》，且书之。

秋，门人湛甘泉、张传之、赵景凤、李子长相约游西樵。

八月六日，次子景暘卒（林光《与陈仲彩》）。

九月二十九日，友人庄昶卒，年六十三。

是年，门人吾廷介主考广东乡试，从学白沙（林光《跋石斋赠吾廷介诗》）。白沙作《赠江门钓台诗》。

弘治十三年庚申（1500），**七十三岁**。

刘大夏任右都御史，统管两广军务，入广。

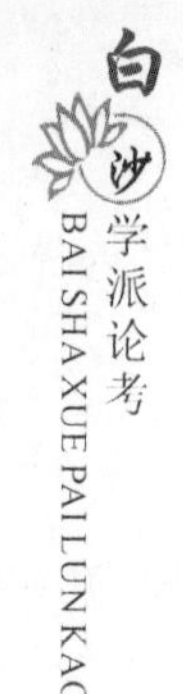

白沙与佥事徐纮议请慈元庙入祀典（张诩《厓山新志序》）。

二月十日，卒，年七十三。《行状》："殁之前数日，早具朝服朝冠，令子弟焚香北面五拜三叩首，曰：'吾辞吾君。'作诗曰：'讬仙终被谤，讬佛岂多修？弄艇沧溟月，闻歌碧玉楼。'"

七月二十一日，葬圭峰之麓，会葬者几千人（《行状》），方伯周孟中葬之圭峰（本集附录《白沙先生改葬墓碑铭》）。湛若水服丧三年。

元配张氏早逝，有二子，长景云，岁贡；次景暘，邑庠生，先卒。女二。孙三，曰田、曰畹，皆邑庠生；曰豸，尚幼。继室罗氏无所出。

正德，辛巳（1521）　**改葬**。

十一月十二日，景云谋及梁景行、湛若水辈，改葬皁帽峰下。（本集附录《白沙先生改葬墓碑铭》："惟正德辛巳，胤子景云谋及门下晋江知县梁生景行、翰林编修湛生若水、庠生邓生德昌、汤生霨、大学生赵生善鸣、处士梁生景孚，曰：'惟予家中否，惟予兄弟二人，景旸也先折，惟诸子弗振。惟我显考之藏，卜罔知吉，至以累子。'若水辈乃以邓生汤生具，以十一月十二日改葬皂帽峰下。闻于宪长汪公鋐，以闻于巡按谢公珊，下于府太守简公沛，为助之金。总镇韩公庆闻而先助之，吏部方公献科益助之。府命县典史贺恩，义官邓南凤，士人马国馨董葬事。乃襄事，余置祭田。买其前湖，湖曰自然，昭至学也。"）

万历二年，甲戌（1574）　**诏建白沙祠**。

诏建白沙家祠，赐额曰"崇正堂"，联曰"道传孔孟三千载，学绍程朱第一支"。

万历十三年，乙酉（1585）　**诏入祀孔庙**。